Л · Ю · Д · М · И · Л · А

УЛИЦКАЯ

Искренне ваш Шурик

РЕДАКЦИЯ ЕЛЕНЫ ШУБИНОЙ

Издательство АСТ
МОСКВА

УДК 821.161.1-31
ББК 84(2Рос=Рус)6-44
У48

Дизайнер *Екатерина Ферез*

В оформлении переплета использован фрагмент картины *Артемизии Джентилески* «Иаиль и Сисара»

Книга публикуется по соглашению с литературным агентством ELKOST Intl.

Улицкая, Людмила Евгеньевна.

У48 Искренне Ваш Шурик / Людмила Улицкая. — Москва : Издательство АСТ : Редакция Елены Шубиной, 2015. — 444 [4] с. — (Эксклюзивная новая классика).

ISBN 978-5-17-093932-9

Герой романа «Искренне Ваш Шурик» — яркий персонаж в галерее портретов Людмилы Улицкой. Здесь, по словам автора, «локальная проблема взаимоотношений сына и матери, подчинение человека чувству долга и связанные с этим потери. Оттенки любви — эгоистической материнской, бескорыстной сыновней, своего рода инцест на духовном уровне, а также целая галерея чувств разнообразных женщин — одиноких, несчастных, легкомысленных, часто агрессивных к герою, который полон доброжелательности и самых лучших намерений, но никого не может сделать счастливым. И даже напротив».

УДК 821.161.1-31
ББК 84(2Рос=Рус)6-44

ISBN 978-5-17-093932-9

С благодарностью Наташе Червинской —
читателю, советчику, врачу

1

Отец ребенка, Александр Сигизмундович Левандовский, с демонической и несколько уцененной внешностью, с гнутым носом и крутыми кудрями, которые он, смирившись, после пятидесяти перестал красить, с раннего возраста обещал стать музыкальным гением. С восьми лет, как юного Моцарта, его возили с концертами, но годам к шестнадцати все застопорилось, словно погасла где-то на небесах звезда его успеха, и молодые пианисты хороших, но обыкновенных способностей стали обходить его, и он, окончив с отличием Киевскую консерваторию, постепенно превратился в аккомпаниатора. Аккомпаниатор он был чуткий, точный, можно сказать, уникальный, выступал с первоклассными скрипачами и виолончелистами, которые за него несколько даже боролись. Но строка его была вторая. В лучшем случае писали на афишке «партия фортепиано», в худшем — две буквы «ак.». Это самое «ак.» и составляло несчастье его жизни, всегдашнее жало в печень. Кажется, по воззрениям древних, именно печень более всего страдала от зависти. В эти гиппократовские глупости, разумеется, никто не верил, но печень Александра Сигизмундовича и в самом деле была подвержена приступам. Он держался диеты и время от времени желтел, болел и страшно мучился.

Познакомились они с Верочкой Корн в лучший год ее жизни. Она только что поступила в Таировскую студию, еще не приобрела репутации самой слабенькой студийки, наслаждалась интересными разнообразными занятиями и мечтала о великой роли. Это были предзакатные годы Камерного театра. Главный театровед страны еще не высказал своего священного мнения о театре, назвав его «действительно буржуазным», — это он сделает несколько лет спустя, еще царила Алиса Коонен, а Таиров и впрямь позволял себе такие «действительно буржуазные» шалости, как постановку «Египетских ночей».

В театре по традиции справляли старый Новый — тридцать пятый — год, и среди множества затей, которыми забавляли себя изобретательные актеры в ту длинную ночь, был конкурс на лучшую ножку. Актрисы удалились за занавес, и каждая, приподняв его край, целомудренно выставила на обозрение бесфамильную ногу от колена до кончиков пальцев.

Восемнадцатилетняя Верочка повернула лодыжку таким образом, чтобы аккуратная штопка на пятке была незаметна, и чуть не упала в обморок от сладких шипучих чувств, когда ее властно вытащили из-за занавеса и надели на нее передник, на котором большими серебряными буквами было написано «У меня самая прелестная ножка в мире». К тому же был вручен картонный башмачок, изготовленный в театральных мастерских и наполненный шоколадными конфетами. Все это, включая и окаменевшие конфеты, долго еще хранилось в нижнем ящике секретера ее матери Елизаветы Ивановны, оказавшейся неожиданно чувствительной к успеху дочери в области, лежащей, по ее представлениям, за гранью пристойного.

Александра Сигизмундовича, приехавшего из Питера на гастроли, пригласил на праздник сам Таиров. Аристократический гость весь вечер не отходил от Верочки и произвел на нее глубочайшее впечатление, а под утро, когда бал закончился, собственноручно надел на премированную ножку белый фетровый ботик, смелую вариацию на тему русского валенка, но на высоком каблуке, и проводил ее домой, в Камергерский переулок. Было еще темно, медленно падал бутафорский снег, театральным желтым светом горели фонари, и она чувствовала себя премьершей на огромной сценической площадке. Одной рукой она прижимала к себе завернутые в газету нарядные туфли тридцать четвертого размера, другая ее рука блаженно лежала на его рукаве, а он читал ей вышедшие из моды стихи опального поэта.

В тот же день он уехал в свой Ленинград, оставив ее в полнейшем смятении. Обещал вскоре приехать. Но проходила неделя за неделей, от сердечного многоожидания остался у Верочки один только горький осадок.

Профессиональные успехи Верочки были невелики, к тому же балетмейстерша, учившая их современному движению в духе Айседоры Дункан, крепко ее невзлюбила, называла ее теперь не иначе как «прелестная ножка» и не спускала ни малейшего промаха. Бедная Вера вытирала слезы краем древнегреческого хитона из ивановского ситца и не попадала в такт скрябинской экстатической музыки, под которую студийки упражнялись, выкидывая энергично кулачки и колени, дабы перевести неуловимую душу бунтующей музыки в зримые образы.

В один из самых дурных дней той весны у служебного входа встретил Веру Александр Сигизмундович. Он приехал в Москву на две недели для записи нескольких концертов выдающегося скрипача, всемирной знаменитости. В некотором смысле это был звездный час его жизни: скрипач был старомодного воспитания, относился к Александру Сигизмундовичу с подчеркнутым уважением и, как оказалось, помнил о его детской славе. Запись шла великолепно. Впервые за долгие годы страдающее самолюбие пианиста отдыхало, расслабившись и расправившись. Прелестная девушка с серо-голубыми муаровыми глазами трепетала от одного его присутствия — одно вдохновение питалось от другого...

Что же касается юной Верочки, весь учебный год старательно изучавшей таировские «эмоционально-насыщенные формы», в ту весну она раз и навсегда утратила ощущение границы между жизнью и театром, «четвертая стена» рухнула, и отныне она играла спектакль своей собственной жизни. В соответствии с идеями глубокочтимого учителя, требующего от своих актеров универсальности — от мистерии до оперетки, — как сам он говорил, Верочка в ту весну разыгрывала перед умиленным Александром Сигизмундовичем амплуа «инженю драматик».

Благодаря совместным усилиям природы и искусства роман был восхитительным — с ночными прогулками, интимными ужинами в маленьких кабинетах самых известных ресторанов, розами, шампанским, острыми ласками, доставлявшими обоим наслаждение, может быть, большее, чем то, которое они пережили в последнюю московскую ночь, перед отъездом Александра Сигизмундовича, в час полной капитуляции Верочки перед превосходящими силами противника.

Счастливый победитель уехал, оставив Верочку в сладком тумане свежих воспоминаний, из которых постепенно стала проступать истинная картина ее будущего. Он успел поведать ей, как несчастлива его семейная жизнь: психически больная жена, маленькая дочка с родовой травмой, властная теща с фельдфебельским нравом. Никогда, никогда он не сможет оставить эту семью... Верочка замирала от восторга: как он благороден! И свою собственную жизнь ей хотелось немедленно принести ему в жертву. Пусть будут длинные разлуки и короткие встречи, пусть лишь какая-то доля его чувств, его времени, его личности принадлежит ей — та, которую он сам пожелает ей посвятить.

Но это была уже другая роль — не преобразившейся Золушки, цокающей стеклянными каблуками по ночной мостовой при свете декоративных фонарей, а тайной любовницы, стоящей в глубокой тени. Поначалу ей казалось, что она готова держать эту роль до конца жизни, своей или его: несколько долгожданных свиданий в год, глухие провалы между ними и однообразные тоскливые письма. Так тянулось три года — в Вериной жизни стал проступать привкус скучного женского несчастья.

Актерская карьера, толком не успев начаться, закончилась — ей предложили уйти. Она вышла из труппы, но осталась работать в театре секретарем.

Тогда же, в тридцать восьмом, она сделала первую попытку освободиться от изнурительной любовной связи. Александр Сигизмундович смиренно принял ее волю и, поцеловав ей руку, удалился в свой Ленинград. Но Верочка не выдержала и двух месяцев, сама же вызвала его, и все началось заново.

Она похудела и, по мнению подруг, подурнела. Появились первые признаки болезни, еще не опознанной:

глаза блестели металлическим блеском, порой комок застревал в горле, нервы пришли в расстройство, и даже Елизавета Ивановна стала слегка побаиваться Верочкиных домашних истерик.

Прошло еще три года. Отчасти под давлением Елизаветы Ивановны, отчасти из желания поменять свою, как теперь она оценивала, неудавшуюся жизнь, она снова порвала с Александром Сигизмундовичем. Он тоже был измучен этим трудным романом, но первым не решился бы на разрыв: он любил Верочку очень глубокой и даже возвышенной любовью — всякий раз, когда приезжал в Москву. Своей страстной и аффектированной влюбленностью она питала его несчастное и больное самолюбие. На этот раз расставание как будто удалось: начавшаяся война надолго их разлучила.

К этому времени Верочка уже лишилась своей незавидной секретарской должности, обучилась скромному бухгалтерскому ремеслу, но бегала на репетиции, втайне примеряла на себя некоторые роли, особенно по душе ей была роль мадам Бовари. Ах, если бы не Алиса Коонен! Тогда казалось, что все еще может повернуться вспять, и она еще выйдет на сцену в барежевом платье, отделанном тремя букетами роз-помпон с зеленью, и пройдется в кадрили с безымянным виконтом в имении Вобьесар... Это была такая зараза, о которой знают только переболевшие. Вера пыталась, не покидая театра, освободиться от театральной зависимости, даже завела поклонника, что называется, «из публики», исключительно положительного и столь же безмозглого еврея-снабженца. Он сделал ей предложение. Она, прорыдав всю ночь, отказала ему, гордо объявив, что любит другого. То ли был в Вере какой-то изъян, то ли полное непопадание в образы времени, но ее хрупкая нежность, внутренняя готовность немедленно прийти в восторг и душевная субтильность, которая была в моде в чеховские, скажем, времена, совершенно никого не прельщали в героическом периоде войны и послевоенного завершения социалистического строительства... Что ж, никого так никого... Но не снабженец же...

Потом была эвакуация в Ташкент. Елизавета Ивановна, доцент педагогического института, настояла, чтобы дочь уволилась из театра и поехала с ней.

Александр Сигизмундович попал в эвакуацию в Куйбышев, несчастная его семья выехать не успела и погибла в блокаду. В Куйбышеве он жестоко болел, три воспаления легких подряд едва не свели в могилу, но его выходила медсестра, крепкая татарка из местных. На ней он и женился из одиночества и слабости.

Когда после войны Верочка и Александр Сигизмундович встретились, все снова началось, но в слегка изменившихся декорациях. Работала она теперь в Театре драмы, куда устроилась бухгалтером. Любила теперь вместо Алисы Коонен Марию Ивановну Бабанову, ходила на ее спектакли, они даже улыбались друг другу в коридорах. Александр Сигизмундович снова встречал ее у служебного входа, и они шли по Тверскому бульвару в Камергерский переулок. Он опять был несчастлив в браке, опять у него была болезненная дочка. Он постарел, утоньшился, был еще более влюблен и еще более трагичен. Роман всплеснул с новой океанической силой, любовные волны выносили их на недосягаемые высоты и стряхивали в глухие пучины. Может быть, это и было то самое, чего желала Верочкина неутоленная душа. В те годы ей часто снился один и тот же сон: посреди какого-то совершенно бытового действия, например чаепития с мамой за их овальным столиком, она вдруг обнаруживала, что в комнате нет одной стены, а вместо нее — темнота уходящего в бесконечность зрительного зала, полного безмолвными и совершенно неподвижными зрителями...

Как и прежде, он приезжал в Москву три-четыре раза в год, останавливался обыкновенно в гостинице «Москва», и Верочка бегала к нему на свидания. Она смирилась со своей судьбой, и только поздняя беременность изменила течение ее жизни.

Роман ее длился долго, как она и напророчила себе в юности, — «до самой смерти»...

2

Ходила Вера как с девочками ходят: животик яблоком, а не грушей, лицо мягко расплылось, зернистый коричневый пигмент проклюнулся возле глаз, и двигался в животе ребенок плавно, без грубостей. Ждали, конечно, девочку. Елизавета Ивановна, чуждая всяким суевериям, готовилась к рождению внучки заранее, и, хотя специально она не держалась розовой гаммы, как-то случайно подобралось все детское приданое розовым: распашонки, пеленки, даже шерстяная кофточка.

Ребенок этот был внебрачным, Вера немолода, тридцать восемь лет. Но эти обстоятельства никак не мешали Елизавете Ивановне радоваться предстоящему событию. У нее самой брак был поздний, родила она единственную дочь уже к тридцати, и вдовой осталась с тремя детьми на руках: с семимесячной Верочкой и двумя падчерицами-подростками. Выжила сама, вырастила девочек. Впрочем, старшая падчерица уехала из России в двадцать четвертом году и уж больше не вернулась. Младшая падчерица, всем сердцем повернувшаяся к новой власти, отношения с Елизаветой Ивановной прекратила как с человеком старорежимным и отстало-опасным, вышла за советского начальника средней руки и погибла в предвоенные годы в сталинских лагерях.

Весь жизненный опыт Елизаветы Ивановны склонял ее к терпимости и мужеству, и маленькую новую девочку, нежданное прибавление в семье, она ждала с хорошим сердцем. Дочь-семья, дочь-подруга, помощница — на этом стояла и ее собственная жизнь.

Когда вместо ожидаемой девочки родился мальчик, обе они, и мать, и бабушка, растерялись: нарушены были их заветные планы, не состоялся семейный портрет, который они в мыслях заказали: Елизавета Ивановна на фоне их чудесной голландской печки стоит, Верочка сидит таким образом, что руки матери лежат у нее на плечах, а на коленях у Верочки чудесная кудрявая девочка. Детская загадка: две матери, две дочери и бабушка с внучкой...

Личико ребенка Вера разглядела хорошенько еще в роддоме, а развернула его впервые уже дома и была неприятно поражена огромной по сравнению с крошечными ступнями ярко-красной мошонкой и немедленно воспрянувшей очень неделикатной фитюлькой. В тот миг, пока она взирала с растерянностью на этот всем известный феномен, лицо ее оросилось теплой струей.

— Ишь, какой проказник, — усмехнулась бабушка и пощупала пеленку, которая осталась совершенно сухой. — Ну, Веруся, этот всегда из воды сухим выйдет...

Младенец играл лицом, какие-то разрозненные выражения сменяли друг друга: лобик хмарился, губы улыбались. Он не плакал, и было непонятно, хорошо ему или плохо. Скорее всего, ему было все происходящее удивительно...

— Дед, вылитый дед. Будет настоящим мужчиной, красивым, крупным, — удовлетворенно заключила Елизавета Ивановна.

— Некоторые части тела даже слишком, — многозначительно заметила Верочка. — Точь-в-точь как у отца...

Елизавета Ивановна сделала пренебрежительный жест:

— Нет, Веруся, ты не знаешь... Это вообще особенность мужчин Корн.

На этом они полностью исчерпали свой личный опыт в этом вопросе и перешли к следующему: как им, двум слабым женщинам, вырастить настоящего сильного мужчину. По многим причинам, семейным и сентиментальным, он обречен был носить имя Александр.

С первого же дня обязанности поделили таким образом, что на долю Верочки приходилось кормление грудью, а все остальное взяла на себя Елизавета Ивановна.

Спорт, мужские развлечения и никакого сюсюканья — определила Елизавета Ивановна первоочередные задачи. И действительно, с того дня, как зажила пуповина, она стала занимать внука физкультурой: пригласила массажистку и начала ежедневное обливание мальчика прохладной, но кипяченой водой. Чтобы обеспечить достойные мужские развлечения, она заранее обзавелась в «Детском мире» деревянным ружьем, солдатиками и лошадкой на колесиках. С помощью этих незамысловатых предметов Елизавета Ивановна намеревалась оградить мальчика от горечи безотцовщины, истинные размеры которой должны были определиться спустя короткое время, и воспитать его истинным мужчиной — ответственным, способным принимать самостоятельные решения, уверенным в себе, то есть таким, каким был ее покойный муж.

— Ты должна осваивать принцип максимального расстояния, — сильно забегая вперед, поучала она дочь в первые же дни после выхода из роддома, и в голосе ее прорезывались педагогические ноты. — Когда ребенок подрастет, выпустит наконец твою руку и сделает первый шаг в сторону, ты должна будешь совершить свой шаг в противоположном направлении. Это ужасная опасность для всех матерей-одиночек, — безжалостно уточняла Елизавета Ивановна, — соединять себя и ребенка в один организм.

— Почему ты так говоришь, мамочка, — с обидой возражала Вера, — у ребенка, в конце концов, есть отец, и он будет принимать участие в его воспитании...

— Проку от него будет как от козла молока. Можешь мне поверить, — припечатала Елизавета Ивановна.

Это было тем более обидно для Верочки, что было уже все договорено и решено, — через несколько дней должен был приехать счастливый отец, чтобы наконец объединиться с возлюбленной. В этом самом месте как раз и находилась единственная точка расхождения между обожающими друг друга матерью и дочерью: Елизавета Ивановна презирала Верочкиного любовника, многие годы надеялась, что дочь встретит человека более достойного, чем этот нервный и неудачливый артист. Но также, по опыту своей жизни, Елизавета Ивановна хорошо знала, как трудно быть женщине одной, а особенно такой, как ее дочь Верочка, — художественной натуре, не приспособленной к теперешней мужской грубости. Да ладно уж, пусть хоть кто-то... И она буркнула не совсем кстати:

— А, какая барыня ни будь, все равно ее е...ть.

Она обожала пословицы и поговорки и знала их множество, даже и латинские. Будучи исключительна строга в русской речи, она использовала иногда совершенно неприличные выражения, если они были освящены фразеологическим словарем.

— Ну, знаешь ли, мама, — изумилась Вера, — ты уж слишком...

Елизавета Ивановна спохватилась:

— Ну, прости, прости, уж меньше всего хотела тебя обидеть.

Однако, несмотря на материнскую грубость, Вера как будто оправдывалась:

— Мамочка, ты же знаешь, он на гастролях...

Видя огорченное лицо дочери, Елизавета Ивановна дала задний ход:

— Да Бог с ним совсем, Верочка... Мы и сами своего мальчика вырастим.

Напророчила... Погиб Александр Сигизмундович через полтора месяца после рождения Шурика. Он попал под машину на улице Восстания, возле Московского вокзала, вернувшись в Ленинград после первого знакомства с новорожденным сыном. Престарелый отец был полон окончательной решимости объявить наконец своей богатырской Соне, что уходит от нее, оставляет ей с дочкой ленинградскую квартиру и переезжает в Москву. Первые два пункта в точности исполнились. Только вот переехать не успел...

Вера узнала о смерти Александра Сигизмундовича через неделю после похорон. Встревоженная отсутствием известий, она позвонила другу Александра Сигизмундовича, поверенному их отношений, не застала его, так как тот был в отъезде. Скрепившись, она позвонила на квартиру Александру Сигизмундовичу. Соня сообщила о его смерти.

Молодая мать из разряда «старых первородок», как называли ее в роддоме, старая любовница — к тому времени набежало двадцать лет их отношениям, — она стала свежей вдовой, так и не успев выйти замуж.

Черноволосый мальчик совал в рот сжатый кулачок, энергично сосал, кряхтел, пачкал пеленки и находился в состоянии беспечного удовлетворения. Ему и дела не было до материнского горя. Вместо пропавшего материнского голубоватого молока ему давали теперь из бутылочки разведенное и подслащенное коровье, и оно отлично у него шло.

3

На семейную легенду к середине двадцатого века пошла вдруг повальная мода, имеющая множество разнообразных причин, главной из которых, вероятно, было подспудное желание заполнить образовавшуюся за спиной пустоту.

Социологи, психологи и историки со временем исследуют все побудительные причины, толкнувшие одновременно множество людей на генеалогические изыскания. Не всем удалось докопаться до дворянских предков, однако и всяческие курьезы вроде бабушки — первого врача Чувашии, менонита из голландских немцев или, похлеще, экзекутора при пыточной палате петровских времен — тоже имели свою семейно-историческую ценность.

Шурику не понадобилось никаких усилий воображения — его фамильная легенда была убедительно документирована несколькими газетными вырезками шестнадцатого года, восхитительным свитком толстой, а вовсе не тонкой, как воображают несведущие люди, японской бумаги и наклеенной на волокнистый бледно-серый картон недостижимого и по сей день качества фотографии, на которой его дед, Александр Николаевич Корн, громоздкий, с большим твердым подбородком, упирающимся в высокий ворот парадной сорочки, изображен рядом с принцем Котохито Канин, двоюродным братом микадо, совершившим длительное путешествие из Токио в Петербург, большую часть пути по Транссибирской магистрали. Александр Николаевич, технический директор железнодорожного ведомства, человек европейского образования и безукоризненного воспитания, был начальником этого специального поезда. Фотография сделана двадцать девятого сентября 1916 года в фотоателье господина Иогансcона на Невском проспекте, о чем свидетельствовала синяя художественная надпись на обороте. Сам принц, к сожалению, выглядел кое-как: ни японского наряда, ни самурайского меча. Ординарная европейская одежда, круглое узкоглазое лицо, короткие ноги — похож на любого китайца из прачечной, какие в ту пору уже завелись в Петербурге. Впрочем, от прачечного китайца, заряженного несмываемой до смерти улыбкой, его отличало выражение непроницаемого высокомерия, ничуть не смягченное ровной растяжкой губ.

Изустная часть легенды содержала дедушкины воспоминания в бабушкиных пересказах: о длинных чаепитиях в пульмановском спецвагоне на фоне многодневной тайги, переливающейся за окнами ясными осенними красками лиственных и мрачно-зеленых хвойных.

Покойный дед высоко оценивал японского принца, получившего образование в Сорбонне, умницу и свободомыслящего сноба. Свободомыслие его выражалось в первую очередь именно в том, что он позволил себе невозможную для японского аристократа вольность личного и даже доверительного общения с господином Корном, который был, в сущности, всего лишь обслуживающим персоналом, пусть и высшего разряда.

Принц Котохито, проживший в Париже восемь лет, был большим поклонником новой французской живописи, в особенности Матисса, и встретил в Александре Николаевиче понимающего собеседника, каких в Японии ему не находилось. «Красных рыб» Александр Николаевич не знал, но готов был поверить принцу на слово, что именно в этом своем шедевре Матисс наиболее явно обнаружил следы внимательного изучения японского искусства.

Последний раз Александр Николаевич был в Париже в одиннадцатом году, до войны, когда «Красные рыбы» были еще икрой замыслов, зато именно в тот год Матисс выставил на осенней выставке другой свой шедевр — «Танец»... Далее рассказы бабушки о воспоминаниях дедушки плавно перетекали в ее собственные воспоминания о той их последней совместной заграничной поездке, и Шурик, легко допускавший умершего дедушку к знакомству с японским принцем, внутренне сопротивлялся тому, что его живая бабушка действительно бывала в городе Париже, само существование которого было скорее фактом литературы, а не жизни.

Бабушке от этих рассказов было большое удовольствие, и она, пожалуй, несколько злоупотребляла ими. Шурик выслушивал ее смиренно, слегка перебирая ногами от нетерпеливого ожидания давно известного конца истории. Дополнительных вопросов он не задавал, да бабушка в них и не нуждалась. С годами ее прекрасные истории застыли, отвердели и, казалось, невидимыми клубками лежали в ящике ее секретера рядом с фотографиями и свитком. Что же касается свитка, то он был наградным документом, удостоверяющим, что господину Корну пожалован орден Восходящего Солнца, высшая государственная награда Японии.

В шестьдесят девятом году произошло великое переселение семьи из Камергерского переулка — Елизавета Ивановна упрямо и провидчески пользовалась исключительно старыми названиями — к Брестской Заставе, на улицу, судя по ее названию, проложенную когда-то в пригородном лесу. Вскоре после переезда, уже здесь, на Новолесной, в ее мелком рукаве, сбегающем к откосу железнодорожной ветки, соединявшей Белорусскую и Рижскую железные дороги — Брестскую и Виндавскую, уточняла Елизавета Ивановна, — в новой трехкомнатной квартире, неправдоподобно просторной и прекрасной, бабушка впервые предъявила пятнадцатилетнему внуку самое сердце легенды. Оно лежало в трех последовательно снимавшихся футлярах, из которых верхний был неродной — шкатулка карельской березы безо всяких выкрутасов, с выпуклой крышкой, — зато два внутренних — подлинные японские, один из яблочного нефрита, второй шелковый, серо-зеленый, цвета переливов зимнего моря. Внутри возлежал он, орден Восходящего Солнца. Сокровище это было совершенно мертвым и обесславленным, от него остался лишь драгметаллический скелет, а множество бриллиантов, составляющих его душу и, строго говоря, основную материальную ценность, полностью отсутствовало, напоминая о себе лишь пустыми глазницами.

— А камни съели. Последние пошли на эту квартиру, — известила Елизавета Ивановна пятнадцатилетнего внука, похожего в ту пору на годовалого щенка немецкой овчарки, уже набравшего полный рост и массивность лап, но не нагулявшего еще ширины грудной клетки и солидности.

— А как же ты их вынимала? — заинтересовался молодой человек технической стороной вопроса.

Елизавета Ивановна вытянула из подколотой косы шпильку, ковырнула ею в воздухе и пояснила:

— Шпилькой, Шурик, шпилькой! Прекрасно выковыривались. Как эскарго.

Шурик никогда не ел улиток, но прозвучало это убедительно. Он покрутил в руках останки ордена и вернул.

— Пятьдесят лет со смерти твоего деда прошло. И все эти годы он помогал семье выжить. Эта квартира, Шурик, его последний нам подарок, — с этими словами она уложила орден во внутренний футляр, потом во второй, а уж потом в деревянную шкатулку. Шкатулку заперла маленьким ключиком на зеленой линялой ленточке, а ключик положила в жестяную коробку из-под чая.

— Как же это он помогал, если умер? — попытался уяснить Шурик. Он выпучил желто-карие глаза в круглых бровях.

— Право, у тебя соображение как у пятилетнего дитяти, — рассердилась Елизавета Ивановна. — С того света! Разумеется, я продавала камешек за камешком.

Привычным движением с подковыркой она воткнула шпильку в пучок и задвинула крышку секретера.

Шурик пошел в свою комнату, к которой еще не совсем привык, и врубил магнитофон. Взвыла музыка. Ему надо было обдумать это сообщение, оно было одновременно и важным, и совершенно бессмысленным, а под музыку ему всегда думалось лучше.

Комната его по размеру почти не отличалась от того выгороженного двумя книжными шкафами и нотной этажеркой закута, в котором он обитал прежде. Но здесь была дверь с шариком в замке, она плотно закрывалась и даже слегка защелкивалась, и ему это так нравилось, что для усиления эффекта он еще и повесил на дверь записку «Без стука не входить». Но никто и не входил. И мать, и бабушка его мужскую жизнь уважали от самого его рождения. Мужская жизнь была для них загадка, даже священная тайна, и обе они ждали с нетерпением, как в один прекрасный день их Шурик станет вдруг взрослым Корном — серьезным, надежным, с большим твердым подбородком и властью над глупым окружающим миром, в котором все постоянно ломалось, расплывалось, приходило в негодность и только мужской рукой могло быть починено, преодолено, а то и создано заново.

4

Происходила Елизавета Ивановна из богатой купеческой семьи Мукосеевых, не столь известной, как фамилии Елисеевых, Филипповых или Морозовых, но вполне преуспевающей, известной по всем южным городам России.

Отец Елизаветы Ивановны, Иван Поликарпович, торговал зерном, чуть не половина оптовой торговли юга находилась в его руках. Елизавета Ивановна была старшей среди пяти сестер, самой толковой из всех и самой некрасивой: зубки по-кроличьи вылезали вперед, так что рот даже не совсем закрывался, подбородочек маленький, а лоб большой, выпуклый, над всем лицом нависающий. С раннего возраста было намечено ее будущее — племянников растить. Такова была судьба старых дев. Отец Иван Поликарпович любил ее, жалел за некрасивость и ценил быстрый ум и сообразительность.

По мере того как число дочерей росло, а наследник никак не появлялся, отец все внимательней к ней присматривался и, хотя держался самых что ни на есть домостроевских взглядов, отправил ее в гимназию. Единственную из всех. Покуда младшие преуспевали в красоте, старшая возрастала в познаниях.

После рождения пятой дочери, сильно переболев, мать Елизаветы Ивановны перестала рожать, и с этого времени отец все более внимательно относился к Елизавете. После окончания гимназии он определил ее в единственное коммерческое училище, куда брали девиц, в Нижнем Новгороде. Хотя Мукосеевы были к тому времени москвичами, сохранилась память об основателе рода, прасоле, занявшемся хлебной торговлей и пришедшем в Москву именно из Нижнего Новгорода.

Елизавета послушно поехала на новую учебу, однако вскоре вернулась домой и убедительно объяснила отцу, что учение там бессмысленное, ничему там не учат такому, чего и дурак не знает, а ежели он хочет в самом деле иметь в ней хорошего помощника, то пусть пошлет ее на учебу в Цюрих или Гамбург, где и впрямь делу учат, и не по старинке, а в соответствии с теперешней наукой экономикой.

Дуня, вторая дочка Ивана Поликарповича, уже была выдана. Наташа, третья, просватана, и две младшие обещали надолго не засидеться: приданое за ними давали хорошее и собой они были миловидны. Дуня уже принялась рожать, но родила, к большой обиде отца, первую девочку. Все сходилось к тому, что, пока дочери не родят наследника, дело в крепких руках должна передержать Елизавета. Словом, он отправил дочь за границу на учение. И она поехала в Швейцарию, как на брак — во всем новом, с двумя пахнущими кожей кофрами, со словарями и благословениями.

В Цюрихе она увлеклась новомодной профессией и, несмотря на увесистые благословения, потеряла веру предков, легко и незаметно, как зонтик в трамвае, когда дождь уже прошел. Так, выйдя из домашнего мира, она вышла и из семейной религии, очерствевшего, как третьеводнишний пирог, православия, в котором она не видела теперь уже ничего, кроме бумажных цветов, золотых риз и всеобъемлющего суеверия. Как многие и не худшие молодые люди своего поколения, она быстро обратилась к иной религии, исповедующей новую троицу — скудный материализм, теорию эволюции и тот «чистый» марксизм, который еще не спутался с социальными утопиями. Словом, она приобрела прогрессивные, как считалось, взгляды, хотя ни в какие революционные движения, вопреки моде ее юности, не вступила.

Отучившись год в Цюрихе, Елизавета Ивановна не поехала домой на вакации, а, напротив, пустилась путешествовать по Франции. Путешествие вышло недолгим: Париж ее так очаровал, что даже до Лазурного Берега она не доехала. Она написала отцу, что в Цюрих больше не вернется, а останется в Париже изучать французский язык и литературу. Отец разгневался, но не слишком. К этому времени появился у него долгожданный внук, и в глубине души «Лизкин взбрык» он воспринял как доказательство женской неполноценности и уверился, что напрасно сделал для старшей дочери исключение.

«Нет, оттого что баба нехороша собой, мужиком она не становится», — решил он. Плюнул и велел ей возвращаться. Пособие прекратил. Но возвращаться Елизавета Ивановна не торопилась. Училась, работала. Как ни странно, работала по бухгалтерской части для небольшого банка. То, чему учили ее в Швейцарии, оказалось весьма полезным.

В Россию Елизавета Ивановна вернулась только через три года, к концу девятьсот восьмого, с твердым намерением начать отдельную от семьи трудовую жизнь. Она была к этому времени совершенно по-европейски эмансипированная женщина, даже и курила, но поскольку французского шарму не набралась, а воспитания была хорошего, то эмансипированность ее в глаза не бросалась. Она хотела преподавать французскую литературу, но на государственную службу ее не взяли, а в гувернантки она и сама не пошла. Проискав некоторое время подходящую работу и испытав полное разочарование, она приняла неожиданное предложение: муж гимназической подруги определил ее в статистический отдел Министерства путей сообщения.

Это были годы, когда заканчивался перевод частных железных дорог в казенное ведомство, и Александр Николаевич Корн осуществлял этот многолетний проект государственной важности. Елизавета Ивановна попала под его начало, на самую скромную должность статистика. Составленные ею документы аккуратно доставлялись по служебной лестнице ему на стол, и уже через полгода самые сложные вопросы, связанные с эксплуатационными расходами на версту перевозок и пробегом грузов он стал поручать исключительно Елизавете Ивановне. Никто, как она, не мог разобраться в пудоверстах и рублях.

Старый Мукосеев не ошибся в своей дочери — ее деловые качества действительно оказались самыми превосходными. Александр Николаевич, солидный сорокапятилетний вдовец, со все возрастающей симпатией и уважением смотрел на доброжелательную и милую сослуживицу и на третьем году знакомства сделал ей предложение. На этом следует поставить восклицательный знак. Ни одна из ее хорошеньких сестер и мечтать не могла о таком браке. Выйдя замуж за Александра Николаевича, Елизавета вовсе отошла от всяких философий своей юности, закончила педагогический институт и стала успешно заниматься педагогикой. За эти годы она не то чтобы разочаровалась в верованиях своей молодости, но они стали казаться не совсем приличными, и от прежних времен остались у нее не крупные принципы, а бытовые установки трудиться, выполняя свое дело добросовестно и бескорыстно, не совершать дурных поступков, определяя дурное и хорошее исключительно по указаниям собственной совести, и быть справедливой к окружающим. Последнее значило для нее, что в поступках следует руководствоваться не только своими собственными интересами, но принимать во внимание интересы других людей. Все это было бы невыносимо скучно, если бы не оживлялось ее искренностью и естественностью. Дочери Александра Николаевича ее полюбили, отношения их были ненатужно-добрыми. Маленькую единокровную сестру Верочку обожали. Умер Александр Николаевич скоропостижно, летом семнадцатого года, и на женских весах радостей и горестей стрелка у Елизаветы Ивановны навеки замерла на самой высокой точке — те счастливые замужние годы остались с ней навсегда. Невзгоды, беды и лишения, которые обрушились на нее после смерти мужа, она долгие годы относила именно за счет его отсутствия. Даже случившуюся вскоре революцию она рассматривала как одно из неприятных последствий смерти Александра Николаевича. Вероятно, не зря он постоянно посмеивался над ее простодушием и природной невинностью. Качества эти она не потеряла за всю долгую жизнь.

Как человек с недоразвитым чувством юмора и догадывающийся о своем изъяне, она постоянно пользовалась несколькими затверженными шутками и прибаутками. Маленький Шурик часто слышал от нее кокетливое заявление:

— Я — язычница. Преподаю языки.

Преподавателем она была бесподобным, с какой-то особой методикой, необыкновенно привлекательной для детей и чрезвычайно эффективной для взрослых. Предпочитала она занятия с детьми, хотя всю жизнь преподавала в институте и писала сухие и малоинтересные учебники.

Обычно для домашних занятий она составляла группу из двух-трех детей, часто неровного возраста, так как помнила, как было славно, когда братья и сестры занимались вместе. Именно так было когда-то в ее родительском доме — из экономии приглашали одного учителя на всех.

Первый урок французского с маленькими детьми она начинала с того, что сообщала, как будет по-французски «писать», «какать» и «блевать», то есть с тех самых слов, произносить которые в хороших домах было не принято. С первого же дня французский язык превращался в некое подобие тайного языка посвященных. Особенно объединял учеников французский рождественский спектакль, который в течение всего года готовила с ними Елизавета Ивановна. Этот спектакль по жанру был скорее не домашним, а подпольным: российская власть, всегда влезающая в самые печенки обывателям, в те срединные послевоенные годы так же решительно искореняла христианство, как в предшествующие и последующие насаждала. Елизавета Ивановна своими рождественскими спектаклями проявляла врожденную независимость и почтение к культурным традициям.

Шурик в этом спектакле переиграл все роли.

Первая, младенца Христа, обычно обозначаемого завернутой в старое коричневое одеяло куклой, досталась ему в трехмесячном возрасте. В последнем спектакле, сыгранном за полгода до смерти бабушки, он изображал старого Жозефа и, к восторгу волхвов, пастухов и осляти, смешно перевирал роль.

Занятия всегда проходили на квартире Елизаветы Ивановны, и Шурик, даже если бы и не обладал хорошими способностями, был обречен выучить язык: комната в Камергерском переулке была хоть и очень большая, но одна-единственная. Деваться было некуда, и он бесконечно выслушивал одни и те же уроки первого, второго и третьего годов обучения. К семи годам он легко говорил по-французски и в более зрелом возрасте даже и вспомнить не мог, когда же он этот язык изучил. “Noël, Noël...” был ему роднее, чем «В лесу родилась елочка...»

Когда он пошел в школу, бабушка начала заниматься с ним немецким, который он воспринимал как иностранный, в отличие от французского, и занятия шли как нельзя лучше. Учился он в школе хорошо, после школы играл во дворе в футбол, слегка занимался спортом и даже, к великому страху матери, ходил в боксерскую секцию, но никаких особенных интересов у него не проявлялось. Чуть ли не до четырнадцати лет любимым его вечерним времяпрепровождением было домашнее чтение вслух. Разумеется, читала бабушка. Читала она прекрасно, выразительно и просто, он же, лежа на диване рядом с уютной бабушкой, продремал всего Гоголя, Чехова и столь любимого Елизаветой Ивановной Толстого. А потом и Виктора Гюго, Бальзака и Флобера. Такой уж был у Елизаветы Ивановны вкус.

Мать тоже вносила свой вклад в воспитание: водила его на все хорошие спектакли и концерты, даже на редкие гастрольные, — так, он маленьким мальчиком видел великого Пола Скофилда в роли Гамлета, о чем, без сомнения, забыл бы, если бы Вера ему время от времени об этом не напоминала. И, разумеется, лучшие елки столицы — в Доме актера, в ВТО, в Доме кино. Словом, счастливое детство...

5

Мама и бабушка, два ширококрылых ангела, стояли всегда ошуюю и одесную. Ангелы эти были не бесплотны и не бесполы, а ощутимо женственны, и с самого раннего возраста у Шурика выработалось неосознанное чувство, что и само добро есть начало женское, находящееся вовне и окружающее его, стоящего в центре. Две женщины, от самого его рождения, прикрывали его собой, изредка касались ладонями его лба — не горит ли? В их шелковых подолах он прятал лицо от неловкости или смущения, к их грудям, мягкой и податливой бабушкиной, твердой и маленькой маминой, он припадал перед сном. Эта семейная любовь не знала ни ревности, ни горечи, обе женщины любили его всеми душевными силами, служили наперегонки, хоть и на разный манер, и не делили его, а, напротив, совместными усилиями укрепляли его нуждающийся в утверждении мир. Его искренне и дружно хвалили, поощряли, им гордились, его успехам радовались. Он отвечал им полнейшей взаимностью, и бессмысленный вопрос, которую из них он больше любит, никогда перед ним не ставили.

Тень безотцовщины, которой обе они когда-то боялись, вообще не возникла. Когда он научился говорить «мама» и «баба», ему показали фотографию, с которой покойный Левандовский посылал неопределенную улыбку, и сказали «папа». Лет семь это его вполне удовлетворяло, и только в школе он заметил некоторый семейный недочет. Спросил «где?» и получил правдивый ответ — погиб. Известно было, что папа был пианист, и Шурик привык считать, что старенькое пианино в доме и есть свидетельство отцовского былого присутствия.

Если для гармонического развития ребенка действительно необходимы две воспитательные силы, мужская и женская, то, вероятно, Елизавета Ивановна с ее твердым характером и внутренним спокойствием обеспечила это равновесие помимо пианино.

Любуясь своим рослым и ладным мальчиком, обе женщины с интересом ожидали времени, когда в его жизни появится третья — и главная. Обе были почему-то настроены на то, что их мальчик рано женится, семья пополнится, даст новые побеги. С тревожным любопытством они присматривались к Шуриковым одноклассницам, танцующим нервный и бесполый танец твист на Шуриковом дне рождения, и гадали: не эта ли...

Девочек в классе было гораздо больше, чем мальчиков. Шурик пользовался успехом, и на день своего рождения, шестого сентября, он пригласил чуть ли не весь класс. После лета всем хотелось пообщаться. К тому же начинался последний школьный год.

Загорелые девчонки щебетали, слишком громко смеялись и взвизгивали, мальчики не столько плясали, сколько курили на балконе. Время от времени

Елизавета Ивановна или Вера Александровна бочком входили в большую из комнат, собственно говоря, в бабушкину, вносили очередное блюдо и воровским взглядом цепляли девочек. Потом, на кухне, они немедленно обменивались впечатлениями. Обе они пришли к единому мнению, что девчонки чудовищно невоспитанны.

— Звуки, как на вокзале в очереди, а интеллигентные, кажется, девочки, — вздохнула Елизавета Ивановна. Потом помолчала, поиграла кончиками морщинистых пальцев и призналась как будто нехотя, — но какие все-таки прелестные... милые...

— Да что ты, мамочка, тебе показалось. Они ужасно вульгарные. Не знаю, чего ты там милого нашла, — возразила даже с некоторой горячностью Вера.

— Беленькая, в синем платье, очень мила, Таня Иванова, кажется. И восточная красавица с персидскими бровями, тоненькая, прелесть, по-моему...

— Да что ты, мам, беленькая — это не Таня Иванова, а Гуреева, дочка Анастасии Васильевны, преподавательницы истории. У нее зубы через один растут, тоже мне прелесть, а восточная твоя красавица, не знаю, не знаю, что за красавица, у нее усы, как у городового... Ира Григорян, ты что, не помнишь ее?

— Ну ладно, ладно. Ты, Верочка, прямо как коннозаводчик. Ну, а Наташа, Наташа Островская чем тебе не хороша?

— Наташа твоя, между прочим, с восьмого класса дружит с Гией Кикнадзе, — с оттенком некоторого личного оскорбления заметила Вера.

— Гия? — изумилась Елизавета Ивановна. — Такой карапуз смешной?

— Видимо, Наташа Островская так не думает...

Елизавета Ивановна кое-чего не знала, что было известно Вере. Шурик в Наташу был горячо влюблен с пятого класса, а она предпочла смешного сонного Гию, который был в ту пору молчалив, зато, когда открывал рот, все покатывались со смеху: в остроумии ему не было равных.

Словом, бабушке девочки не нравились в массе, но каждая в отдельности казалась ей привлекательной. Вера, напротив, была убеждена, что школа Шурика чуть не лучшая в городе, класс прекрасный, исключительно дети интеллигентных родителей, то есть в сумме ей все нравились, зато каждая девочка в отдельности обладала отталкивающими недостатками...

А Шурику нравилось все — и в общем, и в частности. Он научился твисту еще в прошлом году, и ему нравился этот смешной танец: как будто ты стягиваешь с себя прилипшую мокрую одежду. Ему нравилась и Гуреева, и Григорян, и даже Наташе Островской он простил измену, тем более что Гия был его другом. Также ему очень понравился фруктовый торт со взбитыми сливками, который испекла бабушка. И новый магнитофон, который ему подарили к семнадцатилетию.

К десятому классу Шурик окончательно определился — решил поступать на филфак, на романо-германское отделение. Куда же еще?..

6

В самом начале последнего школьного года Шурик купил себе абонемент на лекции по литературе, которые читали лучшие университетские преподаватели. Каждое воскресенье Шурик бегал в университет на Моховую, занимал место в первом ряду Коммунистической, бывшей Тихомировской аудитории и старательно записывал интереснейшие лекции крохотного старого еврея, крупного знатока русской литературы. Лекции эти были столь же восхитительны, сколь и бесполезны для абитуриентов. Лектор мог битый час говорить о дуэли в русской литературе: о дуэльном кодексе, об устройстве дуэльных пистолетов с их гранеными стволами, тяжелыми пулями, забиваемыми в ствол с помощью короткого шомпола и молотка, о жребии, брошенном серебряной монеткой, о фуражке, наполненной розово-желтой черешней, и о черешневых косточках, предвосхитивших отсроченный полет пули... о прозрении поэта и о сотворении жизни по образцу вымысла, — словом, о вещах, не имеющих ни малейшего касательства к тематическим сочинениям «Толстой как зеркало русской революции» или «Пушкин как обличитель царского самодержавия»...

Справа от Шурика сидел Вадим Полинковский, слева — Лиля Ласкина. С обоими он познакомился на первой же лекции.

Маленькая, броская, в белых остроносых ботиночках и в кожаной мини-юбке, убивающей без разбора нравственных старушек, безнравственных студенток и незаинтересованных прохожих, Лиля крутила стриженой, плюшевой на ощупь головой, как заводная игрушка, и беспрестанно стрекотала. Кончик ее длинного носа еле уловимо двигался при артикуляции вверх-вниз, ресницы на часто моргающих веках трепетали, а мелкие пальчики, если не теребили платок или тетрадь, стригли вокруг себя тяжелый воздух. К тому же она не отошла еще от детской привычки проворно и бегло поковыривать в носу.

Обаяния в ней была бездна, и Шурик влюбился в нее так крепко, что это новое чувство затмило все прежние его мелкие и многочисленные влюбленности. Опыт чувственной приподнятости, когда кажется, что даже электрические лампочки усиливают свой накал, был знаком ему с детства. Он влюблялся во всех подряд: в бабушкиных учеников — как девочек, так и мальчиков, в маминых подруг, в одноклассниц и учительниц, но теперь Лилино веселое сияние все прежнее обратило в смутные тени...

Полинковского Шурик воспринимал как соперника до тех пор, пока однажды, в начале лекции, указав глазами на пустующее Лилино место, он не прошептал:

— Мартышечки-то нашей сегодня нет...

Шурик изумился:

— Мартышечки?

— А кто же она? Вылитая мартышка, еще и кривоногая...

И Шурик полтора часа размышлял о том, что есть женская красота, пропустив мимо ушей тонкие соображения лектора о второстепенных персонажах в романах Льва Николаевича, — чудаковатый лектор всегда находил способ уйти подальше от школьной программы в каменоломни спорного литературоведения...

В тот раз некого было провожать до дому, и они с Полинковским прошлись от Моховой до самого Белорусского вокзала. Шурик больше помалкивал, переживая смущение, в которое Полинковский поверг его своим небрежным отзывом о прелестной Лиле. Полинковский же, время от времени отряхивая снежинки с кудрей, пытался с помощью Шурика разрешить свою собственную проблему: он все не мог склониться в правильную сторону, то ли сдавать ему в полиграфический, где отец преподавал, то ли в университет, а может, плюнув на все, податься в геолого-разведочный... У Белорусского Шурик предложил Полинковскому зайти в гости, и они свернули на Бутырский Вал. Проходя мимо железнодорожного мостика, перекинутого над полузаброшенным полотном, Полинковский сообразил, что по этой дороге, через мостик, можно выйти к мастерской его отца, и предложил Шурику посмотреть мастерскую. Но Шурик торопился домой, и уговорились на завтра. Полинковский написал ему адрес на клочке бумаги, потом они немного потоптались во дворе и зашли к Шурику. Елизавета Ивановна накормила их ужином, и они стали слушать в Шуриковой комнате музыку, которой у него было много записано на коричневых магнитных лентах. Полинковский выкурил заграничную сигарету и ушел.

Оставшуюся часть вечера Шурик промаялся, не решаясь позвонить Лиле. Ее телефон был у него записан, но он пока еще ни разу ей не звонил, дело ограничивалось лишь корректными проводами до подъезда старого дома в Чистом переулке.

На другой день, в понедельник, Лиля все не выходила у него из головы, но позвонить он почему-то не осмеливался, хотя номер ее телефона сам собой всплывал и напрашивался... К вечеру он так умаялся, что вспомнил про вчерашнее необязательное приглашение Полинковского и пошел под вечер из дому — прогуляться, как сказал матери.

Записочку с адресом он уже потерял, но адрес запомнился, он состоял из одних троек.

Мастерские эти оказались не так уж близко за мостиком, он довольно долго искал описанный Вадимом дом с большими окнами. Наконец разыскал и дом, и номер нужной мастерской, постучал в чуть приоткрытую дверь. Вошел — и остолбенел. Прямо перед ним на низкой подставке сидела совершенно голая женщина. Некоторые женские части были не видны, но грудь бело-розовая, в голубых прожилках, во всех ее потрясающих подробностях, светила, как прожектор. Вокруг женщины расположилось десятка два художников.

— Дверь! Дверь прикройте! Дует же! — прикрикнул на Шурика сердитый женский голос. — Чего же вы опаздываете? Садитесь и начинайте работать.

Красивая женщина в черной мужской рубашке, с черной блестящей челкой, свисающей на глаза, махнула неопределенно позади себя. Подчинившись ее жесту, он сел в дальнем углу помещения на нижнюю ступень стремянки. Все рисовали, грубо шурша карандашами. Шурик плохо соображал. Он догадывался, что где-то здесь его новый знакомый Вадик, но не мог отвести глаз от крупного коричневого соска, уставленного в него, как указательный палец. Шурик испугался, что голая женщина поднимет голову и поймет, что с ним происходит. А с ним происходило... Он понимал, что надо уйти. Но уйти не мог. Он протянул руку к стопке сероватой бумаги, лежавшей на полу, и отгородился листом ото всех. Пребывание его здесь было почти преступным, он ждал, что сейчас его обнаружат и выгонят. Но сдвинуться с места он не мог. Рот его попеременно то высыхал, то наполнялся большим количеством жидкой слюны, и он судорожно, как у зубного врача, заглатывал ее. При этом он воображал, что подходит к сидящей женщине, поднимает ее с подиума и проводит рукой там, где тень была особенно густа... Весь этот сладкий кошмар длился, как показалось Шурику, нескончаемо долго. Наконец натурщица встала, надела бордово-желтый байковый халат и оказалась не очень молодой коротконогой женщиной с толстыми хомячьими щеками и полностью лишенной волшебства — как любая из его бывших соседок по коммунальной квартире. Пожалуй, это и было самым поразительным... Значило ли это, что каждая из тех женщин в байковых халатах, которые выходили на общую кухню с пригорелыми чайниками, носили под своими халатами такие же могучие соски и притягательные складки и тени.

Люди, молодые и старые, стали складывать бумаги и деловито расходиться. Вадима среди них не было. Красивая женщина в черной рубашке издали приветливо ему кивнула и сказала:

— Останься, поможешь убрать.

И он остался. Передвинул стулья, куда она указала, часть вынес в коридор, сдвинул помост, а когда закончил, она усадила его за шаткий столик и протянула чашку чая.

— Как Дмитрий Иванович? — спросила она. Шурик замялся и что-то промычал.

— Ты ведь Игорь, да?

— Александр, — выдавил он из себя.

— А я была уверена, что ты Игорь, Дмитрия Ивановича сын, — засмеялась она. — Откуда же ты взялся?

— Я случайно... Я Полинковского искал... — пролепетал Шурик, наливаясь малиновым цветом. Из глаз его едва не капали слезы. «Она, наверное, думает, что я пришел на голую натурщицу смотреть...»

Женщина смеялась. Губы ее прыгали, над верхней губой растягивалась и сокращалась темная полоска маленьких волосиков, узкие глаза сошлись в щелочки. Шурик готов был умереть.

Потом она перестала смеяться, поставила чашку на стол, подошла к нему, взяла его за плечи и крепкими руками прижала к себе:

— Ах ты, дурачок...

И через грубошерстную ткань куртки он ощутил крепость ее большого соска, упершегося ему в плечо, а потом уже почуял бездонную и темную глубину ее тела. И легчайший, еле ощутимый кошачий запах...

Самое удивительное, что Полинковского Шурик больше никогда в жизни не видел. На курсах с тех пор он ни разу не появился. Вероятно, в сценарии Шуриковой жизни он оказался фигурой совершенно служебной, лишенной самостоятельной ценности. Много лет спустя, вспоминая об этом экстравагантном экспромте, Матильда Павловна как-то сказала Шурику:

— А Полинковского и не было никакого. Это был мой личный бес, понял?

— Я к нему не в претензии, Матюша, — хмыкнул Шурик, к тому времени уже не малиновый подросток, а несколько бледноватый и упитанный тридцатилетний мужчина, выглядевший, пожалуй, даже старше...

7

Прошло чуть больше двух месяцев с тех пор, как завязалась история с Матильдой, и как же все изменилось. С одной стороны, он как будто оставался все тем же: смотрел на себя в зеркало и видел овальное розовое лицо с черным налетом щетины по вечерам, прямой широковатый нос с точечками в расширенных порах, круглые брови, красный рот. У него были широкие плечи, худые, недобравшие мускулатуры руки и тяжеловесные икры. Безволосая плоская грудь. Он немного занимался боксом и знал, как собирается все тело, как устремляются все силы в плечо, в руку, в кулак перед нанесением удара, как подтягиваются ноги перед прыжком и как все тело, до самой маленькой мышцы, участвует в каждом движении, имеющем назначенную цель, — удар, бросок, прыжок... Но, с другой стороны, все это было полной глупостью, потому что, как оказалось, из тела можно извлекать такое наслаждение, что никакой спорт в сравнение не шел. И Шурик с уважением смотрел в запотевшее зеркало в ванной комнате и на свою безволосую грудь, и на плоский живот, посреди которого, пониже пупка, была прочерчена тонкая волосяная дорожка вниз, и он почтительно клал руку на свое таинственное сокровище, которому подчинялось все тело, до последней клетки.

Конечно, это Матильда Павловна запустила в действие замечательный механизм, но он предчувствовал, что теперь это никогда не кончится, что ничего лучше в жизни не бывает, и смотрел с этой поры на всех девочек, на всех женщин изменившимся взглядом: каждая из них, в принципе, могла запускать в действие его бесценное орудие, и при этой мысли рука его наполнялась отяжелевшей плотью, и он морщился, потому что понедельник был только вчера и до следующего надо было ждать пять дней...

Зато до встречи с Лилей оставалось всего четыре. Эмоции эти никак не пересекались. Да и как, по какому поводу могла бы пересечься веселая хрупкая Лиля, которую он провожал с лекций по воскресеньям, стоял с ней часами в высоком подъезде старого дома, грел в горящих ладонях ее детские пальчики и не смел поцеловать, с великолепной Матильдой Павловной, обширной и спокойной, как холмогорская корова, в которой он тонул весь без остатка по понедельникам, именно по понедельникам, когда приходил к ней в мастерскую после окончания сеанса, помогал убирать стулья, а потом провожал в однокомнатную холостяцкую квартирку неподалеку, где ожидала ее кошачья семья — три крупные черные кошки, находящиеся в кровосмесительном родстве. Матильда давала кошкам рыбу, мыла руки и, пока кошки мерно, не торопясь, но с аппетитом расправлялись со своим кормом, она тоже, не торопясь и с аппетитом, подкрепляла себя с помощью прекрасно для этого приспособленного молодого человека.

Мальчик этот был случайностью, прихотью минуты, и она вовсе не собиралась с ним тешиться больше одного случайного раза. Но как-то затянулось. Ни распутства, ни цинизма, а уж тем более половой жадности, толкающей зрелую женщину в неумелые объятия юноши, не было в Матильде. Трезвость и чрезмерное увлечение работой смолоду помешали ее женскому счастью. Когда-то она была замужем, но, потеряв первенца и едва не отправившись на тот свет, незаметно упустила своего пьющего мужа, он обнаружился в один прекрасный миг почему-то у ее подруги, и, не больно о нем печалясь, она зажила трудовой жизнью мужика-ремесленника: лепила, формовала, работала и с камнем, и с бронзой, и с деревом. Со временем вошла в колоду скульпторов, хорошо зарабатывающих на государственных заказах, и отваяла целый полк героев войны и труда. Работала она, как мать ее, крестьянка из Вышнего Волочка, от зари до зари, не из понуждения, а из душевной необходимости. Время от времени у нее заводились любовники из художников или из работяг-исполнителей. Каменотесы, литейщики. Мужики почему-то попадались всегда пьющие, и связи превращались сами собой в довольно однообразное мытарство. Она зарекалась от них, потом снова ввязывалась, и ей все было наперед известно с этим народцем, который постоянно толокся возле нее, так что у нее в последнее время уже и рука набилась выпроваживать их прежде, чем они поутру попросят ее сгонять за бутылкой на опохмел.

Этот мальчик приходил к ней по понедельникам как будто по уговору, хотя никакого уговора между ними не было, и ей все казалось, что это в последний раз позволяет она себе такое баловство. А он все ходил и ходил.

Незадолго до Нового года Матильда Павловна заболела жестоким гриппом. Два дня пролежала она в полузабытьи в окружении встревоженных кошек. Шурик, не найдя ее в мастерской, позвонил в дверь ее квартиры. Естественно, был понедельник, начало девятого.

Он сбегал в дежурную аптеку, купил какой-то никчемной микстуры и анальгина, убрал за кошками, вынес помойку. Потом вымыл полы на кухне и в уборной. Кошки за время ее болезни изрядно набезобразничали. Матильде Павловне было так плохо, что она почти и не заметила его хозяйственного копошения. Назавтра он пришел снова, принес хлеба и молока, рыбы для кошек. Все — с неопределенной улыбкой, без утомительных для Матильды Павловны разговоров.

К пятнице у нее упала температура, а в субботу Шурик слег — схватил-таки вирус. В очередной понедельник он не пришел.

— Хорошенького понемножку, — решила Матильда Павловна с некоторым даже удовлетворением. Но заскучала. Зато когда он появился через неделю, встреча у них получилась особенно сердечная, и их бессловесное постельное общение оживилось одним тихо произнесенным Матильдой словом — «дружочек».

8

После Нового года Шурик с особым усердием принялся за подготовку в университет. Елизавета Ивановна, вышедшая на пенсию, усиленно занималась с ним французским. Все, что с юности любила она, проходила она теперь заново с внуком. Елизавета Ивановна была вполне довольна успехами Шурика. Язык он знал лучше, чем многие выпускники ее педагогического института. Зачем-то она велела ему учить наизусть длинные стихотворения Гюго и читать старофранцузскую поэзию. Он втянулся, находил в этом вкус.

Когда уже после окончания института, во время Олимпиады, он познакомился с молоденькой француженкой из Бордо, первой живой иностранкой в его жизни, от его старомодного языка она пришла в полное исступление. Сначала хохотала едва не до слез, а потом расцеловала. Вероятно, он звучал как Ломоносов, доведись тому выступать в Академии наук году в девятьсот семидесятом. Зато сам Шурик едва понимал по-южному «рулящую» и по-студенчески усеченную речь француженки и постоянно переспрашивал, что она имеет в виду.

Несмотря на свой преклонный возраст, Елизавета Ивановна еще давала частные уроки, хотя учеников было не так много, как прежде. Но рождественский спектакль она все же не отменила. Правда, начало января было таким холодным, что спектакль все откладывался — до последнего дня школьных каникул.

В центре большой комнаты места для елки не было, там все было заставлено стульями и табуретками, елка же стояла в углу, как наказанная. Зато она была совершенно настоящая, украшена бережно сохраненными Елизаветой Ивановной старинными елочными игрушками: карета с лошадками, балерина в блестках, чудом выжившая стеклянная стрекоза, подаренная Елизавете Ивановне на Рождество тысяча восемьсот девяносто четвертого года любимой тетушкой. Под елкой, рядом с рыхлым и пожелтевшим от старости дедом морозом, стоял вертеп с Девой Марией в красном шелковом платье, Иосифом в крестьянском зипуне и прочие картонажные прелести...

Угощение было приготовлено особенное, рождественское. По всей квартире, даже на лестнице, стоял елочно-пряничный запах: на большом подносе под белой салфеткой лежали завернутые каждый по отдельности тонкие фигурные пряники. Елизавета Ивановна пекла их из какого-то специального медового теста, они были сухонькие, островатые на вкус, а поверху разрисованы белой помадкой. К каждой из звезд и елочек, к каждому из ангелков и зайцев прилагалась записка, на которой каллиграфическим почерком по-французски была написана какая-нибудь милая глупость. Что-то вроде: «В этом году вас ждет большая удача», «Летнее путешествие принесет неожиданную радость», «Остерегайтесь рыжих». Все это называлось рождественским гаданием.

Пряники были слишком красивы, чтобы их просто слопать, и к чаю, который устраивали после спектакля, подавали обыкновенные пироги и печенья... Каждый участник имел право привести с собой одного гостя, и обыкновенно приводили сестер, братьев, иногда одноклассников.

Вера, тихонько пошушукавшись с Елизаветой Ивановной, предложила Шурику привести на спектакль ту университетскую девочку, которую он каждое воскресенье так подолгу провожает. Отношения с матерью были как раз настолько доверительны, чтобы доложить о существовании Лили и не обмолвиться ни словом о Матильде Павловне.

Целую неделю Шурик отговаривался. Ему не хотелось приглашать Лилю на детский праздник, он с большим удовольствием пошел бы с ней в кафе «Молодежное» или на какую-нибудь домашнюю вечеринку к одноклассникам. Однако под давлением матери он все-таки буркнул Лиле что-то про детский спектакль, который устраивает его бабушка, а она с неожиданным азартом завопила:

— Ой, хочу, хочу!

Таким образом, пути к отступлению были отрезаны. Уговорились, что Шурик ее встречать не выйдет, потому что у него перед спектаклем было много производственных забот.

Он чуть не с утра возился с малышами, вправлял вывихнутое крыло неуклюжему ангелу, утешал плачущего Тимошу, обнаружившего вдруг унизительность своей роли и наотрез отказавшегося надеть на себя ослиные уши, сшитые Елизаветой Ивановной из серых шерстяных чулок. Вся эта «мелочь пузатая», как называл Шурик бабушкиных учеников, Шурика обожала, и иногда, когда у Елизаветы Ивановны поднималось давление и начиналась тяжкая боль в затылке, он заменял бабушку на уроках, к большому восторгу учеников.

Лиля пришла сама, по адресу. Дверь открыла Вера Александровна — и остолбенела: перед ней стояло маленькое существо в огромной белой шапке, и сквозь падающие чуть ли не до подбородка лохмы неопрятного меха проглядывали накрашенные густой черной краской игрушечные, как у плюшевого зверька, глазки. Они поздоровались. Девочка стащила с себя огромную шапку. Вера не удержалась:

— Да вы просто как Филиппок!

Находчивая девочка растянула длинный рот в улыбке:

— Ну, это не самый страшный персонаж в русской литературе!

Она раздернула фасонистую красную молнию на легкой, явно не по сезону куртке, и осталась в маленьком черном платье, сплошь покрытом белыми волосами от шапки. В большом, едва не до пояса, вырезе светилась худая голая спинка, тоже покрытая волосками — тонким собственным пушком. От вида этой голубоватой детской спины у Веры от жалости и брезгливости защемило сердце.

— Садитесь вон туда, в уголок, там уютное место. Шарфик не снимайте, там дует от окна, — предупредила Вера Александровна, но Лиля затолкала шарф в рукав куртки. — А Шурик сейчас выйдет, он там с маленькими возится.

Протискиваясь в детской толпе мимо матери, Вера шепнула ей на ушко:

— Эта Шурикова девочка — прямо на роль Иродиады.

Елизавета Ивановна, уже кинувшая на нее свой цепкий взгляд, поправила:

— Скорее на роль Саломеи... Но знаешь, Верочка, она очень изящна, очень...

— Да ну тебя, мама, — рассердилась неожиданно Вера. — Она же просто маленькая нахалка... Наверное, бог знает из какой семьи...

И Вера испытала прилив ужасной неприязни к этой стриженой профурсетке.

Но Лиля не почувствовала этой неприязни, напротив, ей, из ее уголка, все страшно нравилось: и смешанный запах елки с пряником, и домашний спектакль с привкусом дворянской жизни, известной из русской литературы, и сами эти «смешные бабуськи», как сразу же про себя определила она обеих Шуриковых родительниц, — хрупкую, с длинной морщинистой шеей, окруженной жеваным кружевцем, со старомодным пучком седоватых волос Веру Александровну и более массивную, тоже с кружевцем на шее, но по-иному уложенным, с еще более старомодным пучком беленьких мелко гофрированных волос Елизавету Ивановну.

Вера громко стучала по жестким клавишам пианино, так что через мелодии французских рождественских песенок прослушивались сухие щелчки ее ногтей, но дети пели трогательно, и спектакль шел на редкость хорошо, никто ничего не забывал, не падал и не путался в костюмах, да и святой Иосиф блеснул импровизацией: когда настало время бегства в Египет, он подхватил на руки ослика с чулочными ушами и Деву Марию, опасливо севшую верхом на малолетнее животное, и старенькое коричневое одеяло, которое изображало младенца Христа, и все завизжали, захохотали и запрыгали. Наконец Шурик снял с себя плащ и лысину из капрона — это был единственный настоящий театральный реквизит, позаимствованный Верой Александровной специально для этого случая из цехов, — сгреб в кучу остальные костюмы и унес. Дальше по программе полагалось быть чаю, и пили чай из электрического самовара, без особого интереса ели домашние пироги и ждали, наконец, обещанного гадания.

Елизавета Ивановна, розовая и влажная, как после ванны, запускала руку под салфетку и вышаривала оттуда очередной пряник с запиской. Взрослые тоже выстроились в очередь. Протянула руку и Лиля. «Бабуська» посмотрела на нее приветливо, что-то пробормотала по-французски и вытянула ей самый большой сверток. Лиля развернула. Там был барашек, весь в спиралях из белой помадки. А в записке было написано «Перемена квартиры, перемена жизни, перемена участи». Лиля показала бумажку Шурику:

— Вот видишь...

9

Лилины родители были тридцативосьмилетние еврейские математики, с байдарками, горными лыжами и гитарами. Мама ее весело материлась через слово, а папа любил выпить. Но пить не умел. Однако отказаться от этого общенародного развлечения никак не мог, и время от времени мама притаскивала его из гостей бледного, пахнущего блевотинкой, засовывала в ванную, беззлобно и смешно ругала, а потом волокла его, голого, укутанного в полотенце, в комнату, укладывала, укрывала, поила чаем с лимоном и аспирином и приговаривала:

— Что русскому здорово, то еврею смерть...

Это был чистый плагиат: еще Лесков эту пословицу где-то подобрал и использовал, но было смешно.

Ко всему тому документы на отъезд уже были поданы, с работы оба уволились, и уже несколько месяцев семья жила на истерическом подъеме: и радостно, и весело, и страшно... Не совсем понятно было: то ли отпустят, то ли откажут, то ли вообще посадят. За отцом водились какие-то грешки: что-то где-то опубликовал, подписал, высказал. Уже год как длилось это затяжное прощание с Россией и с любимыми друзьями, и они то вдруг срывались в Ленинград, то снимали Лилю с учебы и тащили в Самарканд, то обнаруживали каких-то неизвестных родственников на Украине, приглашали их на прощание, и целую неделю по квартире тяжко топали две толстые пожилые еврейки такого провинциального покроя, что и вообразить невозможно, — помесь Шолом Алейхема с антисемитскими пародиями.

Лиля никак не могла решить, стоит ли пытаться поступать в университет. Что не примут, — это само собой разумеется, но ведь надо себя проверить, попробовать. А если примут — еще того глупее... Мама отговаривала — брось, занимайся языком, это тебе важнее. Мама имела в виду, конечно, иврит. Отец считал, что она должна поступать, и говорил матери в ночной тишине, секретно от Лили:

— Пусть у нее будет свой опыт, ей слишком хорошо живется. Пусть завалится для укрепления еврейского самосознания...

После Нового года Лиля как-то расслабилась, плюнула на подготовку к экзаменам, стала прогуливать школу и пристрастилась к бессмысленным и бесцельным прогулкам по утренней Москве. Шурик, напротив, исправлял наметившиеся было тройки по алгебре и физике и наводил лоск на предметы, по которым ему предстояло экзаменоваться.

Ближе к весне Вера Александровна взяла отпуск, чтобы уделять мальчику побольше внимания. Но это было совершенно излишне: Шурик проявлял неожиданную высокоорганизованность, много занимался и мало слушал Эллу Фицджеральд. К нему теперь приходила на дом преподавательница русского языка и литературы, и к историку он ездил два раза в неделю. Экзамены на аттестат зрелости он сдал почти на «отлично», даже удивив преподавателей математики и физики. Школа была окончена, оставался последний рывок, но, к неудовольствию Веры, каждый вечер он уходил из дому и возвращался бог знает когда. Большую часть вечеров он проводил с Лилей. Некоторую — с Матильдой Павловной. Но об этом он не докладывал.

Иногда Лиля и сама приезжала к Шурику. По каким-то таинственным признакам можно было заключить, что скоро Ласкины получат разрешение, и это придавало острый вкус их отношениям: было ясно, что расстаются они навсегда. Вера за это время несколько к Лиле смягчилась, хотя по-прежнему считала ее взбалмошной и несерьезной. Но очаровательной.

Почти каждый вечер они гуляли по Москве. Заезжали иногда в какой-нибудь незнакомый район вроде Лефортова или Марьиной Рощи, и чуткая Лиля со своим прощальным зрением научала Шурика видеть то, чего она и сама раньше не умела: осевший на задние лапы, как старый пес, дом, слепой поворот обмелевшей улицы, старое дерево с протянутой рукой нищенки... Они терялись в проходных дворах Замоскворечья, вдруг выходили на пустую набережную, а то за двумя скучными домами находили чудесную церковку с освещенным полуподвальным окном, и Лиля плакала от неясных предчувствий, от необъяснимого страха перед желанным отъездом, и они, прислонившись к ветхому забору или устроившись на уютной скамеечке, сладко и опасно целовались. Лиля вела себя гораздо более дерзко, чем Шурик, и они неостановимо приближались если не к цели, то к некоторой границе. Шурикова недавнего опыта хватало, чтобы уклониться от последнего свершения, но девочкины ласки доставляли новое наслаждение и совсем иное, чем то, что он находил у Матильды Павловны. Впрочем, и то и другое было прекрасно, одно другому не мешало и не противоречило. Лиля, тонкая и безгрудая, была вовсе не костлява, а плотна и мускулиста повсюду, куда доставали его пальцы. Он знал на ощупь те влажные места, где поверхность, извернувшись, превращалась во внутренность, и от прикосновения к которым она тонко, как щенок, стонала.

Далеко за полночь он приводил ее к парадному. Свет обыкновенно горел в их втором этаже, и Лиля, пискнув в последний раз, вытирала влажные руки, оправляла юбочку и неслась наверх, навстречу укоризненному материнскому взгляду и бурчанию отца. Обыкновенно в доме еще сидели последние, до утра не рассасывающиеся гости.

В июле начались экзамены. Лиля документов не подала — ей уже мерещились новые берега: дунайские, тибрские, иорданские... Шурик написал сочинение на четверку, а по истории получил пять. Это был очень хороший результат, потому что пятерок за сочинение почти не ставили. Теперь все зависело от языка. Получи он «отлично» по французскому, он бы прошел.

В день экзамена оказалось, что его нет в списке экзаменующихся. Он пошел в приемную комиссию, где густая толпа растрепанного народа осаждала злющую секретаршу. Обнаружилось, что его занесли в список абитуриентов, сдающих немецкий язык, поскольку в школьном аттестате значился у него немецкий. Шурик страшно растерялся, пустился в объяснение, что он при подаче заявления просил зачислить его в группу, сдающую французский, и это было согласовано, что готовился он именно к французскому... Но пожилая секретарша, подщелкивая новой, плохо подогнанной челюстью, производила какие-то гимнастические упражнения языком в глубине рта и слушать его не стала. Забот у нее было по горло, во рту же ломило и поджимало, и она, не вникая в его путаные объяснения, цыкнула, чтобы он шел сдавать экзамены в соответствии со списком и не морочил ей голову.

Разумеется, если бы мама или бабушка пошли его провожать на экзамен, этого бы не произошло. Уж они бы уговорили секретаршу перенести Шурикову фамилию в другой список либо нажали бы на самого Шурика и заставили бы его экзаменоваться по-немецки. Ну не готовился специально! Так ведь не зря с ним Елизавета Ивановна немецкие глаголы штудировала... Но Шурик сказал домашним нет, и никто с ним не пошел, потому что его мужское слово уважали.

Теперь он вышел из волшебного здания на Моховой, твердо зная, что никогда туда не вернется. Был чудесный июль, воздух полон цветочными запахами и солнечной пылью. Сумасшедшая городская пчела кружила вокруг Шуриковой несчастной головы, он отогнал ее, махнув рукой и больно зацепив себя ногтем по носу. Все было так досадно. Он спустился на Волхонку, прошел мимо Пушкинского музея, у бассейна свернул на набережную и с набережной легким кружным путем подошел к Лилиному дому. Ласкины накануне получили долгожданное разрешение на выезд, и Шурик уже знал об этом из вчерашнего телефонного разговора. Он поднялся в Лилину квартиру. Она была дома одна, если не считать завала грязной посуды, оставшейся после грандиозной попойки. Родители побежали по инстанциям: надо было собрать мильон разнообразных бумажек в очень короткий срок. Это тоже входило в издевательскую процедуру отъезда — долго, иногда годами, тянуть с разрешением, а потом дать недельный срок на сборы.

Шурик с порога, не дав ей и вопроса задать, рассказал о своем неожиданном провале. Она замахала руками, затрещала, обвалила на него ворох обрывчатых слов: скорей, пойдем, надо что-то делать, немедленно позвони маме, пусть бабушка едет сейчас же в приемную комиссию... Какая глупость, какая глупость, почему же ты не пошел сдавать немецкий?..

— Я не готовился по-немецки, — пожал Шурик плечами.

Он обнял ее. Словесный поток иссяк, и она заплакала. И тут Шурик понял, что он потерял гораздо больше, чем университет, он потерял эту Лилю, потерял все... Она уедет через неделю, уедет навсегда, и теперь совершенно не имело никакого значения, поступил он в университет или нет.

— Никуда я не буду звонить, никуда не пойду, — сказал он в ее маленькое ухо.

Ухо было мокрым от размазанных слез. Слезы лились густо, и его лицо тоже стало мокрым. Причина этих слез была огромна и не поддавалась описанию. Вернее, причин было множество, а не сданный Шуриком экзамен был последним камешком в этом камнепаде.

— Не уезжай, Ласочка, — бормотал он, — мы поженимся, ты останешься. Зачем уезжать...

Ему не хватало до восемнадцати лет трех месяцев, ей — полугода.

— Ах, господи, надо было раньше, уже все поздно, — плакала Лиля, вжимаясь ему в грудь, в живот всем своим маленьким телом. Слабо пришитые пуговицы ссыпались с ее белого, сшитого из двух головных платков халатика, он чувствовал все тонкие мышцы ее узкой спины. Она определенно тянула его к дивану, не переставая сыпать бессмысленными словами: надо позвонить Вере Александровне, надо в приемную комиссию, еще не все потеряно...

— Потеряно, все потеряно, Ласочка! — Шурик тискал ее детские руки, котом оцарапанные, с обкусанными ногтями, в цыпках, которые ей каким-то образом удалось сохранить с зимы, и он не умел выговорить, какие чувства вызывают в нем ее руки, и кривые слабые ножки, и оттопыренное ухо, торчащее из жестких стриженых волос. И он лепетал:

— Ты такая... Ты такая необыкновенная, и самое в тебе лучшее — твои ручки, и ножки, и ушки...

Она засмеялась, смахивая слезы:

— Шурик! Это мои самые главные недостатки — кривые ноги и торчащие уши! Я папу своего за них ненавижу, от него досталось, а ты говоришь — самое лучшее.

Шурик, не слыша ее, гладил ее ноги, в горсть забирал обе маленькие ступни, прижимал к груди:

— Я буду скучать по отдельности по ручкам твоим, по ножкам, по ушкам.

Лиля поджала под себя ноги, повернулась, упершись лицом в Шурикову грудь, а он теперь держал ладони на ее шее и чувствовал биение жилок справа и слева, и биение это было быстрым-быстрым, переливчатым, как мелкий ручей.

— Не уезжай, Лилечка, не уезжай...

Но ничего нельзя было изменить — билеты в новую жизнь были в кармане. А Шурик — пусть он останется навсегда ее первым мужчиной! Да, да, сейчас, немедленно!

Решимость вымела остатки страха:

— Шурик! Давай, ну... Я прошу тебя, не бойся. Я хочу, чтобы ты... Сделай это!

Лицо у Лили было серьезное как никогда. И Шурик рванулся.

Но врата были новенькие, накрепко закрытые, такие же плотные и мускулистые, как все ее тело, и он ломился туда, пока не отпрянул от резкой боли. Через мгновение оба были в крови — и в ужасе. Это была его, а не ее кровь. Оба они имели приблизительное представление о строении столь важных органов человеческого тела и не поняли, что от сильного и неловкого движения лопнула эластичная уздечка, удерживающая Шурикова скакуна. Однако природная Лилина сообразительность не подвела, и через пятнадцать минут страха и отчаяния с помощью льда и полотенца кровотечение остановилось, а еще через некоторое время смеющаяся Лиля старательно обливала синими чернилами для авторучки следы крови на диване, отстирать которые известными способами никак не удавалось.

Шурик был в отчаянии: ему было стыдно, больно, а главное — мучила мысль, что он навсегда лишился драгоценной способности.

Вернувшаяся с работы соседка стучала в дверь и кричала:

— Лиля! Лиля! Ты что, заснула? Ваш чайник сгорел!

Смешно сказать, чайник! Вся жизнь у них сгорала... Про несданный экзамен больше не вспоминали...

Дальнейшие события развивались так стремительно, что Шурик потом лишь с трудом смог восстановить их последовательность.

Елизавета Ивановна, мужественно пережившая на своем веку смерть мужа, любимой падчерицы, гибель сестер, эвакуацию и всякого рода лишения, незначительной неудачи с Шуриковым экзаменом не выдержала. В тот же вечер с тяжелым сердечным приступом ее увезли в больницу. Приступ развился в обширный инфаркт.

Вера, привыкшая за всю свою жизнь к роскоши тонких и сильных эмоций, очень переживала. Все у нее валилось из рук, она ничего не успевала. Она варила матери бульон, стоя над булькающей кастрюлей в ожидании конца мероприятия, а перед уходом в больницу вспоминала, что забыла купить одеколон. Ехала в центр за хорошим одеколоном, а потом опаздывала в больницу к приемному часу и платила большие деньги противнейшей гардеробщице, чтобы ее впустили. И так было каждый день, каждый день...

Елизавета Ивановна лежала под капельницей, была бледна, молчалива и не хотела умирать. Вернее сказать, она понимала, что не имеет права оставить дорогую, но такую беспомощную дочь (она бросала взгляд на мутный бульон, который Вера забыла даже посолить) и Шурика, совершенно сбрендившего из-за этой глупой неудачи, — в этой точке Елизавета Ивановна оценивала ситуацию совершенно неправильно. Она полагала, что мальчик впал в депрессию. Другим образом она не могла объяснить себе того невероятного факта, что он ни разу не посетил ее в больнице.

А Шурик всю неделю занимался сборами, прощаниями и проводами. Последние сутки он провел в «Шереметьево», помогал сдавать какой-то багаж. Потом наступил момент, когда Лиля поднялась по лестнице, куда уже не пускали, и он махнул ей в какой-то просвет на втором этаже, уже за границей, и она улетела, увозя от него свои кривые ножки и оттопыренные ушки.

Вечером, приехав домой, он наконец расслышал то, что не доходило до него всю неделю, — что у бабушки инфаркт и это очень опасно. Шурик ужаснулся своей собственной черствости: как мог он за неделю не выбрать времени, чтобы навестить бабушку? Но был уже вечер, прием в больнице окончен. Ночь он спал как убитый, сказалась бессонница последних дней. В восемь часов утра позвонили из отделения и сообщили, что Елизавета Ивановна умерла. Во сне.

Отъезд Лили так прочно соединился в его памяти со смертью, что даже возле гроба ему приходилось делать некоторое усилие, чтобы отогнать от себя странное смещение: ему все казалось, что хоронят Лилю.

10

И вот наступает утро после похорон, когда поминки уже справлены, вся посуда вымыта соседками-помощницами, одолженные стулья разнесены по соседским квартирам, и остался чисто вымытый дом, до краев переполненный присутствием человека, которого уже нет.

Под стулом в прихожей Вера Александровна находит сумку, привезенную кем-то из больницы. В ней чашка, ложка, туалетная бумага и всяческие довольно безличные мелочи. И очки. Их делали на заказ в каком-то специальном месте чуть ли не два месяца. Они были так удачно подогнаны к материнским, от старости потемневшим глазам — не было на свете других глаз, которым подошли бы эти выпуклые, в серой моложавой оправе стекла. С очками в руках Вера замирает: что с ними делать... Носильные вещи на полке шкафа — пуховый платок, халат, сшитый на заказ огромный бюстгальтер полны материнского запаха, черная вязаная шапочка тюрбаном, в изнанке которой помимо запаха запуталось несколько тонких белых волос, — куда все это девать? Хочется убрать подальше, чтобы глаз постоянно не ранился, чтобы сердце не болело, но в то же время совершенно невозможно выпустить из рук остатки живого материнского тепла, скрытые в этих вещах.

Воздух комнаты весь во вмятинах от ее тела. Здесь она сидела. Тут, на ручке кресла, лежал ее локоть. Отекшие ноги в старых туфлях на каблуках протерли на красном ковре давнишнюю проплешину: полвека она постукивала ногой, обучая учеников правильному произношению. Но со времени недавнего переезда ковер изменил свое положение, и на новом месте, у стола, где она притоптывала своими увесистыми ногами, проплешина не успела образоваться.

Ужасная догадка посещает Веру: она всегда была дочерью, только дочерью. Мама отгораживала ее от всех жизненных невзгод, руководила, управляла, растила ее сына. Так получилось, что даже ее собственный сын звал ее не мамой, а Верочкой. Ей пятьдесят четыре года. А сколько на самом деле? Девочка. Не знающая взрослой жизни девочка... Сколько денег нужно на проживание в месяц? Как платить за квартиру? Где записан телефон зубного врача, с которым всегда договаривалась мама? И главное, самое главное: что же теперь с Шуриком, с его поступлением в институт? Мама, после скандального провала, собиралась устраивать его к себе, в педагогический...

Вера машинально крутила в руках материнские очки. Горка телеграмм лежала перед ней. Соболезнования. От учеников, от сослуживцев. Куда их девать? Выбросить невозможно, хранить глупо. Надо спросить у мамы — мелькнула привычная мысль. И еще глубоко-глубоко таилась обида: ну почему именно сейчас, когда ее присутствие так важно... Экзамены начнутся совсем скоро. Надо звонить кому-то на кафедру, Анне Мефодиевне или Гале... Все мамины ученики... И Шурик какой-то странный, деревянный — сидит в своей комнате, запустил оскорбительно-громкую музыку.

А Шурик никакой громкой музыкой не мог заглушить огромного чувства вины, которое перевешивало в нем саму потерю. Он находился в оцепенении, подобном тому, которое переживает куколка перед тем, как, треснув по намеченному природой шву, выпустить из себя взрослое существо.

Утром, в одиннадцатом часу, Вера пошла в театр, а Шурик остался в своей комнате с меланхолическим Элвисом Пресли и с убийственной ситуацией, которую он уже не мог изменить: это он, Шурик Корн, не пошел на экзамен, смалодушничал, закатился к Лилечке, не предупредил с ума сходящих женщин, довел, собственно говоря, бабушку до инфаркта, потом по совершенно непостижимому легкомыслию и идиотизму даже не навестил ее в больнице, и вот теперь она умерла, и в этом виноват лично он. Моральные реакции в нем происходили на каком-то биохимическом уровне — что-то менялось внутри, то ли состав крови, то ли обмен веществ. Он просидел так до вечера, прокручивая Пресли снова и снова, и к вечеру “Love me, baby” так прочно и глубоко записалось в сознании, что выплывало всю жизнь вместе с памятью о бабушке и о счастливом детстве, освещенном ее присутствием.

Он был любимым внуком и любимым учеником Елизаветы Ивановны, но также и жертвой ее прямолинейной педагогики: с ранних лет он был приучен к мысли, что он, Шурик, очень хороший мальчик, совершает хорошие поступки и не совершает дурных, но уж если дурной поступок вдруг случится с ним, то следует его немедленно осознать, попросить прощения и снова стать хорошим мальчиком... Но не у кого, не у кого было просить прощения...

Вера пришла из театра к вечеру, они поели вчерашней еды, оставшейся от поминок, и он сказал:

— Пойду пройдусь.

Был понедельник. Вера хотела было попросить его остаться. Она чувствовала себя такой несчастной. Но для полноты ее несчастья надо было, чтобы он ушел и оставил ее одну. И она не попросила.

Матильду Павловну Шурик застал озабоченной: утром она получила телеграмму о смерти своей деревенской тетки и собиралась назавтра ехать в Вышний Волочок. Отношения с теткой у нее с детства были неважные, и теперь ей было неловко, что она ее мало любила, не жалела и все, что могла теперь сделать, — устроить богатые поминки. С утра она уже пробежалась по окрестным магазинам, закупила столичной колбасы и майонеза, водки, селедки и любимого народного лакомства — кубинских апельсинов. Шурик с порога сказал ей о смерти бабушки — она всплеснула руками:

— Ну надо же! Пришла беда — открывай ворота!

Увидев Шуриково горестное лицо, она наконец заплакала о своей тетке, несчастливой завистливой женщине с тяжелым характером. Заплакал и Шурик. Незатейливая Матильда Павловна тут же сорвала железную бескозырку с теплой бутылки и разлила в стопочки.

Слезы, водка, грубо нарезанная нечищенная селедка, от вида которой Елизавета Ивановна пришла бы в негодование, — все шло одно к другому. Они выпили деловито по рюмке водки, и Шурик выполнил свой мужской урок добросовестно и с пылом, и почему-то это принесло облегчение и ему, и Матильде, и в нем даже промелькнуло смутное ощущение хорошего поступка хорошего мальчика — ну не странно ли...

И Матильду, излившую полдюжины слез по чужому поводу, тоже отпустило. Теперь перед ней во весь рост встала кошачья проблема: на кого их оставить... Соседка ее, милая многодетная инженерша, которая иногда присматривала за ее кошками, уехала с детьми в пансионат, другая подруга, художница, была астматик, от кошачьего духа у нее немедленно начинался приступ. Прочие кандидатуры в этот момент по тем или иным причинам отпадали: кто болен, кто далеко живет. Про Шурика она как раз и не подумала, но он сам вызвался принять на себя заботу о кошачьей семье.

Эти черные кошки, Дуся, Константин и Морковка, приходящаяся своей матери одновременно и внучкой, были человеконенавистниками, но для Шурика по неведомой причине делали исключение, принимали его приветливо и даже втягивали когти, садясь к нему на колени. Матильда немедленно выдала Шурику ключ и несложные инструкции.

Наутро Шурик, по просьбе Матильды, проводил ее до поезда, потом поехал в университет и забрал документы. Он собирался отвезти их в педагогический, куда прием документов еще не закончился, но когда он получил на руки свои бумаги, он понял, что не хочет видеть никого из бывших бабушкиных сослуживцев и вообще не хочет ни в какой педагогический. Ни за что. И он отвез документы в первый попавшийся институт, поближе к дому. Это была Менделеевка, в пяти минутах ходьбы.

Потом он зашел в магазин «Рыба» на улице Горького, купил два килограмма мелкой трески. Умные кошки, как три египетские статуэтки, сидели в прихожей черными блестящими столбиками. Константин подошел к нему, склонил лакированную голову и легко пнул его лбом в ногу.

11

Полнейшая незаинтересованность Шурика в результатах принесла прекрасные плоды. Без особой подготовки он сдал прилично и математику, и физику, и химию. Везение его было прямо-таки сверхъестественным: на экзаменах он получал именно те вопросы, которые накануне просматривал. Двадцатого августа он нашел себя в списках поступивших.

Институт называли непочтительно «менделавкой». Считалось, что он хуже нефтяного и хуже института тонкой химической технологии, и даже хуже института химического машиностроения. Зато у него была слава либерального учебного заведения: администрация мягкая, комсомольская организация слабая, кафедра общественных наук, имевшая, например, в университете огромный вес, здесь занимала скромное место, и партийное начальство, хотя, конечно, руководило, но не вполне сидело у всех на голове.

Шурик не мог, по неопытности, оценить достоинств либерализма, он просто ходил в большом потоке на лекции, писал конспекты и крутил головой, приглядываясь к однокурсникам и к самому процессу обучения, столь отличному от того, что знал он по своему школьному опыту.

Начался огромный курс по неорганической химии, с лекциями, семинарами, лабораторными работами. Лаборатории очень ему понравились. Сначала учили простым вещам: как работать с пробирками, как согнуть на газовой горелке стеклянную трубочку, как перелить раствор и отфильтровать осадок. Было своеобразное волшебство в мгновенном потеплении пробирки при сливании двух холодных растворов, в изменении цвета или в неожиданном превращении прозрачной жидкости в синюю студенистую массу. Все эти мелкие события имели свое строго научное объяснение, но Шурику казалось, что за любым объяснением остается наразгаданная тайна личных отношений между веществами. Того и гляди выпадет в осадок философский камень или какая-нибудь другая алхимическая мечта Средневековья.

На лабораторных работах он оказался из числа самых неумелых. Зато никто, как он, не удивлялся и не радовался маленьким химическим чудесам, которые постоянно происходили прямо в руках.

Большинство студентов пришли учиться химии не по той единственной причине, что институт находится возле дома. Они в своей химии уже насобачились, ходили в кружки, участвовали в олимпиадах. Помимо любителей химии было также довольно много евреев, пролетевших с университетом, неудавшихся физиков и математиков с высоким интеллектом и неудовлетворенными амбициями. Либерализм Менделеевки сказывался, между прочим, и в том, что туда принимали евреев. Шурика с его неопределенной фамилией многие принимали за еврея, но он к этому еще со школьных времен привык и даже не пытался протестовать.

Студентов для лабораторных занятий разбили на группы и подгруппы, некоторые задания они выполняли вчетвером. Лучшим химиком в их подгруппе была Аля Тогусова, казашка на тонких недоразвитых ножках, сходившихся в единственной точке, в лодыжках. Зато своими маленькими умными ручками она играючи выполняла все задания так быстро, что остальные еще не успевали прочитать методичку, а у нее все было готово. Сказывалась ее двухлетняя работа в заводской химической лаборатории до поступления в институт — Аля была «целевая»: химическое производство в Акмолинске выплачивало ей стипендию. Она все схватывала на лету, и преподаватель практикума заметно выделял ее среди прочих — как опытного солдата среди новобранцев.

Вторая девица называлась Лена Стовба. Ее фамилия удивительно подходила к ее внешности — красивому грубому лицу под русой челкой, закрывающей низкий лоб, к дельфиньему обтекаемому туловищу и плотным ровным ногам с широкими лодыжками. Молчаливая и неприветливая, все перерывы она проводила под лестницей, куря одну за другой дорогие сигареты «Фемина». Известно было, что она из Сибири и отец ее большой партийный начальник. Обе девушки были провинциалки, Аля — восторженная, Лена — мрачная и недоверчивая. Она подозревала москвичей в каких-то тайных грехах, все пыталась их вывести на чистую воду. Обе они жили в общежитии.

Зато третьим в их подгруппе был московский мальчик Женя Розенцвейг, с которым Шурик сразу же подружился. Новый приятель был вундеркинд, недотянувший до мехмата по национальной инвалидности. Он был рыжеватый, веснушчатый, не совсем еще оформившийся и очень милый. На него была вся надежда по части математики. Дело было в том, что самым тяжелым экзаменом первой сессии считалась не беззаконная и своенравная химия, а курс математического анализа, логичный и ясный.

Курс этот читал маленький свирепый человек со встрепанной шевелюрой и низко сидящими на бугристом носу очочками. Было известно, что на экзаменах ему лучше не попадаться — ставит одни тройки, да и то не с первого раза. Розенцвейг, считавший себя в математике большим специалистом, взялся всех подготовить.

Все четверо они набивались в маленькую Шурикову комнату, и Женя их обучал хитрой науке математике.

Время от времени к ним заглядывала Вера Александровна и нежным немощным голосом спрашивала, не хотят ли они чаю... И она приносила чай: на подносе стояли четыре чашки, каждая на своем блюдце, а на тарелочке с вырезными листьями и цветами лежали сухари, а сахарница была определенно серебряная, потемневшая — ее бы зубным порошком потереть, блестела бы как новенькая...

12

Аля Тогусова была дочерью русской ссыльной и вдового казаха. Ее мать, Галина Ивановна Лопатникова, попала в Казахстан еще до войны четырехлетним ребенком. К знаменитому делу об убийстве Кирова был причастен каким-то боком ее отец, партийный деятель самого малого ранга. Отец сгинул в тюрьме, мать вскоре умерла. Родителей своих Галина плохо помнила, семи лет ее поместили в спецдетдом, и вся жизнь ее была сплошная каторга и равнодушное выживание. Все детство она болела. Но, странное дело, сильные дети умирали, а она, слабенькая, выживала. Как будто болезни, поселяясь в ней, дохленькой, не могли набрать из нее нужных соков и сами собой в ней умирали, а она все жила. Из детского дома ее определили в ремесленное училище, в штукатуры, но тут у нее вспыхнул туберкулез, и она опять начала умирать, но, видно, смерть побрезговала ее немощными косточками, и процесс остановился, каверна зарубцевалась. Девушка вышла из больницы, пошла в уборщицы на вокзал. Спала в общежитии, на одной койке с другой девушкой, тоже из ссыльных.

Когда Тогус Тогусов, сорокалетний сцепщик из Акмолинского депо, после смерти жены взял ее к себе в дом, положение ее отчасти изменилось к лучшему: ей дали постоянную прописку. Остальное было все то же: голод, холод, да и работы прибавилось. Русская жена Тогуса оказалась неумелой и плохо приспособленной к домашней жизни: детдомовское детство приучило ее к нищенской пайке, трусливой кротости и терпению — но сварить суп она не умела. Умела Галина только тряпкой возить по вокзальному заплеванному полу. А уж с подрастающими Тогусовыми сыновьями совсем не могла она управиться, так что пришлось отправить их к деду, в далекий Мугоджарский район.

Казахская родня считала Тогуса человеком пустым, женитьба его на русской девушке это мнение окончательно утвердила. Да и сам он был несколько разочарован: не родила новая жена беловолосую девочку, как ему хотелось, получилась черная, узкоглазая, совсем казашка. Назвали Алия. Зато повезло Тогусу в другом — вскоре после рождения Али его взяли в проводники. Большие взятки платили за такие места. С первых лет открытия Туркестано-Сибирской железной дороги казахов потянуло к этой новой профессии, в которой осуществлялся идеальный переход от кочевой жизни к оседлой.

Счастливый в своих железнодорожных странствиях, разбогатевший на обычной в этом деле спекуляции водкой, продуктами, мануфактурой, Тогус завел себе еще одну семью в Ташкенте и несколько временных подруг по всем своим маршрутам. Изредка приезжал он в Акмолинск, оставлял то полбарана, то отрез дорогого шелка, то невиданных конфет дочке и исчезал на месяцы. Пожалуй, можно было бы считать, что он вообще ушел от Галины, если бы та умела об этом задуматься. Но думать она не умела. Для этого нужны были внутренние силы, а их у нее хватало только на самые маленькие мысли о еде, о худой обуви, о топливе. И уж, конечно, ни на какую любовь сил у нее не было, как не было возле нее никогда ничего такого, что могло бы эту любовь привлечь. Дочка Аля вызывала в ней лишь слабенькое шевеление чувств. Девочка, не в мать, была слишком активная, слишком теребила ее, усталую, и она еще сильнее уставала от любви, которую девочка своими цепкими ручками из нее выманивала.

Последние два лета, пока Тогус еще приезжал в Акмолинск более или менее регулярно, Алю отправляли к казахскому деду, который всю свою жизнь перемещался по степям между Мугоджарскими горами и Аралом, по старому таинственному маршруту, соотнесенному со временем года, направлением ветра и ростом травы, вытаптываемой проходящими отарами. Острая сквозная боль в животе, заскорузлое от кровавого поноса белье, вонь юрты, едкий дым, старшие дети — злые, некрасивые — за что-то ее колотят, дразнят... Об этом Аля никогда никому не рассказывала, так же как и ее мать, Галина Ивановна, не рассказывала ей о своем детдомовском детстве...

Ссыльных после смерти Сталина начали понемногу отпускать. Галина Ивановна могла бы вернуться в Ленинград, но там у нее никого не было. А если кто и был, то она об этом не знала. И куда ей было перебираться на новое место? С годами она и здесь хорошо устроилась: одиннадцатиметровая комната на окраине Акмолинска, у железнодорожного переезда, кровать, стол, ковер — все добро от мужа, да и работа уборщицы на вокзале, где было свое золотое подспорье — пустые бутылки от щедрых рук проезжающих.

Алю, пока она не пошла в школу, мать брала с собой на вокзал, и там, в зале ожидания, она садилась на корточки и жадно разглядывала людей, которые прибывали волнами, а потом куда-то исчезали. Сначала она бессмысленно пялилась на них и видела лишь безликое стадо вроде того овечьего, в казахской степи, но потом стала различать отдельные лица. Особенно привлекательны были русские люди — с другим выражением лиц, иначе одетые, в руках у них были не узлы и мешки, а портфели и чемоданы, а обувь у них была кожаная и блестела, как вымытые калоши. Среди их мужского большинства иногда мелькали и женщины — не в платках и телогрейках, а в шляпах, в пальто с лисьими воротниками и в туфлях на каблуках. Они были русские, но другие, не такие, как ее мать.

Многие часы провела маленькая Аля на вокзале в состоянии углубленной рассеянности, как буддийский созерцатель мудрого неба или вечнотекущей воды. Она не умела ни задать вопроса, ни ответить, одно только взлелеяла она в себе, сидя на корточках возле мусорной урны: однажды она наденет на себя туфли на каблуках, возьмет в руку чемодан и уедет отсюда куда-то, неизвестно куда... в другую жизнь, которой она дерзко возжелала. Может, говорила в ней та самая кровь, которая погнала ее отца в путаницу железнодорожных веток, в густое человеческое месиво, в сложный смрад перекаленного железа, сырого угля, вагонных загаженных сортиров, где все было по нему, как на заказ, жизнь, полная разнообразными возможностями — выпить дорогого коньяка с военным, отодрать за бесплатный проезд безбилетную женщину, сшибить бешеную деньгу, наврать с три короба, а иногда и покуражиться над бесправным пассажиром... Десять лет праздновал свою железнодорожную удачу Тогус Тогусов, а на одиннадцатый его напоили, ограбили и сбросили с поезда два лихих человека, которых он подсадил к себе в проводницкое купе на ночной перегон от Ургенча до Коз-Сырта. Дорогих конфет Аля больше не видела лет десять.

Мать отвела ее в школу, и в первые годы учебы она еще не усвоила никакой связи между выходящими на платформу Акмолинска особенными и счастливыми людьми и кривыми палочками, которые она нехотя выводила в тетради, но в конце второго класса ее как осенило: она стала учиться страстно, яростно, и способности ее — малые или большие, значения не имело — напрягались постоянно до последнего предела, и предел этот расширялся, и с каждым годом она училась все лучше и лучше, так что перешла в десятилетку, хотя почти все девочки после седьмого класса устроились ученицами на завод или пошли в ремесленное училище.

Школу она закончила с серебряной медалью. Химичка, Евгения Лазаревна, классный руководитель, ссыльная москвичка, тоже осевшая в Казахстане, уговаривала Алю ехать в Москву, поступать в университет, на химический факультет.

— Поверь мне, это такой же редкий талант, как у пианиста или у математика. Ты структуру чувствуешь, — восторгалась Евгения Лазаревна.

Аля и сама знала, что мозги ее окрепли, глазная память, позволявшая ее деду с беглого взгляда в изменившей очертание отаре распознать пропажу одной-единственной овцы, принимала в себя отпечатки химических формул, их разветвленные структуры, кольца и побеги радикалов...

— Нет, не сейчас, через два года поеду, — твердо сказала Аля и объяснениями не побаловала.

Евгения Лазаревна только рукой махнула: за два года все потеряется, по ветру пойдет...

Галина Ивановна стала к тому времени инвалидом: одна нога в колене не гнулась, вторая еле ковыляла. Аля пошла на производство, правда, не в цех, а в лабораторию. Евгения Лазаревна устроила к своей бывшей ученице. Два года Аля работала как каторжная, тянула полторы ставки, по двенадцать часов в день. Накопила денег на билет, купила себе синюю шерстяную кофту, черную юбку и туфли на каблуках. Еще сто рублей было припрятано на запас. Но главное было не это: кроме двухлетнего рабочего стажа было у нее направление на учебу от родного завода, правда, не в университет, а в Менделеевский институт, на технологический факультет. Она была теперь «национальный кадр». Мать, только что оформившая инвалидную вторую группу по костному туберкулезу, просила ее остаться, поступать здесь, в Акмолинске, в педагогический институт, раз уж такая охота к учебе приперла. Она уже собралась умирать и обещала долго дочку не задерживать. Но Аля этого просто не слышала.

В туфлях на каблуках на босу ногу, с чемоданом, набитым учебниками, она села в проходящий поезд. Пятки она растерла жесткими задниками до крови еще по дороге на вокзал. Но это не имело значения: к себе она была еще более безжалостна, чем к матери.

Еще в поезде она приняла твердое решение никогда больше не возвращаться в Казахстан. Москвы она еще не видела, но уже знала, что останется там навсегда.

Ни мечте, ни воображению не удалось дотянуться до невиданного блеска живой столицы. Казанский вокзал, средоточие суеты, сутолоки и грязи, презираемая москвичами клоака города, показался Але преддверием рая.

Она вышла на площадь — великолепие города поразило ее. Спустилась в метро и остолбенела: рай оказался не на небе, а под землей. Она доехала до «Новослободской», и цветные стеклышки жалких витражей подземной станции оказались самым глубоким художественным переживанием ее жизни. Полчаса, обливаясь благоговейными слезами, простояла она перед сияющим панно, прежде чем выйти на свет божий. Но поверхность поначалу ее разочаровала: от беломраморного дворца разбегались во все стороны мелкие и незначительные домики, не лучше, чем в Акмолинске. И, пока она оглядывала невзрачный перекресток, вдруг откуда-то повеяло сладким хлебом так же сказочно и празднично, как от цветного стекла.

Булочная была напротив, наискосок от метро. Старый одноэтажный дом. Пошла по волне запаха. Внутри сверкал сине-белый кафель, и это тоже было великолепие. Булочная и в самом деле была хороша, принадлежала когда-то Филиппову, в подвале сохранилась пекарня, и даже работал старик-пекарь, начинавший до революции мальчишкой при печах.

Внутри булочной стоял такой дух, что, казалось, воздух этот можно откусывать и жевать. И хлеба было столько, что глаз не вмещал. Он был невиданный, и Аля сначала подумала, что стоит он так дорого, что ей не купить. Но стоил он обыкновенную цену, как в Акмолинске. Она купила сразу калач, калорийную булочку и ржаную лепешку. Надкусила, хотя и жаль было повредить красоту. С калача посыпалась мука, такая тонкая и белая, какой в Казахстане она не видывала. Ничего вкуснее этого хлеба она в жизни не знала.

Останавливаясь каждые десять шагов, она доволокла тяжеленный чемодан до института. У нее быстро приняли документы и дали направление в общежитие. Она с трудом его отыскала — в районе Красной Пресни, довольно далеко от метро. Управившись с делами заселения, получив койку в четырехместной комнате, она заткнула ненавистный чемодан под железную кровать и кинулась на Красную площадь, смотреть на Кремль и Мавзолей Ленина, Мекку и Каабу этой части света.

Это был величайший день ее жизни: три чуда света открылись ей разом. Душе ее предстала святыня искусства, выполненная из цветных стеклышек пьяными исполнителями по эскизам бессовестных халтурщиков, телу — святыня незабываемого вкуса (освоители целинных земель, пришлые хлеборобы из ссыльных и призванных на подвиг комсомольцев хавали серый, сырой, землистый), а дух бессмертный поднял ее на божественные высоты возле зубчатой стены великого храма. Аллилуйя!

Кто посмел бы разуверить ее в тот день? Кто бы мог предложить большее? Возможно, соседки по общежитию не разделили бы восторга, даже если бы она с ними поделилась переживаниями. Но она хранила свое великое в тишине души.

Все, что она задумала, получилось. Она сдала экзамены гораздо лучше, чем нужно было для зачисления. Ей дали в общежитии койку и тумбочку в комнате на четверых, с уборной и душем на этаже, с общей кухней и газовой плитой. Все это принадлежало ей по праву. Поверх пробирок и колб она смотрела на своих однокурсников. Все они были прекрасны, как иностранцы, — красивые, нарядные, упитанные. Лучше всех был Шурик Корн. Потом она попала к нему в квартиру. Это был высший этаж рая. Теперь Аля твердо знала, что всего можно добиться. Надо только работать. И она работала. И была ко всему готова.

13

После смерти матери Вера резко постарела и одновременно ощутила себя сиротой, а поскольку сиротство есть состояние по преимуществу детское, она как будто поменялась местом с сыном-студентом, уступила ему старшинство. Все житейские проблемы, прежде решаемые неприметным образом Елизаветой Ивановной, легли теперь на Шурика, и он принял это безропотно и кротко. Мать смотрела на него снизу вверх и, прикоснувшись прозрачной рукой к его плечу, рассеянно говорила:

— Шурик, надо что-то к обеду... Шурик, где-то была книжечка за электричество... Шурик, тебе не попадался мой синий шарф...

Все в форме неопределенной, недовысказанной.

Свою бухгалтерскую зарплату она, как и прежде, складывала в гобеленовую коробочку на столике Елизаветы Ивановны. Шурик первым обнаружил, что денег этих совершенно недостаточно, и уже с половины сентября он начал давать уроки прежним бабушкиным ученикам. Еще была маленькая стипендия.

Вернувшись из института, он заходил в ближайший магазин, приносил пельмени, картошку, яблоки, без которых мама жить не могла, оплачивал счета за газ и электричество, находил шарф, проскользнувший в щель между стеной и галошницей.

Раз в неделю покупал мелкую треску, относил к Матильде. Ждал писем от Лили. Их все не было.

Приближался Новый год, первый Новый год без Елизаветы Ивановны, без рождественского праздника, пряничного гадания, без бабушкиных щедрых и неожиданных подарков и даже, кажется, без елки... Во всяком случае, Вера не знала, откуда брались елки, кто их приносил в дом и каким образом колючее дерево оказывалось в хранимой Елизаветой Ивановной старой крестовине закрепленным с помощью набора клинышков, которые тоже сберегались в специальной коробке.

Отсутствие Елизаветы Ивановны по мере протекания недель и месяцев ощущалось все острее, особенно в эту предновогоднюю неделю, которая в прежние годы была радостно-напряженной, подготовительной, — почти каждый день приходили ученики, наводили лоск на французские стишки и песенки, а Вера вечерами, придя с работы, садилась за инструмент, аккомпанировала, вспоминая незабвенного Александра Сигизмундовича, и непроизвольно встряхивала головой в конце каждой музыкальной фразы, как делал некогда он. Дети громко и фальшиво пели, Елизавета Ивановна, строго натянув верхнюю губу на шаткий зубной протез, постукивала носком туфли о старый ковер, в горячей духовке досушивались цукаты из апельсинов и яблок, дом благоухал корицей и апельсинами, к которым примешивался праздничный запах мастики для полов...

— Кстати, Шурик, а где записан телефон Алексея Сидоровича?

Алексей Сидорович был полотер, приглашаемый Елизаветой Ивановной с незапамятных времен дважды в год, под Рождество и под Пасху, но телефона у него не было, жил он в Томилино, она посылала ему открытку, назначала время прихода. Адрес же держала в голове, в записной книжке его и не было...

Декабрь, темный и медлительный, Вера с детства плохо переносила: всегда простужалась, кашляла, впадала в депрессию, которую в те годы называли попросту унынием. Обычно Елизавета Ивановна еще с ноября усиливала обыкновенные заботы о дочери, давала ей какую-то бурду из листьев алоэ с медом, заваривала то подорожник, то девясил, по утрам ставила перед ней рюмку кагора...

Этот декабрь, первый без матери, оказался для Веры особенно тяжелым. Она много плакала и, что удивительно, даже во сне. Просыпаясь, она едва собиралась с силами, чтобы справиться с этими самочинными слезами. Она и на работе вдруг ни с того ни с сего начинала точить слезы, а в горле возникал душный комок. Она все худела и худела, так что юбки крутились вокруг тощих бедер, а молоденькие артистки приставали с вопросами, на какой такой диете она сидит. Дело было, конечно, не в диете, а в щитовидке, которая с юности была увеличена, а теперь выбрасывала в кровь огромные дозы гормона, отчего Вера чувствовала слабость, плакала, не находила себе места. А поскольку симптомы болезни во всех пунктах совпадали с обыкновенными симптомами ее характера — слезливостью, мнительностью, легкой утомляемостью, — то болезнь долго не распознавали. Приятельницы намекали ей, что вид у нее не блестящий, выглядит она утомленной.

Может быть, один только Шурик чувствовал, что красота ее, поблекшая, бедненькая, как старая фарфоровая чашка или крылышко отлетавшей свой век бабочки, делалась все более трогательной...

Шурик ее обожал. Он был воспитан предусмотрительной Елизаветой Ивановной в твердом убеждении, что мама его человек особенный, артистический, прозябает на мизерной работе, никак не соответствующей ее уровню, исключительно по той причине, что творческая работа требует от человека полной отдачи, а Веруся выбрала для себя другую долю — растить его, Шурика. Пожертвовала для него артистической карьерой. И он, Шурик, должен это ценить. И он ценил.

Теперь, после ужасной истории с бабушкой, он панически боялся за мать. Произошла окончательная смена ролей — Вера поставила сына на место своей покойной матери, а он легко принял эту роль и отвечал за нее если не как отец за ребенка, то как старший брат за младшую сестру, и заботы Шурика о ней были не отвлеченными, умозрительными, а вполне практическими, отнимающими у него много времени.

Шурику приходилось трудно. Несмотря на легкое поступление в институт, учение оказалось для него тяжелым. Он был, вне всякого сомнения, гуманитарным мальчиком, и то проворство, с которым он усваивал иностранные языки, никак не распространялось на прочие предметы. К концу первого семестра он накопил много недопонятого во всех науках, с трудом сдавал зачеты и постоянно пользовался помощью Али и Жени. Они его подгоняли, а то и просто делали за него задания. Хотя сессию он еще не завалил, но был полон на этот счет дурными предчувствиями. Единственный предмет, который шел у него прекрасно, был английский. Недоразумение, послужившее косвенной причиной смерти Елизаветы Ивановны, как будто имело рецидив: его опять по ошибке зачислили не в ту языковую группу. Увидев свою фамилию в группе «английский — продолжающие», он даже не пошел в деканат объясняться. Стал ходить на занятия, и преподавательница только в конце семестра обнаружила, что один из ее студентов по ошибке за три месяца освоил полный курс школьного английского и отлично справился с новым объемом.

В прежние времена Вера в сопровождении Шурика неукоснительно посещала лучшие театральные премьеры и хорошие концерты. Теперь, когда она предлагала Шурику куда-нибудь с ней выйти, он иногда отказывался: у него не хватало времени. Приходилось много заниматься, особые нелады были с химией — она казалась корявой, ветвистой, лишенной логики...

Все у Шурика поменялось разом — и в главном, и в мелочах. Одно только осталось неизменным с прошлого года — понедельничная Матильда. Впрочем, понедельники распространялись иногда и на другие дни недели. Поскольку Вера тяготилась одинокими вечерами, Шурик, подремывая над учебниками, дожидался одиннадцати, когда мама принимала свое снотворное, и, оставив в своей комнате маленький свет и тихую музыку, в одних носках, с ботинками в руке, открывал входную дверь, не скрипнув смазанными специально петлями, не щелкнув замком, надевал ботинки уже на лестничной клетке и катился вниз, бегом по лестнице, потом через двор, через железнодорожный мостик, к Матильде...

Он открывал ее дверь своим ключом, который был доверен ему не как знак их любовной связи, а как свидетельство дружбы с того самого дня, как Матильда в первый раз оставила на него кошек. Сквозь дверной проем он видел широкую белую постель, лежащую на пышных подушках Матильду в белой просторной рубахе, с мягко-заплетенной ночной косой на плече, с пухлой книжкой в газетной обертке, в окружении трех черных кошек, спящих в самых причудливых позах на ее раскинутом теле. Матильда улыбалась обратному кадру — густорумяному юноше в короткой спортивной куртке со снегом в густых волосах. Она знала, что он всю дорогу бежал, как зверь на водопой, и знала, что бежал бы не двадцать минут, а всю ночь, а может, неделю, чтобы поскорее ее обнять, потому что голод его был молодой, зверский, и она чувствовала готовность ответить ему.

Иногда ей приходило в голову, что мальчика можно было бы немного подобразовать, потому что он и в постели все продолжал бег к ней, и не было времени для медлительной нежности, для неги, для тонкой ласки. Он же, добежав, внезапно отрывался от нее, ахал, глядя на часы, быстро одевался и убегал. Она подходила к окну и видела, как он проносился через двор на улицу, потом мелькал в просвете между домами...

«К маме спешит, — усмехалась она добродушно. — Не привязаться бы старой дуре...»

Боялась привязанности, боялась расплаты. Привыкла, что за все приходится расплачиваться.

14

Новый год собирался быть печальным: так его задумала Вера Александровна. Она настроилась на благородный минор, достала альбом Мендельсона и заранее разобрала Вторую сонату. Она не была слишком высокого мнения о своем исполнительском уровне, но единственный зритель, на которого она в новогодний вечер рассчитывала, был самым доброжелательным на свете.

Актерская душа ее не умирала. Старый спектакль ее жизни развалился, отыгрался, и она стала собирать себе новый из подручного материала, из подбора, как говорили в театре. К Мендельсону шло черное платье, закрытое, но с прозрачными рукавами, пристойное для исполнительницы. И черное ей шло. На мещанские традиции — что в черном Новый год не встречают — наплевать. Стол будет скромным: никаких маминых пирожков поросячьего вида, совершенно одинаковых, как будто машинного производства, никакого семейного крюшона в серебряном ведерке стиля а-ля рюсс... Кстати, куда оно делось, надо Шурика спросить... Маленькие бутербродики... Ну, тарталетки купить в буфете ВТО. Апельсины. И бутылка сухого шампанского. Все. Для нас двоих.

«Повешу мамину шаль на спинку кресла, и пусть Стендаль раскрытый лежит, как остался после того, как ее увезли в больницу. И очки... А накроем на троих. Да, для нас троих».

Вере и в голову не приходило, что у Шурика могут быть какие-то собственные планы. Ему на предстоящем празднике, как всегда, отведено было сразу несколько ролей: пажа, собеседника и восторженной толпы. Ну и, разумеется, мужчины, в высшем смысле. В самом высшем смысле.

А Шурику было не до праздников. Рано утром тридцать первого он отправился сдавать зачет по неорганической химии. Он постучал в дверь аспиранта Хабарова как раз в тот момент, когда тот хлопнул с лаборантом по мерному стограммовому стаканчику правильно разведенного казенного спирта.

Это была уже третья Шурикова попытка сдать зачет, и, не сдай он его сегодня, к экзаменационной сессии его бы не допустили. Он неуверенно стоял в дверях. Аля, наставница и болельщица, выглядывала из-за его спины.

— А тебе чего, Тогусова? — спросил Хабаров, давно поставивший ей зачет за большие достижения безо всякой сдачи.

— А так, — смутилась Аля.

— Ох, делать вам нечего, ребята, — добродушно вздохнул Хабаров. Стаканчик как раз усвоился организмом, все внутри и снаружи потеплело, подобрело. Хабаров был начинающим алкоголиком, и Шурик случайно попал в лучшие минуты его волнообразного состояния. Задачку Шурик решил с ходу и неправильно. Хабарову это показалось смешным, он захохотал, дал другую и вышел в подсобную комнату к своему верному лаборанту, чтобы повторить. Минут через пятнадцать вернулся, обнаружил забытого им Шурика с решенной Алей задачей, расписался в зачетке и подмигнул, помахивая пальцем:

— А ведь ни хера, Корн, не знаешь!

В коридоре Шурик подхватил Алю и закружил, смяв ее старательную прическу:

— Ура! Поставил!

Аля вознеслась на седьмое небо — полный коридор народу, и все видели, как он подхватил ее. Вот оно, яснейшее доказательство того, что сосредоточенный труд завоевания дал первые плоды. Его радость, обращенная к ней, ее смятая прическа всем показывали, что между ними что-то происходит. Сближение началось, и она готова была сколько угодно трудиться, чтобы завоевать свой главный приз.

Костистой ручкой она поправила съехавший набок пучок и суетливым движением прошлась по воротничку синей кофты, по подолу юбки, щипнула себя за чулок на икре, подтягивая его вверх.

— Ну, поздравляю, — жеманно повела плечиком.

В этот момент она была почти хорошенькой, отдаленно напоминала японку с глянцевого календаря, одного из множества, в тот год добравшегося до России.

— Тебе спасибо огромное, — все еще сиял удачей Шурик.

«Пригласит», — решила она.

Почему-то ей втемяшилось, что если он сдаст зачет, то непременно пригласит ее к себе домой справлять Новый год. Все суетились уже несколько дней, сговаривались на складчину, закупали продукты, обсуждали, у кого лучше собраться. Особенно важно это было для тех, кто жил в общежитии: строгое начальство преследовало выпивки и всяческое безобразие, которое неизменно в этот день происходило. Всем немосквичам хотелось в этот день уйти в какой-нибудь настоящий московский дом.

Шурик перекладывал исписанные бумажки из карманов в портфель, а она стояла рядом и лихорадочно перебирала в уме, что бы такое сказать срочно, немедленно, чтобы заставить эту благоприятную минуту поработать на нее. Но ничего лучше не нашлось, кроме обыкновенного:

— А ты где справляешь?

— Дома.

И разговор замялся, и дальше из него ничего нельзя было выкрутить: навязываться Аля не хотела.

— Мне еще елку надо купить, я маме обещал, — доверительно сообщил ей Шурик и добавил просто и окончательно:

— Спасибо тебе, Алька. Я бы без тебя не сдал. Ну, я пошел...

— Да, и мне пора, — надменно кивнула Аля и ушла, ритмично покачивая начесом из грубых черных волос и мужественно сдерживая злые слезы неудачи.

В общежитии шла боевая подготовка: Алины соседки гладили, что-то подшивали, красились немецкими красками из купленных совместно коробочек, смывали и накладывали заново румяна и тени. Они собирались на вечер в Университет имени Патриса Лумумбы, но

Алю с собой не позвали. Аля легла в постель, укрылась с головой одеялом.

— Ты что, заболела? — спросила Лена Стовба, ловя в зеркальце отражение своего круглого, как яйцо, глаза.

— Живот разболелся. Я к Корну собиралась, да, видно, не пойду, — поморщилась Аля. В животе, если вслушаться, и впрямь что-то происходило.

— А-а, — поплевывая на тушь и сосредоточенно размазывая ее щеточкой, отозвалась Лена, — он меня тоже звал, да я не хочу.

Аля прислушалась к животу — болит. Это и лучше даже. Интересно, зачем она врет? А может, не врет?

Стовба сидела в белой комбинации с разрезом впереди, обкрутив полной хорошей ногой ножку стула и старательно выпучивая глаза, чтобы не попала тушь. Она была из богатых, ей из дому посылали переводы, два раза приезжала мать, привозила продукты, каких и в Москве не видывали...

В начале десятого все ушли, оставив беспорядок, вывороченные из шкафа платья, включенный утюг, бигуди и ватки в карминовых и черных следах. И вот тогда Аля заплакала.

Поплакав немного, она утешилась всегдашним способом, немного себя приласкав. Груди у нее были маленькие, твердые, как незрелые груши. Живот, раньше впалый, с выпирающими вертлугами и симфизом, теперь, на филипповском хлебе, стал ровненьким. Талия была тонкая, и все остальное не хуже, чем у других, — сверху нежная замша, внутри скользкий шелк.

Она встала, посмотрела на себя в пыльное зеркало: в лице ее все по отдельности было ничего, но собрано неряшливо, без внимания — глазки узкие, длинные, можно еще удлинить, но стоят они немного близко. Нос капельку примят, как у отца, но не страшно. Вот расстояние между кончиком носа и верхней губой слишком маленькое. Она оттянула верхнюю губу, подсунув изнутри язык, — так было бы лучше... Немецкие краски остались неприбранными, и она, не жалея чужого, навела себе брови враскос, глаз вставила в черную рамку... Стерла, снова намазала. Все-таки больше она походила не на пухленькую японку с календаря, а на ее отца-самурая...

Потом стала примерять чужие платья. Здесь было принято меняться одеждой, носить вещи сообща, коммунально. Богатство девичье было довольно жалким, но для Али более чем достаточно. Даже несмотря на то что Стовбино ничего не годилось ни размером, ни ростом. Она перебирала блузки и платьишки с холодным глазом, без зависти. Вот такое она себе купит: вишневое, шелковое, а в полоску — ни за что, узбечки базарные в полосках ходят. И еще сапоги купит. Высокие. После Нового года ей обещали место уборщицы на кафедре. Заработает и купит...

Из зеркала смотрела на нее не то чтобы красавица, но и не Аля Тогусова. Другое, новое лицо. Она себя едва узнавала. Монетки для автомата лежали в уголке в тумбочке. Напоследок она заметила флакончик с духами. Поболтала, надушилась. Назывались духи «Быть может». Она взяла двушки и пошла вниз звонить...

15

В начале одиннадцатого Вера Александровна закончила продуманную аранжировку аскетического стола. Она долго складывала салфетки, еще мамой в прошлом году накрахмаленные, в сложную форму «птичий хвост», к основанию свечи прикрепила веночек, наскоро сплетенный из золотой и черной бумаги. Мрачно, зато торжественно. Под елочку, с большим трудом добытую Шуриком и не успевшую даже оттаять, положила новогодний подарок для сына — тонкий шерстяной свитер-водолазку, который ей предстояло чинить и штопать много лет. Потом передумала и кликнула Шурика:

— Забирай подарок заранее! На Новый год хорошо что-нибудь новое надеть!

Шурик развернул:

— Класс! Сила!

Поцеловал мать и стащил с себя старый, голубой. Новый был темный, благородного цвета маренго, и Шурику очень понравился. У него тоже был заготовлен для мамы подарок — роскошная, на всю последнюю стипендию ночная рубашка, чудовище из хрустящего розового нейлона. Тетки бились в очереди во дворе универмага, и он купил. Уже в те годы начало проявляться в нем это особое дарование — выбирать дорогие нелепые подарки, всегда некстати, всегда оставлявшие впечатление, что он дарит случайно завалявшуюся в доме вещь, чтобы сбыть с рук. Но Вера не успела еще огорчиться: она подарок, не разворачивая, отложила до своего часа.

Закончив со столом, Вера заперлась в ванной комнате, чтобы произвести манипуляции для обретения если не молодости, то по крайней мере уверенности в том, что она сделала все возможное для ее удержания. В это время зазвонил телефон. Подошел Шурик. Маму спрашивала ее начальница, Фаина Ивановна. Узнав, что Вера Александровна дома, что праздник они справляют вдвоем, та сказала решительно:

— Прекрасно! Прекрасно! Позвоню позже.

Но позвонила она через час, и непосредственно в дверь. Большая и краснолицая, в заснеженной каракулевой шубе и в такой же шапке, она вошла, как безбородый Дед Мороз, переложивший подарки из заплечного красного мешка в две увесистые хозяйственные сумки.

Вера Александровна ахнула:

— Фаина Ивановна! Вот сюрприз!

Фаина Ивановна уже сбрасывала на Шуриковы руки тяжеленную шубу, выпрастывала из распертых сапог огромные ступни и поправляла липкие от лака волосы:

— Вот такой вам сюрприз! Принимайте гостя!

Она была так довольна своей авантюрой, что не заметила ни Шуриковых удивленных бровей, ни легкого Вериного жеста в сторону сына — ничего, мол, не поделаешь... Ей и в голову не приходило, что сотрудница не обрадуется ее приходу. Нагнувшись, она пошарила рукой в большой сумке и крякнула:

— Черт подери! Кажется, туфли забыла! Новые туфли, для наряду, для параду...

— Шурик, подай, пожалуйста, большие тапочки, — попросила Вера Александровна.

— Какие, Веруся?

В новом свитере, рослый, красивый, чисто выбритый, Шурик загораживал плечами дверной проем...

Да прилепить бы ему погоны да десяток лет прикинуть...

Фаина Ивановна имела слабость — ее неизъяснимо притягивали военные. Но своего собственного, для замужней жизни, ей не досталось, все только приходящие, временные, ненадежные. А что в военном составляет самое его обаяние? Конечно, надежность. А какая у любовника надежность? Вот теперешний: дослужилась наконец Фаина до полковничьей большой звезды, до папахи, — и он, юркий до чрезвычайности, ходит к ней как на службу, два раза в неделю, но в руки не дается. Вот и сегодня: объявил заранее, что жену с детьми отправляет к родителям, в Смоленск, на все праздники, а в восемь позвонил, сухо сказал, что дочка заболела, все отменяется. Не придет... Фаина Ивановна треснула тарелкой об пол, испустила четыре злые слезы и позвонила Вере Александровне. Потом собрала в сумки все свои новогодние заготовки, настоящую праздничную еду, даже и с пирожками, — не то что Верочкин художественный театр с полмаслинкой и листиком петрушки, — и предстала. И дома одной не сидеть, и бедной Вере — сюрприз. А для Фаины Ивановны сюрпризом оказался Шурик, — еще недавно его водили в шелковой рубашечке с бантом в театр, иногда и с благородной бабушкой за ручку, а теперь — ни того ни другого: и маман умерла, и вместо смущенного мальчика — молодой бычок. Еще молоком пахнет, а стати мужские: рост, плечи... В этом смысле Фаине тоже не везло — сама высокая, складная, а мужики всю жизнь доставались недомерки, хоть даже и полковники...

Фаина выгребала из сумки банки и свертки, уставляла ими узенький кухонный стол и приговаривала:

— Ну до чего же хорошая мысль! Думаю, вы одни, я одна. Витьку-то я в Рузу в зимний лагерь сегодня отправила! Да кто нам нужен-то? Где у вас большое блюдо?

Шурик с энтузиазмом полез в буфет за блюдом. Ему все нравилось: и материнская идея справить Новый год в печальных воспоминаниях, строго и благородно, и Фаинино намерение устроить великолепное изобилие...

Не успели они разложить принесенные пироги и салаты, как снова зазвонил телефон. Это была Аля Тогусова:

— Шурик! Я возле института. Представляешь, девочки уехали, ключи от комнаты увезли, а коменданта нет. Я домой попасть не могу. Ничего, если я зайду? — хихикнула она не вполне уверенно.

— Ну конечно, Аль, о чем ты говоришь? Тебя встретить?

— Да что я, дорогу не знаю? Сама приду...

Звонила Аля не от института, а от метро. Через десять минут она стояла в дверях. На этот раз ахнула Вера Александровна. В первую минуту ей показалось, что Лиля Ласкина приехала: маленькая, густо накрашенная девочка с подведенными чуть не к ушам глазами... Шурик простодушно заржал:

— Ну ты и наштукатурилась, не узнать...

Она быстро сбросила старое пальто и предстала в чужом вишневом платье, утянутом широким поясом с наспех проковыренной лишней дырочкой, поправила заложенные в пучок жесткие волосы.

— Ну, ты просто японка, и все... — Ничего лучше Шурик и нарочно бы не придумал. Только того и хотелось казашке Але Тогусовой — походить на японку.

Пока они переговаривались в коридоре, Вера Александровна успела шепнуть Фаине Ивановне:

— Однокурсница Шуркина. Они вместе занимаются. Она отличница, из Казахстана. Ходила к нам в дом, они к сессии вместе готовятся.

— Ой, ради Бога! Я вас умоляю! Пачками будут липнуть, какой красавец! Ваша задача, Вера Александровна, с десяток годков его попридержать, рано не дать жениться. Мой тоже, тринадцать лет, а рост метр семьдесят. К восемнадцати до двух дорастет. И девчонки уже звонят. А я думаю так, пусть гуляют, пока молодые...

Фаина Ивановна была умна, по-своему даже талантлива. Начинала кассиршей, доросла до главбуха. Авторитет ее в театре был огромный, и директор, и завпост ее побаивались. Были какие-то махинации, в которые Вера Александровна по скромности своего положения и по врожденной брезгливости порядочного человека не была вовлечена, но догадывалась: воруют... Но, несмотря ни на что, Вера испытывала своего рода почтение к начальнице: конечно, вульгарна, невоспитанна, но голова как счетчик, и ведь умна. Вот и теперь права совершенно: конечно, ранний брак может всю жизнь покалечить. Слава Богу, прошлогодняя девочка, Лиля Ласкина, уехала, а ведь не случись уехать, так и женился бы, дурачок...

— Парней-то еще больше, чем девчонок, беречь надо, — прищелкнула языком Фаина Ивановна, и Вера в душе с ней согласилась...

Старый год проводили чинно — выпили шампанского.

— А телевизор! Телевизор-то включить! — заволновалась Фаина Ивановна и поискала глазами телевизор. Телевизора не было.

— Как это? В наше время и без телевизора! — изумилась Фаина Ивановна.

Пришлось ей обойтись без Брежнева, без «Голубого огонька», без «Карнавальной ночи». В двенадцать бомкнули бабушкины настенные часы, — чокнулись. Пошла в ход большая Фаинина еда. Вера едва царапала вилкой — испорчен был задуманный вечер. Глупо и бессмысленно горели свечи, пожухли елочные лампочки, потому что Фаина Ивановна с возгласом «Ненавижу потемки!» зажгла на полную мощь люстру. Крепкой спиной она примяла ветхую шаль Елизаветы Ивановны, плюхнувшись в ее кресло. Сдвинула в сторону пустой прибор, символизирующий бабушкино неявное присутствие. Ела Фаина с аппетитом, похрустывала цыплячьими косточками:

— У меня цыплятки всегда мягонькие, я их промариную сперва...

«Похожа на львицу, — впервые за двадцать лет знакомства заметила Вера Александровна. — Как это я раньше не замечала? Две складки поперек лба, глаза широко расставлены, нос тупой, широкий... И даже волосы назад зачесаны, прикрывают звериный загривок...»

— А ты кушай, кушай, девочка, — Фаина Ивановна не озаботилась запомнить имя этой маленькой лахудрочки. Злость на полковника у нее не прошла, стала даже как будто сильнее, но и веселее. И мысль пришла в голову: — А где телефончик у вас?

Вышла в коридор, набрала номер. Домой она ему никогда не звонила, он даже и не знал, что у нее есть его домашний номер. Подошла женщина.

— Алло? Квартира полковника Коробова? Примите телефонограмму из Министерства обороны...

— Толь! Толь! — заверещал в трубку женский голос. — Телефонограмма из министерства! Одну минуту!

Но Фаина Ивановна, не обращая внимания на отдаленное волнение собеседницы, продолжала:

— Командование поздравляет полковника Коробова с Новым годом и с повышением. С пятнадцатого января сего года он назначен начальником Магаданского военного округа. Секретарь Подмахаева.

И грохнула трубкой. А что? В театре живем! И настроение заметно исправилось.

— Да что же вы не кушаете? — Она и сама вдруг почувствовала прилив голода, положила Шурику на тарелку салату и кусок рыбы. — Вера Александровна! Что же вы ничего не кушаете? Тарелка пустая! Шурик, наливай!

Шурик взялся открывать вторую бутылку шампанского.

— Нет-нет, давай коньяку.

Она все принесла: и коньяк, и конфеты.

Хоть бы все поскорее ушли, — изнывала Вера. — Остались бы вдвоем, вспомнили маму. Все испорчено, все испорчено. Нахальство, конечно, невероятное, вот так нагрянуть без приглашения, с чудовищной этой едой, от которой потом будет изжога, отрыжка, если не расстройство желудка.

Аля чокнулась со всеми, выпила. О, как ее вознесло! Видели бы ее акмолинские подружки! В Москве, в таком дому... В шелковом платье... Шурик Корн, пианино, шампанское...

Прежде она никогда не пила. Когда предлагали, отказывалась. На заводе пьянство было повальное. Она всегда боялась пьяных мужчин и знала, как это бывает: скрутят, юбку на голову, и тыркать... И полубратья в детстве, и мальчишки барачные несколько раз ловили. В лаборатории тоже, в прошлом году на Первое мая устроили вроде застолья, а потом завхоз и старший лаборант Зоткин навалились в гардеробе... Но теперь ей было так хорошо, так сладко.

«Да живот-то у меня вот чего ныл, — догадалась она. — Вот оно, к чему все пьют, — сделала она вывод, отчасти ошибочный. — Девчонки говорили, что хорошо. Может, не врут... Какой день выпал. Я своего добуду...» — решила Аля и уставилась блестящими глазами на Шурика.

А Шурик кушал безмятежно: мало ли какие у кого планы... У него был свой собственный — на два часа на завтра, то есть уже на сегодня, он договорился с Матильдой. С утра сегодня она собиралась к подругам, а к обеду должна была вернуться. Из-за кошек, конечно. Ну и Шурик собирался навестить ее, отпраздновав с мамой Новый год печально и благолепно.

— Может, потанцуем? — предложила Аля тихонько.

— Да магнитофон в моей комнате. Что, принести? — Шурик был настолько же непонятлив, насколько Аля неуклюжа.

— Да пусть там, — покраснела Аля под взглядом насмешливой начальницы.

— Давай, — согласился Шурик и вытер рот о крахмальную салфетку, дотронуться до которой Аля не смела.

— Пусть, пусть потанцуют, — гнусным голосом сказала Фаина Ивановна, но никто этого не заметил.

Ребята ушли, а Фаина Ивановна разоткровенничалась, стала рассказывать Вере Александровне о заключении договоров с художниками, о проведении расходов хозяйственных по творческим статьям — чего та знать вовсе не желала.

В Шуриковой комнате не было места для танцев: там стоял диван, письменный стол, два шкафа, и оставался лишь узкий проход, в котором под щемящие звуки блюза Аля прильнула к Шурику всей своей худобой. Шурик удивился, как похожа она на ощупь на Лилю: хрупкие ребрышки, твердая грудь... Только Лиля отплясывала, как цыганка, а эта топчется, сама себе на ноги наступая. Но если прижать ее потеснее, то выясняется совершенно удивительное обстоятельство: тонкие ножки прикреплены где-то сбоку, и между ними такая зовущая пустота, такая распахнутая дорога открывается, и штучка эта, лобок, как будто висит в воздухе, и даже торчит немного вперед. Он подцепил подол платья, просто так, проверить из интереса, как это получается, и удивился: легко отодвинулась полоска трусов и палец попал прямо в теплое дупло. И так ловко-ловко она как будто чуть-чуть подпрыгнула и плотненько на него наделась. Легкая, ничего не весит, как Лиля. Он застонал: Лиля... Никаких там ляжек, никакого лишнего мяса. Только оно одно, нужное... Совсем не так, как у Матильды, совсем другое... И блюз не мешал ничему, длился саксофонной нотой. И в ту минуту, когда Шурик прислонил эту невесомость к шкафу и выковырял тугие пуговицы, и уже все само собой пошло... раздался требовательный возглас из коридора:

— Шурик, на минуточку!

Звала не мама, звала Фаина Ивановна.

— Да, да, сейчас, — отозвался Шурик, дернулся, все нарушил, снял с себя чужую девочку. Темный шелк подола электростатически прилип к ее груди, и он в первый раз подивился, как затейливо все устроено: в слабом свете настольной лампы, отвернутой к стене, на него смотрели красные лепестки выпуклого цветка...

— Я сейчас вернусь, — хрипло шепнул Шурик и начал заталкивать пуговицы в тесные петли новых брюк.

В прихожей одевалась Фаина Ивановна. Она уже впялилась в сапоги. Похудевшие сумки смирно лежали на полу, как собаки у хозяйских ног.

— Шурик, посади Фаину Ивановну в такси, — попросила мама.

— Ага, — кивнул Шурик. Деваться было некуда.

— У нас такой двор темный. Пусть уж он меня до подъезда проводит и на той же машине обратно.

— Конечно, конечно, — радовалась освобожденная Вера.

Время было самое застольное, начало третьего. Машину остановили сразу же. По забавному совпадению дом Фаины Ивановны стоял как раз напротив Алиного общежития. Фаина Ивановна расплатилась и отпустила машину, к некоторому недоумению Шурика, который все еще находился под магнетическим воздействием штучки, обнаруженной под вишневым подолом.

Никакого обещанного темного двора не было, но Шурик не обратил на это внимания. Одной рукой он нес две легкие сумки, на другой лежал тяжелый каракулевый рукав. Поднялись на лифте. Фаина Ивановна открыла дверь, пропустила вперед Шурика и щелкнула замком. В ее плане было два пункта. Первый — телефонный звонок.

— Ты разденься на минутку, сделай одолжение. — Она проворно сняла шубу и, пока он топтался, набрала номер и сунула ему в руку телефонную трубку. — Позови Анатолия Петровича и скажи: Фаина Ивановна просила передать, что два билета на спектакль «Много шума из ничего» ему обеспечены... Понял? «Много шума из ничего»! Обеспечены!

Мужской голос сказал в трубке:

— Слушаю.

— Анатолий Петрович? Фаина Ивановна просила передать, что два билета на спектакль «Много шума из ничего» вам обеспечено.

— Что? — взревел голос.

— Два билета...

Фаина Ивановна легким движением указательного пальца придавила рычажок. Отбой. И загадочно улыбнулась.

— А теперь... — Это был второй пункт новогодней программы. — Теперь я покажу тебе одну маленькую игру...

Взяв его за руку, прочно ухватила за большой палец и, высунув из сложенных трубочкой губ твердый язык, лизнула конец пальца.

— Не бойся, тебе понравится...

Львица была с такими особенностями, о которых Шурик, до некоторой степени вооруженный понедельничным опытом, и не догадывался. И никаких ассоциаций у Шурика не возникало: не знал он никаких таких игр. Спустя полчаса, полностью потеряв ориентацию в пространстве и в собственных ощущениях, он переживал обжигающее, отдающее в позвоночник электрическое наслаждение. Над ним нависало нечто невообразимо преувеличенное, ничего общего, кроме запаха, не имеющее с тем сухим цветочком, к которому он так недавно устремился. Это был невыразимо-притягательный запах женского нутра, и он узнал, что у запаха есть и вкус. Его родной привычный инструмент был совершенно не в его власти, в объятиях влажных и оживленных — его покусывали, пожевывали, посасывали... Растерянный, он медлил, как отчаянный пловец перед прыжком в неизведанные воды. Его подтолкнули, он дернулся назад. Кажется, он не хотел туда. Было почему-то страшно. Раздалось длинное бархатистое рычание... На другом полюсе мира происходило нечто неописуемое, и пусть бы оно не кончалось никогда. Никакого другого пути не оставалось, и он кинулся в самую середину омута... Вкус был обжигающий: одновременно острый и молочнокислый, нежный и совершенно невинный.

И тут он вдруг догадался, к чему все это имеет отношение — к затейливой и совершенно неправдоподобной картинке, которую он года четыре тому назад долго рассматривал на стене общественной уборной на углу Пушкинской улицы и Столешникова переулка. А бабушка еще поджидала наверху, пока он справит свою нужду.

Домой Шурик вернулся утром. Умирая от отвращения, он очень складно соврал, как на обратном пути от Фаины Ивановны таксист, который вез его, столкнулся с другой машиной, и ему пришлось три часа просидеть в отделении милиции в качестве свидетеля, а позвонить из отделения милиционеры не позволили...

— Ах, да ты бы и не дозвонился, мы всю ночь по моргам и по больницам звонили, — махнула рукой изнемогшая от воображаемой потери Вера.

Поверили ему беспрекословно.

Вера Александровна была вполне удовлетворена обретением исчезнувшего сына. Чуть позже опытная в разного рода уловках Фаина чутко уловила сюжет и подтвердила свое алиби — телефон был сломан.

Совместные слезы и треволнения новогодней ночи сблизили Веру Александровну с химической отличницей. Она простила Але никчемную внешность и провинциальную речь.

«Сердечная девочка, — решила Вера. — Слава Богу, все кончилось благополучно».

Мельком взглянула на себя в зеркало — даже в прихожей, где было темновато, отражение было никудышным: опухшие веки... под глазами тьма... припухлость возле рта, которая так трогала когда-то Александра Сигизмундовича, превратилась в дряблые складки.

— Проводи Алю и возвращайся поскорей домой, — попросила Вера.

Желудок после Фаининого угощения болел, хотелось спать, но еще больше хотелось посидеть наконец с сыном вдвоем, без посторонних, совершенно ненужных людей.

А Шурик снова потащился на улицу 1905 года, откуда только что выбрался. Ключ от Алиной комнаты висел на вахте, в решетчатом ящике. Вахтерши не было — это был шанс.

— Поднимемся? — с жалкой игривостью предложила Аля.

— А девочки? — попытался увернуться Шурик.

Аля покраснела: до разоблачения был всего один шаг: она и сама забыла, что наврала вчера о соседках, увезших ключ от комнаты. Но отказаться от намерения не заставило бы ее ни землетрясение, ни наводнение, ни пожар... Она сняла ключ и взяла Шурика под руку. Вырваться он не мог. Они поднялись на третий этаж. Соседки по комнате соотносили свои личные жизни с судьбами африканских студентов Университета Патриса Лумумбы на их территории, Шурик под давлением этого обстоятельства вынужден был сдаться. Сухой казахский цветок раскрылся перед ним на несколько минут, и оба остались вполне довольны: он — что не обманул ее ожиданий, она — ошибочно полагая, что одержала великую победу.

Единственной, кого не потребовалось обманывать, была Матильда, которая заснула в новогоднюю ночь в своей постели перед телевизором и только утром вспомнила, что Шурик-то не явился. И потому, когда он двумя днями позже пришел, слегка смущенный невыполненным обещанием, она только засмеялась:

— Дружочек мой, и говорить об этом нечего!

16

После Нового года мороз завернул еще круче. Зима стояла на редкость бесснежная, ветер сметал сухую крупу к стенам и заборам, и повсюду чернели голые проплешины клумб и пустырей. Вера Александровна, любившая зимы за белизну и обманчивую чистоту, страдала от холода и зимней темноты, не смягченной благодатью снегопадов, сугробов, опушенных деревьев. В эту первую после смерти матери зиму Вера начала как-то особенно длинно болеть: простуды и ангины наезжали одна на другую. Елизавета Ивановна умела договариваться с болезнями, отгоняла их какими-то домашними средствами — молоком с медом, молоком с йодом, тысячелистником и золототысячником. Словом, полезными советами, напечатанными на последней странице журнала «Здоровье». Но теперь кроме обыкновенных болезней на Веру напали странные сердцебиения, обильные поты, которые заливали ее, как молотобойца в горячем цеху, таинственные приливы и отливы, время которых, казалось, давно для нее прошло. И еще были всякие маленькие блуждающие боли: то в виске, то в желудке, то в больших пальцах ног... Весь организм ее расстроился, капризничал и кричал: мама! мама!

Всесветные знакомства и обширные связи Елизаветы Ивановны были еще живы, и Шурик, по просьбе матери перебирая отклеившиеся листы бабушкиной большой записной книжки, нашел на букву «А» — анализы Марину Ефимовну, которая оказалась заведующей биохимической лабораторией. О смерти Елизаветы Ивановны она знала от своей дочки, давней бабушкиной студентки, и с Шуриком и Верой Александровной обращалась мало сказать по-родственному, а так, что казалось, они сделали честь лаборатории, выбрав ее для производства анализов... Когда они приехали на следующий день в большую, полную света и стекла лабораторию, Марина Ефимовна, маленькая, со старомодным лицом кинозвезды немого кино, долго расспрашивала Веру Александровну о малейших оттенках ее самочувствия утром, днем и вечером, заглянула ей под веко, потрогала кончики пальцев. Потом разглядывала на свет пробирку с нацеженной из вены кровью, слегка побалтывала ее, как дегустатор вино, и одобрительно кивала головой.

Еще через несколько дней после взятия крови она позвонила, сообщила, что ничего плохого не обнаружила, но по какому-то показателю верхняя граница нормы, и вообще-то, судя по всему, нужно проконсультироваться в Институте эндокринологии...

И тут же эта Марина Ефимовна начала звонить, устраивать, хлопотать. Она, как и Елизавета Ивановна, была из породы услужливых, всем приятных людей, и сети ее были раскинуты широко. Эндокринолог, к которому Марина Ефимовна послала Веру, была из той же породы, и Шурику, сопровождавшему мать во всех ее медицинских поездках, предстояло еще много дивиться на многочисленных друзей и друзей друзей покойной бабушки — словно тайное общество или монашеский орден, с полуслова узнающие и помогающие друг другу... Они были «свои» по какому-то неопределимому свойству. Все они имели строку в бабушкиной записной книжке, и располагались эти люди не по алфавиту, а совершенно произвольно: иногда по первой букве профессии — аптекарша, парикмахерша, дачная хозяйка, иногда по начальной букве фамилии или имени, а то и, как в случае машинистки Татьяны Ивановой, по названию улицы, где та жила... Возможно, у Елизаветы Ивановны и был какой-то особый код, которым она руководствовалась при выборе буквы, но Шурик его не открыл... И каждый из этих вписанных бабушкиной рукой людей имел, видимо, свою такую же книжечку и звонил, и не получал отказа, и они составляли целый мир взаимопомогающих людей...

Большая часть телефонных номеров начиналась с букв — довоенная нумерация, смененная в пятидесятых. Шурик звонил по этим устаревшим телефонам и, как правило, находил неведомых, но готовых к услугам людей. Так, некая «Аптечная Леночка», долго охая и натурально всхлипывая, объясняла Шурику, какая необыкновенная женщина была его бабушка, а потом сама привезла им домой все необходимые лекарства, показала Шурику, как правильно заваривать золототысячник, а Вере Александровне подарила янтарные бусы, которые должны были целительно действовать на больную щитовидку...

Впрочем, эндокринолог Брумштейн, которую вызвонила уже по своей книжке лабораторная Марина Ефимовна, была совсем не так приветлива, как прочие алфавитные персонажи. Сухая и почти совсем облысевшая, величаво-важная Брумштейн тем не менее приняла Веру Александровну без очереди, долго всматривалась в бумагу с результатами анализов, слушала сердце, считала пульс, мяла Верочкину шею, осталась очень недовольна и попросила сделать еще какой-то редкий анализ, который делали только у них в институте.

Перед уходом, когда Вера Александровна уже взялась за ручку двери, хмуро сказала:

— Перешеек уплотнен, доли железы увеличены... особенно слева... Операции вам в любом случае не миновать. Вопрос только в том, насколько это срочно...

Тут Вера проявила неожиданную твердость и отказалась. Решила прежде попробовать полечиться у гомеопата. Гомеопатия была не совсем под запретом, но в положении сомнительном — как абстрактное искусство, авангардная музыка или еврейское происхождение. Гомеопата нашли все в той же бабушкиной записной книжке, поехали на дальнюю окраину Измайлова, разыскали в расползающейся бревенчатой даче хмурого бородатого доктора, сделавшегося старомодно-любезным после упоминания имени Елизаветы Ивановны. Он начертал на четвертушке желтой старой бумаги какие-то магические слова и кресты, взял сто рублей денег — чудовищно огромный гонорар! — и поцеловал Вере на прощание руку.

Шурик на другой день привез матери из специальной аптеки первый набор маленьких белых коробочек. Вскоре у Веры образовалось новое сосредоточенное выражение лица — она рассасывала неровные белые зернышки, чуть-чуть выпятив губы и прикрыв глаза. По всему дому были разбросаны бумажные коробочки — туя, апис, белладонна... Она брала самодельную коробочку в два пальца, слегка громыхала, растряхивала содержимое — горошинки немного слипались, — а потом высыпала на узкую ладонь: раз, два, три... Руки у нее были как с испанских портретов, с заостренными пальцами, нежными складками на длинных фалангах. И два любимых кольца — с маленьким бриллиантом и с большой жемчужиной...

Мало-помалу Вера заняла то место, которое когда-то принадлежало маленькому Шурику, а Шурик, взрослый, но с жарким детским румянцем во всю щеку, заменил, как мог, Елизавету Ивановну. Шурикова неуклюжая забота оказалась слаще материнской: он был мужчина. Лицом он не был похож на Александра Сигизмундовича, скорее на деда Корна, но волосы были кудрявые, плотные, как у отца, и руки большие, с красивыми ногтями, и ласковость движения, которым он обнимал мать за плечи... Оказалось, что быть несчастной рядом с Шуриком гораздо увлекательней, чем при матери...

Елизавета Ивановна совсем не умела быть несчастной, может быть, оттого, что ее деловая энергия не давала ей времени задуматься о таких абстрактных и непрактичных вещах, как счастье, — но она горячо любила свою дочь и к ее состоянию меланхолической печали и незаслуженной обиды относилась с уважением, считая это проявлением тонкой душевной организации и нереализованности таланта. Александр Сигизмундович тоже всегда страдал оттого, что слишком тонко устроен. Вообще же душевное страдание, по Верочкиным понятиям, было привилегией. И надо отдать должное, даже в самые тяжелые годы эвакуации, в грязи и холоде зимнего Ташкента она относительно легко переносила бытовые тяготы, отдавая предпочтение переживаниям, связанным с концом ее артистической карьеры и потерей — временной, но тогда казалось, что окончательной, — обожаемого Александра Сигизмундовича...

Никто, кроме Елизаветы Ивановны, не мог оценить, какую жертву принесла Вера, отдавая полжизни мелочной бухгалтерской работе. Вопрос, кому или чему приносится жертва, не поднимался — это подразумевалось само собой. Шурику в свое время с нежным укором об этом напоминала бабушка — для стимуляции любви к Верочке. Теперь, после бабушкиной смерти, Шурик размер этой жертвы еще более преувеличил. И легкий нимб незримо присутствовал над аккуратно сложенным полугреческим пучком стареющих волос.

В вечерние часы Вера всегда находила время, чтобы посидеть в проходной комнате. Угнездившись в обширном кресле, продавленном материнским телом, она открывала ящики письменного стола, перебирала старые письма, разложенные по годам, квитанции по оплате неведомых услуг, бессчетные фотографии, главным образом ее, Верины. Лучшие из них висели над столом в зыбких рамочках, не терпящих прикосновения: Верочка в сценических костюмах. Лучшее, но столь краткое время ее жизни...

Когда Шурик заставал ее в этой меланхолической позе, он просто тонул от нежного и горького сочувствия: он знал, что помешал великой артистической карьере. Он порывисто обнимал мать за девичьи плечи и шептал:

— Ну, Веруся, ну, мамочка...

И Вера вторила ему:

— Мамочка, мамочка... Мы с тобой одни на свете...

17

Шурик был убежден, что бабушка умерла из-за того дикого забвения, которое нашло на него, когда он провожал Лилю в Израиль. Его взрослая жизнь началась от темных приступов сердечного страха, будивших среди ночи. Его внутренний враг, раненая совесть, посылал ему время от времени реалистические, невыносимые сны, главным сюжетом которых была его неспособность — или невозможность — помочь матери, которая в нем нуждалась.

Иногда сны эти бывали довольно затейливы и требовали разъяснения. Так, ему приснилась голая Аля Тогусова, лежащая на железной кровати своей общежитейной комнаты, почему-то в остроносых белых ботиночках, которые в прошлом году носила Лиля Ласкина, но только ботиночки эти были сильно изношены, в черных поперечных трещинах. Он же стоит у изножия, тоже голый, и знает, что сейчас ему нужно войти в нее и что, как только он это сделает, она начнет превращаться в Лилю, и Аля этого очень хочет, и от него зависит, чтобы превращение произошло в полной точности. Многочисленные свидетели — девочки, которые живут в этой комнате, Стовба среди них, и профессор математики Израйлевич, и Женя Розенцвейг, — стоят вокруг кровати, ожидая превращения Али в Лилю. И более того, совершенно определенно известно, что если это произойдет, то Израйлевич поставит ему зачет по математике. Все это совершенно никого не удивляет. Единственное, что странно, — присутствие Матильдиных черных кошек на тумбочке рядом с Алиной кроватью... И Аля выжидательно смотрит на него подведенными японскими глазами, и он готов, вполне готов потрудиться, чтобы выпустить из плохонькой Алиной оболочки чудесную Лилю. Но тут начинает звонить телефон — не в комнате, а где-то рядом, может быть, в коридоре, и он знает, что его вызывают к маме в больницу и ему нельзя медлить ни секунды, потому что иначе с Верой произойдет то, что произошло с бабушкой...

Аля шевелит остроносыми ботиночками, зрители, видя его нерешительность, проявляют недовольство, а он понимает, что ему надо немедленно бежать, немедленно, пока телефон не перестал звонить...

Действительность отозвалась на сон — из почтового ящика Шурик вынул письмо от Лили. Из Израиля. Для Шурика — единственное полученное. Для Лили — последнее из нескольких отправленных. Она писала, что он очень помогает ей разобраться с самой собой. Она давно уже догадалась, что письма ее не доходят, и вообще здесь, в Израиле, никто не знает, по каким законам они циркулируют — почему к одним людям письма приходят регулярно, а другие не получают ни одного, — но она, Лиля, пишет Шурику письмо за письмом, и это дневник ее эмиграции.

«После нашей семейной катастрофы я стала гораздо больше любить их обоих. Отец все время мне пишет и даже звонит. Мама обижается, что я поддерживаю с ним отношения, — но я не чувствую, чтобы он был передо мной виноватым. И не понимаю, почему я должна проявлять какую-то женскую солидарность. И вообще мне ее ужасно жалко, а за него я рада. У него такой счастливый голос. Фигня какая-то. Язык потрясающий. Английский — ужасная скукота по сравнению с ивритом. Я буду потом учить арабский. Обязательно. Я — лучшая ученица в ульпане. Это ужасное уродство жизни, что тебя здесь нет. Это так глупо, что ты не еврей. Арье на меня обижается, говорит, что сплю я с ним, а люблю тебя. И это правда».

Шурик прочитал письмо прямо возле почтового ящика. Оно было как с того света. Уж, во всяком случае, оно было адресовано не ему, а другому человеку, который жил в другом веке. И в том же прошлом веке осталась прелесть прогулок по ночному городу, и лекции по литературе — они были слишком хороши, чтобы стать повседневностью. Для этого существовала раздражающая нос химия... В прошлом осталась и все укрупняющаяся от ухода из времени бабушка, в тени которой не было ни жары, ни холода, а благорастворение воздухов. И здесь, между первым и вторым этажами, около зеленой шеренги почтовых ящиков, его охватило молниеносное и огненное чувство отвращения ко всему: в первую очередь к себе, потом к институту, к лабораторным столам и коридорам, к провонявшим мочой и хлоркой уборным, ко всем учебным дисциплинам и их преподавателям, к Але с ее густыми жирными волосами с кислым запахом, который он вдруг ощутил возле своего носа... Его передернуло, даже испарина выступила по телу — но тут же все и прошло.

Он сунул письмо в карман и понесся в институт: у него назревала сессия, и весна назревала, и опять он запустил неорганическую химию, и лабораторные, и еще не снял дачу, которую бабушка снимала из года в год, отчасти потому, что не нашел в бабушкиной книжке рабочего телефона дачной хозяйки, отчасти из-за нехватки времени: известно было, что дачи снимают в феврале, а в марте ничего путного уже не снять.

Он бежал в институт, и письмо Лилино было в его душе, как съеденный утром завтрак в желудке, — необратимо и в глубине. Два факта, сообщенных Лилей, — о том, что родители ее разошлись, и о том, что у нее появился парень по имени Арье, — совершенно не тронули его. Тронуло само письмо — почти физически; вот бумага, на которой ее рукой нечто написано, из чего следует, что она есть на свете, а не исчезла бесследно, как бабушка. Ведь до сих пор было такое чувство, что они удалились в одном направлении. И это письмо в кармане — как все мы любим себя обманывать — как будто намекало, что и бабушка может прислать письмо из того места, где она теперь находится.

Шурик не додумал этого до конца, это приятное чувство не оделось такими словами, чтобы можно было другому человеку это объяснить. Но разве мама поймет это смутное, приятное чувство? Она подумает, что он просто Лилиному письму радуется...

И он, отодвинув все зыбкое и неконкретное, жил себе дальше, бегал в институт, сдавал какие-то коллоквиумы, ухитрялся немного зарабатывать — французские уроки, оставшиеся от бабушки. Деньги, о которых при бабушке и речи не заводилось, исчезали с невероятной скоростью и заставляли о себе думать. Шурику было совершенно ясно, что заботиться об этом должен он сам, а не слабенькая, совсем прозрачная мать.

«В будущем году наберу побольше новых учеников», — решил он. Ему нравилось учить детей французскому языку гораздо больше, чем самому учиться науке химии. И хотя он кое-как ходил на занятия, делал лабораторные, но все больше полагался на Алю Тогусову, а она старалась, лезла из кожи вон и даже переписывала ему конспекты лекций, которые он часто пропускал.

Аля, залучившая себе Шурика в памятное новогоднее утро, по неопытности принявшая вынужденный жест мужской вежливости за крупную женскую победу, довольно быстро сообразила, что достигнутый ею успех не так уж велик, но эту новогоднюю удачу нельзя пускать на самотек, а, напротив, чтобы росток рос и развивался, следует много и упорно трудиться. Эта мысль не была для нее новой — она пришла к ней еще в детстве, когда девочкой она впервые столкнулась с тем, что есть на свете некоторые женщины, которые ходят в туфлях, тогда как большинство, к которому принадлежит и ее мать, зимой носят валенки, а летом резиновые сапоги... Словом, жизнь — борьба, и не только за высшее образование. Шурик ей, конечно же, очень нравился, может быть, она была в него даже влюблена, но все эти романтические эмоции и в сравнение не шли с тем высоким напряжением, которое рождалось из суммы решаемых задач: высшее образование в сочетании с Шуриком и принадлежавшей ему по праву столицей. Аля чувствовала себя одновременно и зверем, выслеживающим свою добычу, и охотником, встретившим редкую дичь, какая попадается раз в жизни, если повезет...

Напряжение Алиного существования подогревалось еще одним обстоятельством: Лена Стовба в ту новогоднюю ночь тоже нашла свое счастье — познакомилась с кубинцем Энрике, темнокожим красавцем, студентом Университета имени Патриса Лумумбы. Он пригласил ее танцевать, и под звуки «Бесаме мучо» целая стая пухлых младенцев — амуров, купидонов и других крылатых — разрядила свои луки в рослую парочку, и вялая от природы Стовба проснулась своим белым телом, встрепенулась навстречу танцующему всеми своими органами кубинцу и весь подготовительный путь, для прохождения которого требуется иногда довольно значительное время, прошла экстренно, начав за час до новогодней полуночи и в два часа утра первого дня нового года успешно закончив его в крепких темнокожих объятиях.

Хотя двадцатидвухлетний молодой человек был кубинцем и, следовательно, вовсе не новичком в любовной науке, но и он был ошеломлен свалившимся на него белобрысым чудом. Дружба народов полностью восторжествовала — к марту Стовба чувствовала себя определенно беременной, а влюбленный кубинец наводил справки, как оформить брак с русской гражданкой.

Теперь два общежития — на Пресне и в Беляево — были озабочены тем, как обеспечить влюбленным площадку для регулярной реализации чувств, но задача была не из простых: менделеевские церберы, пожилые вахтерши и злобные комендантши, были вообще несговорчивы, а тут еще цвет лица Энрике столь заметно отличался от прочих розово-мороженых посетителей, и в одиннадцать часов вечера раздавался громкий стук в дверь и высоконравственная комендантша предлагала посторонним покинуть помещение женского общежития... Лена накидывала каракулевую шубу, бестактный подарок обкомовской мамы, столь странно выглядевший в студенческой бедности, и провожала возлюбленного до станции метро «Краснопресненская», где они расставались, скорбя душами и телами... Охрана лумумбовских общежитий была более лояльна, но требовала предъявления паспорта, что могло повлечь за собой какие угодно, включая милицейские, неприятности.

Аля, подогреваемая ежедневным жаром этого романа, не могла не испытывать беспокойства по поводу умеренного рвения Шурика к полной реализации их теплых отношений. Тем более что и жилищными условиями он располагал. Однако в дом к себе теперь не приглашал. Ничего похожего на черно-белые страсти

Лены и Энрике в Алиной жизни не наблюдалось. Обидно. На долю Али по-прежнему доставались только совместные лабораторные работы, обеды в студенческой столовке за одним столом, подготовка к сдаче коллоквиумов и место в аудитории по правую руку от Шурика — обычно она сама его и занимала. Еще Аля немного удивлялась вялости, с которой Шурик учился, — сама она и в студенческой науке преуспевала, и подрабатывала: сначала было полставки уборщицы, потом к ним прибавилось полставки лаборантских. Работала по вечерам, так что даже в кино сходить времени не было. Да Шурик и не приглашал: он свои вечера проводил обыкновенно с матерью. Аля время от времени напоминала о себе вечерним звонком, однако, чтобы зайти к нему в дом, надо было придумать что-нибудь особое: например, методичку взять или учебник. Один раз позвонила вечером с кафедры, сказала, что кошелек потеряла: она хотела сама зайти, но он прибежал, принес ей денег.

Любовные их отношения кое-как теплились: однажды Аля попросила помочь отвезти из института в общежитие трехлитровую банку ворованной краски. Это было днем, и как раз никого из соседок не было, и Аля обхватила его за шею смуглыми руками, закрыла глаза и приоткрыла рот. Шурик поцеловал ее и сделал все, что полагалось. С удовольствием.

В другой раз Аля пришла к Шурику домой, когда Вера Александровна была на каких-то медицинских процедурах, и еще раз получила веское доказательство того, что отношения у них с Шуриком любовные, а не чисто товарищеские, комсомольские...

Конечно, она не могла не видеть разницы между своим умеренным романом и страстями, полыхающими между флегматичной в прошлом Леной и ее каштановым

Энрике. Но и Шурик был все-таки не негр с Кубы, а белый человек с Новолесной улицы. Аля же подозревала, что хоть Куба и заграница, но немного похожая на Казахстан... Правда, кубинец собирался жениться, а Шурик об этом и не заговаривал. С другой стороны, Стовба-то была беременна... Но ведь и Аля тоже могла бы... И тут она терялась: что важнее — учеба или замужество?

В начале апреля Стовба сообщила, что они подали во Дворец бракосочетания заявление на регистрацию.

Девчонки были в восторге: прежде они опасались, не бросит ли Энрике Стовбу, уговаривали ее сделать аборт, но она только таращила свои глаза и мотала белыми волосами. Она ему доверилась. Так доверилась, что даже собралась своим домашним письмо писать о предстоящем замужестве. Беспокоило девочек-подружек только одно — что ребенок будет черный. Но Стовба их утешала: мать у Энрике почти совсем белая, старший брат, от другого мужа, американского поляка, вообще блондин, только отец черный. Зато черный отец — близкий друг Фиделя Кастро, воевал с ним в одном отряде... Так что ребенок вполне может родиться и белым, поскольку он будет почти квартерон. Девчонки головами качали, но в душе жалели: лучше б русский... Хотя самого Энрике все полюбили: он был веселым и добрым малым, несмотря на то что, как и Стовба, тоже принадлежал к семье из партийной верхушки. Но он не важничал, как его возлюбленная, — ходил, приплясывая, плясал, подпевая, и вечносонная Стовба, которую на курсе чуть ли не с первого дня все невзлюбили, перестала важничать, жадничать и благодаря своему сомнительному — с точки зрения расовой — роману стала всем приятней.

А еще через месяц, незадолго до намеченного бракосочетания, произошло событие, которое очень взволновало Стовбу: Энрике вызвали в посольство и приказали срочно возвращаться домой. Он был студентом последнего года обучения, до получения диплома оставались считаные месяцы, и он попытался оттянуть свой отъезд — тем более что и невеста его была как-никак беременна... Он пытался встретиться с послом, прекрасно знавшим о высоком положении его отца: Энрике, студента, приглашали на посольские приемы, и посол иногда подходил к Энрике и коротким боксерским ударом шутливо бил под дых... Но на этот раз посол его не принял.

В конце апреля Энрике вылетел в Гавану. Вернуться он собирался через неделю. Но ни через месяц, ни через два он не вернулся. Все сразу же поняли, что он просто обманул глупую девку, сочувствовали ей, а она заходилась от внутренней ярости к этим жалельщикам: она-то была убеждена, что он не мог ее бросить, и только особые обстоятельства могли принудить его остаться. Унизительна была общественная жалость, странным было его молчание. С другой стороны, известно было, что письма с Кубы доходили по произвольному графику: иногда через пять дней после отправки, а другой раз — месяца через полтора.

Родители Стовбы только-только свыклись с мыслью, что им придется нянчить черных внуков, и особенно тяжело приняла это сообщение мать, отца все же несколько утешило высокое партийное положение будущего зятя, и теперь бедной невесте предстояло сообщить строгим родителям, что жених исчез.

Весь первый курс гудел негодованием. Стовба жила надеждой. Перед самыми майскими праздниками ее разыскал в институте лысоватый малосимпатичный молодой человек, кубинец, приятель Энрике. Он был аспирантом в университете, не то зоолог, не то гидробиолог. Лысый увел Стовбу на улицу и там на садовой скамье в продуваемом Миусском скверике сообщил ей, что старший брат Энрике бежал с Кубы в Майами, отец Энрике арестован, а где находится сам Энрике, никто не знает, но дома его нет. Возможно, его взяли на улице...

Стовбе, гордячке, гораздо больше нравилось быть косвенной жертвой политического процесса, чем брошенной невестой. Возможно, что ее родители предпочли бы другой вариант... Но в любом случае потомок одного из политических вождей кубинского народа, с чем еще кое-как можно было примириться, превращался теперь в простого выблядка...

Мнения студентов-химиков разошлись: либералы готовы были собирать деньги на приданое малышу и объявлять его сыном своего полка, консерваторы считали, что Стовбу надо исключить из института, из комсомола и вообще из всего, а радикалы полагали, что наилучшим выходом был бы честный аборт...

Аля, полукровка и полусирота, была полна сочувствия к совсем еще недавно счастливой и удачливой Стовбе. Она сблизилась с высокомерной соседкой, сделалась поверенной ее тайн и надежд — Шурик благодаря Але оказался информированным обо всех перипетиях этой драматической истории. Он тоже очень сочувствовал бедняге Стовбе.

18

Щитовидная железа Веры, презрев гомеопатию, пустилась в бурный рост: начались удушья. Опять заговорили об операции. Вера из последних сил сопротивлялась. Однажды, когда начался очередной приступ, пришлось вызвать скорую. Сделали укол: удушье сразу прошло. Она взбодрилась:

— Видишь, Шурик, уколы-то помогают. Зачем это, сразу под нож?

Она безумно боялась операции, даже не самой операции, а общего наркоза. Ей казалось, что она не проснется.

Следующий приступ удушья пришелся, к несчастью, на те часы, когда Шурик, бесшумно улизнув из дому, унесся «за мостик», к Матильде.

Во втором часу ночи Вера тихонько постучала в дверь Шуриковой комнаты: говорить она почти не могла. Шурик не отозвался. Она открыла дверь: кушетка его даже не была расстелена.

«Куда он мог деться?» — недоумевала Вера и даже вышла на балкон, посмотреть, не курит ли он там. Она знала, что все мальчишки покуривают... Прошло еще минут десять, таблетка и домашние средства, вроде дыхания над горячей водой, не помогали, удушье не проходило. Состояние было ужасным, и она сама едва слышимым голосом вызвала скорую, прошелестев адрес...

Скорая приехала очень быстро, минут через двадцать, и по случайности оказалась та же бригада, что в прошлый раз. Пожилая усатая врачиха, которая и в прошлый раз настаивала на срочной госпитализации, стала сразу же зычно орать на Веру Александровну — велела немедленно собираться в больницу. Отсутствие Шурика совершенно выбило Веру из колеи, она безмолвно плакала и качала головой.

— Тогда пишите, что отказываетесь от госпитализации. Я снимаю с себя всякую ответственность!

Шурик, увидев у подъезда скорую, едва не окочурился. Одним махом он взлетел на пятый этаж. Дверь была чуть-чуть приоткрыта...

«Все! Мамы нет в живых, — ужаснулся он. — Что я наделал!»

В большой комнате раздавались громкие голоса. Живая Веруся полулежала в бабушкином кресле. Дышала она уже вполне удовлетворительно. Увидев Шурика, она заплакала новыми слезами. Ей было немного стыдно перед врачихой, но со слезами она ничего поделать не могла — они были от щитовидки...

Шурик совершил звериный прыжок через всю комнату и, не стесняясь ни врачихи, ни мужика в полуформенной одежде, схватил мать в объятия и начал целовать: в волосы, в щеку, в ухо...

— Веруся, прости меня! Я больше не буду!

Идиот! Прости меня, мамочка.

Чего «больше не буду», он, разумеется, и сам не знал. Но это была его всегдашняя детская реакция: не буду делать плохого, буду хорошее, буду хорошим мальчиком, чтобы не расстраивать маму и бабушку...

Усатая врачиха, собравшаяся как следует поорать, размягчилась и растрогалась. Такое не часто наблюдаешь. Ишь целует, не стесняется... по головке гладит... Что же такое он натворил, что так убивается...

— Маму вашу госпитализировать надо. Вы бы ее уговорили.

— Веруся! — взмолился Шурик. — Но если действительно надо...

Вера была на все согласна. Ну, не совсем, конечно...

— Хорошо, хорошо! Но тогда уж к Брумштейн...

— Но не затягивайте. Укол действует всего несколько часов, и приступ может начаться снова, — помягчевшим голосом обращалась врачиха к Шурику.

Медицина уехала. Объяснение было неминуемо. Еще до того, как Вера Александровна задала вопрос, Шурик понял: нет, нет и нет. Ни за что на свете он не сможет сказать маме, что был у женщины.

— Гулял, — твердо объявил он матери.

— Как так? Среди ночи? Один? — недоумевала Вера.

— Захотелось пройтись. Пошел пройтись.

— Куда?

— Туда, — махнул Шурик рукой в том самом направлении. — В сторону Тимирязевки, через мостик.

— Ну ладно, ладно, — сдалась Вера. На душе у нее полегчало, хотя со странной ночной отлучкой было что-то не так. Но она привыкла, что Шурик ее не обманывает. — Давай выпьем чайку и попробуем еще поспать.

Шурик пошел ставить чайник. Уже рассвело, чирикали воробьи...

— В следующий раз предупреждай, когда уходишь из дома...

Но следующий раз случился не скоро: лысая Брумштейн была в отпуске, и уложила ее в отделение правая рука Брумштейн, ее заместительница Любовь Ивановна.

Операцию, по ее экстренности, тоже должна была делать не сама светило, доктор Брумштейн, а Любовь Ивановна. Она оказалась миловидной — несмотря на легкий шрам аккуратно зашитой заячьей губы — блондинкой среднего возраста с легким дефектом речи.

— А где вы вообще-то наблюдаетесь? — прощупывая дряблую и вздутую шею Веры, осторожно спросила Любовь Ивановна.

— В поликлинике ВТО, — с достоинством ответила Вера.

— Понятно. Там у вас хорошие фониатры и травматологи, — отрезала врачиха презрительно.

— Вы считаете, без операции никак нельзя обойтись? — робко спросила Вера.

Любовь Ивановна покраснела так, что шрам на губе налился темной кровью:

— Вера Александровна, операция срочная. Экстренная...

Вера почувствовала дурноту и спросила упавшим голосом:

— У меня рак?

Любовь Ивановна мыла руки, не отрывая глаз от раковины, потом долго вытирала руки вафельным полотенцем и все держала паузу.

— Почему обязательно рак? Кровь у вас приличная. Железа диффузная сильно увеличена. Помимо диффузного токсического зоба в левой доле имеется опухоль. Похожа на доброкачественную. Но биопсию делать мы не будем. Некогда. Вы преступно запустили свою болезнь. Брумштейн сразу же предложила операцию — вот написано: рекомендовано...

— Но я у гомеопата лечилась...

Малозаметный шов на губе врачихи снова ожил и набряк:

— Моя бы воля, я бы вашего гомеопата отдала под суд...

Горло Веры Александровны от таких слов как будто вспухло, стало тесным.

«Если бы мама была жива, все было бы по-другому... И вообще ничего этого бы не было...» — подумала она.

Потом Любовь Ивановна пригласила Шурика в кабинет, а Вера села в коридоре на липкий стул, на Шуриково прогретое место.

Врачиха сказала Шурику все то, что и Вере Александровне, но сверх того добавила, что операция достаточно тяжелая, но беспокоит ее больше послеоперационный период. Уход в больнице плохой — пусть подыщут сиделку. Особенно на первые дни.

«Если бы бабушка была жива, все было бы по-другому...» — Сын и мать часто думали одно и то же...

Операцию сделали через три дня. В своих дурных предчувствиях Вера оказалась отчасти права. Хотя операция прошла, как выяснилось позднее, вполне удачно, наркоз она действительно перенесла очень тяжело. Через сорок минут после начала операции остановилось сердце: у молодого анестезиолога тоже сердце едва не остановилось от страха. Впрыснули адреналин. Со всех семь потов сошло. Больше трех часов оперировали, а потом двое суток Вера не приходила в себя.

Лежала она в реанимации. Положение ее считали опасным, но небезнадежным. Но Шурик, сидевший на лестнице возле входа в реанимационное отделение, куда вообще никого не пускали, не слышал ничего из того, что ему говорили. Двое суток он просидел на ступеньке в состоянии глубочайшего горя и великой вины.

Он был поглощен непрерывным воображаемым общением с мамой. Более всего он был сосредоточен на том, чтобы удерживать ее постоянно перед собой, со всеми деталями, со всеми подробностями: волосы, которые он помнит густыми, — как она расчесывала их после мытья и сушила, присев на низкую скамеечку возле батареи... а потом волосы поредели, и пучок на затылке стал немного поменьше, темно-ореховый цвет слинял, сначала у висков, а потом по всей голове потянулись грязно-серые пряди, с чужой как будто головы... брови чудесные, длинные, начинаются густым треугольником, а потом сходят в ниточку... родинка на щеке круглая, коричневая, как шляпка гвоздика...

Отчаянным, почти физическим усилием он держал ее всю: ручки любимые, кончики пальцев вверх загибаются, ножки тонкие, сбоку от большого пальца косточка вылезла, некрасивая косточка... Не отпустить, не отвлечься...

Подходила медсестра, спрашивала, не принести ли ему чая.

Нет-нет, — он только мотал головой. Ему казалось, что, как только он перестанет вот так крепко, так усиленно думать о ней, она умрет...

В конце вторых суток — времени он не помнил, не ел, не пил, кажется, и в уборную не ходил, сидел одеревенелый на лестничной площадке, на милосердно вынесенном ему из отделения стуле — вышла к нему Любовь Ивановна и дала белый халат.

Он не сразу ее узнал, не сразу сообразил, что надо делать с халатом. Всунулся во влажную слипшуюся ткань со склеенными рукавами.

— Тамара, бахилы, — скомандовала Любовь Ивановна, и сестричка сунула ему в руки два буро-белых небольших мешка, в которые он неловко всунул свои ботинки вместе с онемевшими ногами.

— Только на одну минуту, — сказала врачиха, — а потом поезжайте домой. Не надо здесь сидеть. Поспите, купите боржому и лимон... А завтра приезжайте.

Он не слышал. В раскрытой двери палаты он видел маму. Из носа у нее шли трубочки, опутывали грудь, еще какие-то трубочки шли от руки к штативу. Бледноголубая рука лежала поверх простыни. От шеи, заклеенной чем-то белым, тоже шла красная тонкая резинка. Глаза были открыты, и она увидела Шурика и улыбнулась.

У Шурика перехватило дыхание в том месте, где маму разрезали: виноват, виноват, во всем виноват. Когда бабушка в больнице умирала, он, идиот, с Лилей бегал по магазинам, покупал копченую колбасу, оставшуюся потом у таможенников, и матрешек, брошенных в гостинице в маленьком городе под Римом, Остии...

Когда бабушка в больнице умирала — раздувал он пламя своей непрощенной вины, — ты тискался и ласкался с Лилей в подворотнях и темных уголках... Мамочка бедная, маленькая, худая, еле живая, а он, здоровый до отвращения кабан, козел, скотина... Она задыхалась в приступе, а он трахал Матильду... И острое отвращение к себе отбрасывало какую-то неприятную тень на в общем-то не причастных к преступлению Лилю и Матильду...

«О, никогда больше, — клялся он сам себе. — Никогда больше не буду...»

Он встал на колени перед кроватью, поцеловал бумажные сухие пальчики:

— Ну как ты, Веруся?

— Хорошо, — ответила она неслышимо: говорить-то она совсем еще не могла.

Ей было действительно хорошо: она была под промедолом, операция позади, а прямо перед ней улыбался заплаканный Шурик, дорогой мальчик. Она даже не подозревала, какую великую победу только что одержала. Идеалистка и артистка в душе, она с юности много размышляла о разновидностях любви и держалась того мнения, что высшая из всех — платоническая, ошибочно относя к любви платонической всякую, которая происходила не под простынями. Доверчивый Шурик, которому эта концепция была предъявлена в самом юном возрасте, во всем следовал за разумными взрослыми — бабушкой и мамой. Как-то само собой разумелось, что в их редкостной семье, где все любят друг друга возвышенно и самоотверженно, как раз и процветает «платоническая».

И вот теперь Шурику было очевидно до ужаса, как предал он «высшую» любовь ради «низшей». В отличие от большинства людей, особенно молодых мужчин, попадавших в сходное положение, он даже не пытался выстроить хоть какую-то психологическую самооборону, самому себе шепнуть на ухо, что, может, в чем-то он виноват, а в чем-то и не виноват. Но он, напротив, подтасовывал свои карты против себя, чтобы вина его была убедительной и несомненной.

По дороге домой Шурик приходил в себя, оттаивая от какого-то анабиотического, рыбьего состояния, в котором находился последние двое суток. Оказалось, что нестерпимая жара за это время прошла, теперь падал небольшой серенький дождь, была середина буднего дня, и в воздухе висело наслаждение самодостаточной бедной природы: запах свежих листьев и прели шел от прошлогодних куч, лежавших шершавым одеялом на обочине маленького заброшенного скверика. Шурик вдыхал сложный запах грязного города: немного молодой острой зелени, немного палой листвы, немного мокрой шерсти...

«А вдруг Бог где-нибудь есть?» — пришло ему в голову, и тут же, как из-под земли, выскочила приземистая церковка. А может, она сначала выскочила и потому он подумал это самое? Он остановился: не зайти ли... Открылась какая-то боковая незначительная дверка, и через дворик к пристройке побежала деловитая деревенская старуха с миской в руке.

«Нет-нет, только не здесь, — решил Шурик. — Если б здесь — бабушка знала бы».

И Шурик ускорил шаг, почти побежал. В душе его поднялось неиспытанное прежде счастье, наполовину состоящее из благодарности неизвестно кому — живая мамочка, дорогая мамочка, поздравляю с днем рождения, поздравляю с Международным женским днем Восьмое марта, с праздником Солидарности трудящихся, с Днем Седьмого ноября, поздравляю, поздравляю... красное на голубом, желтое на зеленом, рубиновые звезды на темно-синем, вся сотня открыток, которые он написал маме и бабушке, начиная с четырех лет. Жизнь прекрасна! Поздравляю!

Дома Шурик встал под холодный душ — горячей воды почему-то не было, а та, что поднималась из непрогретой еще глубины земли, обжигала холодом. Он вымылся, замерз, вылез из ванной — звонил телефон.

— Шурик! — ахнула трубка. — Наконец-то! Никто ничего не знает. Третьи сутки звоню. Что случилось? Когда? В какой больнице?

Это была Фаина Ивановна. Он объяснил, как мог, сам себя перебивая.

— А навестить можно? И что нужно?

— Боржом, сказали.

— Хорошо. Боржом я сейчас завезу. Я в театре, сейчас машина придет, и я заеду.

И трубкой — бабах! И сразу же раздался следующий звонок. Это была Аля. Она задала все те же вопросы, с той лишь разницей, что боржома у нее не было, а были занятия с вечерниками — лаборантские полставки — и освобождалась в половине одиннадцатого.

— Я после занятий сразу к тебе, — радостно пообещала она, а он даже не успел сказать: может, завтра?

Фаина прикатила через час, он только успел выпить чаю с черствым хлебом и отрытой в глубине буфета банкой тушенки. Фаина поставила красивый заграничный пакет с четырьмя бутылками боржома возле двери.

— Мы с тобой все обсудим. — Она говорила медленно, приближая к нему красивый развратный рот.

«Нет, нет и нет», — твердо сказал Шурик самому себе.

Рот приблизился, захватил его губы, сладковатый, немного мыльный язык влез ему под небо и упруго шевельнулся.

Шурик ничего не мог поделать — все в нем взметнулось навстречу этой роскошной похабной бабе.

Около одиннадцати пискнул звонок, потом еще. Немного погодя зазвонил телефон, потом снова робко торкнулись в дверь. Но оттуда, где находился Шурик, его вряд ли могла извлечь даже иерихонская труба.

На следующий день он сказал Але, и это было правдоподобно:

— Не спал двое суток. Добрался до постели и как провалился.

Редко встречаются люди, которые бы так ненавидели вранье, как Шурик.

19

Эти летние недели — шесть больничных и последующие — Шурик ускоренно и в сокращенном виде проходил науку, похожую на науку выращивания новорожденного: от молочка, кашки, самодельного творожка до кипячения подсолнечного масла, смягчающего швы, примочек и промываний. Самое же главное в этой науке — приобретение сосредоточенного внимания, которое переживает мать, родившая своего первенца. Пожалуй, только пеленки миновали его.

Сон Шурика стал необыкновенно чутким: Вера только опускала ногу с кровати на пол — он уже мчался к ней в комнату: что случилось? Он слышал легкий скрип пружин, когда ее легчайшее тело переворачивалось с боку на бок, улавливал, как она звякала стаканом, откашливалась. Это было особое состояние связи — между матерью и младенцем, — которого, строго говоря, сама Вера никогда не знала, поскольку Елизавета Ивановна, оберегая ослабленную родами и перенесенным несчастьем дочь, взяла на себя именно эту часть взаимоотношений с ребенком, оставив Вере только кормление грудью. Разумеется, это была совсем недекоративная часть: у Верочки были маленькие, с узкими протоками соски, молоко шло плохо, приходилось часами сцеживаться, грудь болела... Но все-таки именно Елизавета Ивановна спала в одной комнате *с* младенцем, вставала на каждый его писк, пеленала, купала и в положенное время подносила закрученное в чистые пеленки поленце к Верочкиной груди.

Ничего этого Шурик знать не мог, но в голосе его появилась особая интонация, с которой женщины обращаются к младенцам. Всплыло даже имя, которым он называл мать на втором году жизни: не умея выговорить Веруся, как говорила бабушка, он называл мать Уся, Усенька...

С деньгами настала полная неопределенность. Собственно, они кончились. Стипендию в институте Шурику уже не давали, весеннюю сессию он кое-как сдал, но с хвостом по математике — пересдача была на осень. Правда, по больничному листу Вера Александровна получала почти всю зарплату — стаж у нее был большой... Главный Шуриков заработок прекратился: учеников в летнее время не было, все разъехались по дачам. У бабушки, он знал, в это время всегда собиралась группа-другая абитуриентов...

Однажды, в Шуриково отсутствие, приезжала Фаина, привезла какие-то деньги от месткома. В день, когда местκомовские деньги кончились, Вера нашла под бумажкой, проложенной на дне ящика бабушкиного секретера, две сберегательные книжки. В сумме этих двух вкладов хватило бы на автомобиль — огромные по тем временам деньги. В одной книжке была доверенность на имя внука, во второй — дочери.

Неустановившимся после операции тихим голосом, пошмыгивая носом от набежавшей слезы, Вера говорила Шурику почти те же самые слова, которые он некогда слышал от бабушки:

— Бабушка с того света помогает нам выжить...

Неожиданное это наследство совершенно отменяло печальную перспективу семейного обнищания. Шурик тотчас вспомнил давнишний рассказ бабушки и металлический скелетик дедушкиного японского ордена с черными дырочками отсутствующих бриллиантов. Это было в бабушкином характере — она считала разговоры о деньгах неприличными, с брезгливостью отодвигала экономические выкладки приятельниц о том, кто сколько зарабатывает — излюбленный кухонный разговор, — сама всегда широко тратила деньги, каким-то особым, только ей свойственным способом отделяла нужное от лишнего, необходимое от роскошества и ухитрилась оставить своим детям такую огромную сумму денег... Всего три года прошло с тех пор, как они въехали в этот дом. Нет, почти четыре... А ведь когда покупали квартиру, вложили, вероятно, все до последнего, иначе она бы не продавала этих последних камешков... Трудно все это понять.

На другой день утром, взяв свой паспорт, Шурик пошел в сберкассу и снял первые сто рублей. Он решил, что купит всего-всего. И действительно, накупил на Тишинском рынке уйму продуктов, потратил все до копейки... Вера посмеялась над его барскими замашками и съела половину груши.

Вообще же настроение у нее было прекрасное — тень, которая лежала на ее жизни последние годы, оказывается, происходила от ядовитых молекул, выделявшихся чрезмерно из обезумевшей железы. Теперь же, впервые после смерти матери, Вера воспрянула духом и часто вспоминала свои молодые, счастливейшие годы, когда она училась в Таировской студии. Как будто вместе с вырезанным куском разросшейся щитовидки из нее удалили двадцатилетнюю усталость. Она вдруг начала делать пальцевые упражнения, которым давным-давно научил ее Александр Сигизмундович, — дергала последнюю фалангу, как будто срывала крышечку, выкручивала каждый палец туда-сюда, потом крутила кистями и ступнями, а под конец встряхивала.

Спустя пару недель после выписки из больницы она попросила Шурика снять с антресолей древний чемодан с бумажной наклейкой на боку, исписанной рукой Елизаветы Ивановны, — перечень предметов, содержащихся внутри. Вера достала из чемодана линяло-синий балахон и головную повязку и начала по утрам под музыку Дебюсси и Скрябина производить ломаные движения по гибридной системе Жак-Далькроза и Айседоры Дункан — как преподавали эту революционную дисциплину в десятых годах. Она принимала странные позы, замирала в них и радовалась, что тело подчинялось модернистической музыке начала века.

Шурик иногда заглядывал в распахнутые двойные створки и любовался: ее тонкие руки и ноги белыми ветвями выкидывались из балахона, и волосы, не убранные в пучок, — во время болезни она их сильно укоротила, только чтоб увязывались сзади — летели вслед за каждым ее движением, то плавным, то резким.

Никогда в жизни Вера не бывала толстой, но в последние годы, поедаемая злыми гормонами, весила сорок четыре детских килограмма, так что кожа стала ей великовата и кое-где повисала складками. Теперь же она, несмотря на гимнастику, стала прибавлять в весе, по килограмму в неделю. Достигнув пятидесяти, она забеспокоилась.

Шурик вникал во все ее заботы. Он готовил завтрак и обед, сопровождал ее на прогулках, ходил для нее в библиотеку за книгами, иногда в Библиотеку иностранной литературы, где за ними еще сохранялся бабушкин абонемент. Они много времени проводили вдвоем. Вера снова стала играть. Она музицировала в большой бабушкиной комнате, а он лежал на диване с французской книжкой в руках, по старой привычке читая что-нибудь, особенно бабушкой любимое: Мериме, Флобер... Иногда вставал, приносил из кухни что-нибудь вкусное — раннюю клубнику с Тишинского рынка, какао, которое Вера снова, как в детстве, стала любить...

Вера не вникала в заботы сына и не обратила внимания, что рядом с Мериме на диване лежит учебник французской грамматики... что однокурсники его ходят на производственную практику, а он сидит дома, разделяя с ней блаженство выздоровления.

Шурик же получил освобождение от производственной практики по уходу за матерью, его направили в одну из институтских лабораторий, где он совершенно не был нужен, но приходил туда раз в два-три дня, спрашивал, не найдется ли для него работа, и уходил восвояси. Аля тоже проходила производственную практику не на химзаводе, а в деканате. Там, в деканате, в подходящую минуту она вытянула из шкафа Шуриковы документы, и он, ни слова матери не говоря, подал заявление о приеме на вечернее отделение бабушкиного плохонького института. На иностранные языки. Химию он больше не мог ни видеть, ни обонять, хвост по математике сдавать и не думал...

20

Тем временем самые дурные предположения лысоватого кубинца подтвердились: Энрике действительно был арестован, и надеяться на его скорое возвращение не приходилось.

В середине лета прилетела из Сибири мать Стовбы. Она привезла Лене кучу денег и объяснила, что доброе имя отца превыше всего и ехать ей домой в таком виде никак нельзя. У отца слишком много недоброжелателей, а по городу и так ходят гадкие слухи... Словом, рожать ей придется здесь, в Москве, и с внебрачным ребенком домой ей путь закрыт. Пусть снимает здесь квартиру или комнату, деньгами ей помогать будут. Но лучше всего было бы, чтобы она сдала незаконного в Дом ребенка.

Стовба к этому времени давно уж не парила в облаках, но такого удара она не ожидала. Однако выдержала: деньги взяла, поблагодарила, ни в какие объяснения входить с матерью не стала.

Возник у нее смелый вариант, которым она поделилась с Алей: в школьные годы произошла с ней ужасная история, о которой много говорили в городе. Она училась тогда в седьмом классе, и многие мальчики заглядывались на нее, а один десятиклассник, Генка Рыжов, влюбился в нее до смерти. Почти до смерти. Ходил, ходил за ней следом, а у нее тогда был другой кавалер, более симпатичный, и она Генке этому отказала. В чем отказала? В провожаниях из школы домой. И бедный влюбленный повесился, но неудачно. Он был вообще из неудачливых. Вынули его из петли, откачали, перевели в другую школу, но любовь не выветрилась. Генка писал ей письма, а окончив школу, уехал в Ленинград, где поступил в Военно-морскую академию. Писал он ей уже четвертый год, слал фотографии, на которых морячок то в бескозырке, то с зачесанными назад плоскими волосами, с выражением лица гордым и глупым... В письмах своих выражал уверенность, что она еще выйдет за него когда-нибудь замуж, а уж он постарается сделать ее счастливой. Намекал, что карьера уже на мази, и если она чуток подождет, то не пожалеет. «Я из-за тебя хотел умереть, а теперь только для тебя и живу...»

И Стовба все примерила, прикинула и решила — пусть так и будет. Написала письмо, в котором рассказала о своем несостоявшемся замужестве, о ребенке, который в начале октября должен был родиться.

Генка приехал в ближайший выходной. Рано утром. Аля еще не ушла в приемную комиссию, так что успела рассмотреть его, пока пили чай.

Он был в красивой курсантской форме, собой совсем неплох, высок ростом, но узкоплеч и костляв. Глаза зеленые, скажем так, морской волны. Теребил руками носовой платок и молчал, только покашливал время от времени. Аля, наскоро попив чаю, оставила их вдвоем, хотя в приемной начинали в десять, и еще два часа было до начала работы.

Когда Аля ушла, Генка еще долго молчал, и Стовба молчала. В письме было все написано, а чего не было написано, можно было теперь разглядеть: она сильно располнела, отекла, молочно-белое лицо попорчено ржавыми пятнами на лбу, вокруг глаз и на верхней губе. Только пепельные волосы, тяжело висящие вдоль щек, были прежние. Он был в смятении.

— Вот такие дела, Геночка, — с улыбкой сказала она. И тут он узнал ее наконец, и смятение его прошло, сменилось уверенностью, что он победил, и победа эта хоть и подпачканная, но желанная, нежданная, как с неба свалившаяся.

— Да ладно, Лен, всякое в жизни бывает. Ты не пожалеешь, что мне доверилась. Я и тебя, и ребенка твоего любить всегда буду. Ты только дай мне слово, что того мужика, который тебя бросил, никогда больше знать не будешь. В моем положении глупо говорить, но я ревнивый до ужаса. Я про себя знаю, — признался он.

Тут задумалась Лена. Она не писала в своем письме о подробностях и теперь понимала, что лучше было бы соврать что-нибудь обыкновенное: обещал жениться, обманул... Но не смогла.

— Ген, история-то не так проста. Жених мой кубинец, у меня с ним любовь была большая, не просто так. Его отозвали и на родине в тюрьму посадили, из-за брата. Там брат его что-то такое натворил. Все говорят, его теперь никогда сюда не впустят.

— А если впустят?

— Не знаю, — честно призналась Лена.

И тогда морячок притянул ее к себе — живот мешал, и мешало пятнистое лицо, но она все равно была той Леной Стовбой, солнцем, звездой, единственной, и он стал ее целовать, клевать сухими губами куда придется, и халатик ее, летний, светлый, так легко распался надвое, и там под ним была настоящая грудь, и женский наполненный живот, и он ринулся вперед, расстегивая боковые застежки нелепых черных клешей без ширинки, и достиг своей мечты. А мечта, развернув его в приемлемое для беременной положение, покорно лежала на боку и говорила себе: ничего, ничего, другого выхода у нас нет...

Потом они пошли на Красную площадь, потом поехали на автобусе на Ленинские горы — смотреть на университет: он был в Москве первый раз в жизни и хотел еще на ВДНХ, но Лена устала, и они вернулись в общежитие.

Уезжал он в Ленинград в полночь, «Красной стрелой». Лена пошла его провожать на вокзал. Приехали заранее. Он все гнал ее домой, беспокоился — время позднее. Но она не уходила.

— Береги себя и ребеночка, — сказал он ей на прощание.

И тут она вспомнила, что забыла ему сказать об одной детали:

— Ген, а он будет смугленький. А может, и черненький.

— В каком смысле? — не понял новоиспеченный жених.

— Ну, отчасти негр, — пояснила Стовба. Она-то знала, каким красивым будет ее ребеночек...

И тут раздался последний звонок, и поезд тронулся, и повез прочь потрясенное лицо Гены Рыжова, выглядывающее из-за спины проводника в форменной фуражке.

Гена оказался по-своему порядочным человеком — долго мучился, все не мог написать письма, но в конце концов написал: я человек слабый, к тому же военный, а в армии народ строгий — мне насмешек и унижения из-за черного ребенка не снести... Прости...

Но Стовба поняла это еще на вокзале. Рассказала все по порядку Але. И про то, что было самое противное: не отказала, дала... И обе они ревели от унижения. Но самое нестерпимое было в том, что никто ни в чем и виноват-то не был... Так получилось.

21

Это был запасной вариант Елизаветы Ивановны. Собственно, поначалу он был основным, но она была уверена, что в случае неудачи с университетом она найдет возможность устроить Шурика в свой институт. Двойки он получить не мог ни по одному из предметов, а недобранный балл на филфаке — почетная грамота в ее захудалом институте... Теперь, после года в Менделеевке, Шурик и сам понимал, что полез не в свое дело.

Он подал документы на вечернее отделение. Простоял в очереди среди девочек, уже провалившихся на филфак, мальчиков в толстых очках — у одного вместо очков была палочка: заметно хромал. Прошлогодних университетских абитуриентов и сравнить нельзя было с этими, третьесортными.

Зачумленная жарой и очередью девица, принимавшая документы, внимания не обратила на Шурикову известную здесь фамилию, и он вздохнул с облегчением: он любил независимость, заранее корчился, представляя себе, как сбегутся бывшие бабушкины сослуживицы — Анна Мефодиевна, Мария Николаевна и Галина Константиновна — и станут его целовать и поглаживать по голове...

Экзамен по французскому языку принимала пожилая дама с большим косым пучком из крашенных в желтое волос. К ней все боялись идти: она была председателем приемной комиссии и лютовала больше всех. Шурик понятия не имел, что дама эта была той самой Ириной Петровной Кругликовой, которая лет десять домогалась профессорского места, занимаемого Елизаветой Ивановной. Она беглым взглядом посмотрела в его экзаменационный лист, спросила по-французски:

— Кем вам приходится Елизавета Ивановна Корн?

— Бабушка. Она в прошлом году умерла.

Дама была прекрасно об этом осведомлена...

— Да, да... Нам ее очень не хватает... Превосходная была женщина...

Потом она спросила его, почему он поступает на вечерний. Он объяснил: мама после тяжелой операции, он хочет работать, чтобы она могла выйти на пенсию. Из вежливости Шурик отвечал по-французски.

— Понятно, — буркнула дама и задала довольно сложный вопрос по грамматике.

— Бабушка считала, что эта форма вышла из употребления со времен Мопассана, — с радостной, не подходящей к случаю улыбкой сообщил Шурик, после чего толково ответил на вопрос.

Разнообразные мысли копошились в голове Ирины Петровны. Она просунула в волосяное гнездо карандаш, почесала голову. Елизавета Ивановна была враг. Но враг давний и теперь уже мертвый. Она много способствовала выходу на пенсию Елизаветы Ивановны, но после того, как заняла ее место, неожиданно обнаружила, что любили Елизавету Ивановну многие сотрудники кафедры не потому, что она была начальством, а по другой причине, и это было ей неприятно...

Мальчик знал французский превосходно, но засыпать можно было любого. Она все никак не могла прийти к правильному решению.

— Что ж, языку вас бабушка научила... Когда все сдадите, зайдите ко мне на кафедру, я буду до пятнадцатого. Подумаем насчет вашей работы.

Она взяла экзаменационный лист, вписала «отлично» ручкой с золотым пером. И поняла, что поступила не только правильно, но гениально. Она подула, как школьница, на бумагу и сказала, глядя Шурику прямо в лицо:

— Ваша бабушка была исключительно порядочным человеком. И прекрасным специалистом...

Через две недели Ирина Петровна Кругликова устроила Шурика на работу — в Библиотеку Ленина. Попасть туда было посложнее, чем на филфак поступить. Кроме того, Ирина Петровна вызвала его перед началом занятий и сказала, что перевела его в английскую группу:

— Что касается французского, базовый вам не нужен. Можете посещать наши спецкурсы, если захотите.

Его зачислили в английскую группу, хотя там было битком набито.

Уже после того, как все устроилось, он сообщил матери, что поменял институт и устроился на работу. Вера ахнула, но и обрадовалась.

— Ну, Шурка, не ожидала от тебя такого! Какой ты скрытный, оказывается...

Она запустила пальцы в его кудрявую голову, взъерошила волосы, а потом вдруг озаботилась:

— Слушай, да у тебя волосы поредели! Вот здесь, на макушечке. Надо за ними последить...

И она тут же полезла на специальную бабушкину полочку, где хранилась всякая народная медицинская мудрость и вырезки из журнала «Работница»... Там было про мытье головы черным хлебом, сырым желтком и корневищем лопуха.

В тот же день Шурик сделал совершенно неожиданный мужской и сильный жест:

— Я решил, что тебе пора уходить на пенсию. Хватит тебе тянуть эту лямку. У нас есть бабушкин запас, а я, честное слово, смогу тебя содержать.

Вера проглотила комок, которого в горле давно уже не было.

— Ты думаешь? — только и смогла она ответить.

— Совершенно уверен, — сказал Шурик таким голосом, что Верочка шмыгнула носом.

Это и было ее позднее счастье: рядом с ней был мужчина, который за нее отвечал.

Шурик тоже чувствовал себя счастливым: мама, которую он почти уже потерял за двое суток сидения на больничной лестнице, оправлялась после болезни, а химии предстояло процветать впредь уже без него...

Вечером того памятного дня позвонила Аля, пригласила его в общежитие:

— У Лены день рождения. У нее все так паршиво, все разъехались. Приезжай, я пирог испекла. Ленку жалко...

Был восьмой час. Шурик сказал маме, что едет в общежитие на день рождения к Стовбе. Ему не очень хотелось туда тащиться, но Ленку и впрямь было жалко.

22

Лене Стовбе исполнялось девятнадцать, и это был ужасный — после стольких счастливых — день рождения. Она была любимой и красивой сестрой двух старших братьев. Отец, как все большие начальники, не знал языка равенства: одними он командовал, понукая и унижая, перед другими сам готов был унизиться — добровольно и почти восторженно. Лена, хоть и собственный ребенок, относилась к существам высшим. Он поместил ее на такую высокую ступень, что даже мысль о возможном замужестве дочери была ему неприятна.

Не то что готовил он свою дочь к монашеству, нет! Но в неисследованной глубине его партийной души жило народное представление, а может, отголосок учения апостола Павла, что высшие люди детей не рождают, а занимаются делами более возвышенными, в данном конкретном случае — наукой химией...

Когда жена его робко, с большими предуготовлениями, сообщила ему о том, что дочь собирается замуж, он огорчился. Когда же к этому добавилось, что избранник дочери — человек другой, черной расы, его ударило вдвойне: в душе белого мужчины, даже никоим образом с черной расой не соприкасавшегося, есть тайный страх, что в черном мужчине живет особо свирепая мужская сила, намного превосходящая силу белого. Ревность была особого рода: неосознанная, невыговариваемая, немая. То, что Леночку его боготворимую, белую, чистую, будет... вот именно, что слова не мог подобрать обкомовский секретарь, отлично знающий по своей начальствующей повадке все слова от А до Я, которыми можно было прибить козявку... да что там, невозможно было и слово найти, соединяющее его дочь и черного мужика в интимном пространстве брака, когда от одного того, что будет он ее просто руками трогать, в виски начинало бить тяжким звоном.

Осторожно сообщившая о намечающемся браке жена вынуждена была сказать через некоторое время и об отмене этого брака. Но одновременно с этим и о ребенке, который вскорости должен был родиться. И было сообщено. Эффект превзошел все ожидаемое. Сначала *сам* ревел медведем, могучим кулаком разбил обеденный стол. И руке не поздоровилось — две трещины в кости — потом одели в гипсовую перчатку. Но еще прежде гипса велел домашним, чтоб имени Ленки больше не поминали, видеть он ее не хочет и знать ничего не желает... Жена обкомовская знала, что со временем растопчется, простит он Ленку, но того не знала, простит ли Ленка ему такое отречение от нее в трудную минуту.

Словом, день рождения у Лены Стовбы был самый что ни на есть грустный. На шатком стуле сидела растолстевшая, с отекшими ногами именинница, яблочный пирог, испеченный Алей, выглядел по-бедняцки, нарезанные сыр-колбаса и яйца, фаршированные самими собой, но с майонезом.

Гостей было двое — Шурик и Женя Розенцвейг, приехавший с дачи, чтобы поздравить одинокую Стовбу. Он приехал с корзинкой, которую собрала ему информированная о Стовбином положении сердобольная еврейская мама. Содержимое корзинки почти в точности соответствовало перечню продуктов, доставляемых Красной Шапочкой своей больной бабушке: двухлитровая бутыль деревенского молока, домашний пирог с ягодами и самодельное масло, покупаемое на привокзальном рынке у местных рукодельниц. Дно корзины было уложено бело-зелеными яблоками сорта «белый налив» с единственного плодоносящего дерева садового участка Розенцвейгов. Еще Женя написал шутливо-возвышенное стихотворение, в котором «девятнадцать» авангардно рифмовалось с «наций», а само предстоящее событие, связанное с прискорбным легкомыслием, а также с пылкостью и поспешностью героя и слабой информированностью героини, интерпретировалось поэтом почти как революционное преобразование мира.

И все-таки Лена развеселилась — она была благодарна и Але, вспомнившей о ее дне рождения в тот самый момент, когда она проклинала само событие своего рождения, и Шурику, прибежавшему ее поздравить с бутылкой шампанского и второй — красного «Саперави», и с шоколадным набором, выдержанным в мамином шкафике и приобретшим легкий запах вечных бабушкиных духов...

И они принялись есть и пить: оба пирога, и сыр-колбасу, и яйца. Оказалось, что все почему-то голодны, как собаки, и все быстро съели, и тогда сообразительная Аля пошла на коммунальную кухню и сварила еще и макарон, которые доедали уже после пирогов... И всем было хорошо, даже Лена впервые за несколько месяцев подумала, что, если б не ее беда, никогда бы и не образовались у нее эти настоящие друзья, которые поддержали в трудную минуту жизни. Справедливости ради надо сказать, что кубинские друзья Энрике, лысый биолог и второй, Хосе Мария, тоже ее не оставляли, а на день рождения не пришли, потому что не знали...

Так или иначе, последнее вино было выпито за друзей, и когда доедены были все макароны, разговор с возвышенного перешел на житейские рельсы, и стрелку эту перевел самый из всех непрактичный Женя.

— Ну, хорошо, а квартиру-то ты сняла?

Это был больной вопрос: место в общежитии Стовба должна была освободить к первому сентября, академический отпуск она уже взяла, но квартиру снять не смогла. Поначалу Аля, как группа поддержки, поехала с ней в Банный переулок, на черный рынок жилья, но оказалось, что ее азиатское присутствие делу только помеха — одна из сдатчиц так и сказала: нерусских не берем.

Почти каждый день Лена ходила в Банный, но беременной одиночке сдавать никто не хотел. Согласилась только одна квартировладелица — старая пропойца из Лианозова. Более приличные хозяйки отказывали: не хотели брать с ребенком. Одна было согласилась, но попросила паспорт, долго его изучала — искала штамп о браке и, не найдя, отказала...

Вопрос Жени о квартире вернул Лену к ее горестным обстоятельствам, и она расплакалась — впервые за последние два месяца:

— Да если б штамп проклятый стоял, я бы, может, и домой поехала. Родила бы здесь и приехала — привык бы отец. А так — для него позор... по его положению...

Шурик сочувствовал. Шурик таращил свои и без того круглые глаза. Шурик искал выход. И нашел:

— Лен, так пошли да распишемся. Всех дел!

Стовба еще не успела осознать полученного великодушного предложения, а Алю как каленым железом прожгло: она Шурика для себя готовила, пасла для своего личного употребления, как молодого барашка, это на ней он должен был жениться, с ней расписаться...

Но Стовба вместила в себя предложение — все могло сложиться правильно. «Так, так, так...» — щелкало в белокурой голове.

— Шурик, а мама твоя как отнесется?

— Нет, Лен, ей и знать не надо. Зачем? Мы распишемся, снимем тебе комнату, родишь, а там, может, домой тебя отправим. А когда все образуется, разведемся. Подумаешь...

«Вот какие дела, — думала Стовба, — Гена Рыжов, до смерти влюбленный, сбежал от страху, а этот московский мальчик, вшивый интеллигент, маменькин сынок, готов помочь ни с того ни с сего...»

Лена с интересом взглянула на Альку — та окислилась, глазки еще больше, чем обычно, закосели. Лена усмехнулась про себя: из всех здесь присутствующих она одна поняла, что у Альки в душе творится, и легчайшее злорадство всплеснулось — не собиралась Стовба соревноваться с этой трудолюбивой и незначительной казашкой, а просто так вышло само собой. Раз — и победила...

Слезы у Лены разом высохли, пропавшая ее жизнь пошла на поправку.

— И в Банный со мной сходишь, Шурик?

— А почему нет? Конечно, пойду.

Женя восторженно заорал:

— Ура! Шурик, ты настоящий друг!

А Шурик действительно чувствовал себя настоящим другом и хорошим мальчиком. Ему всегда нравилось быть хорошим мальчиком. Назавтра уговорились подать заявление в загс — в качестве свидетелей должны были выступать Женя с Алей. Аля проклинала себя за пирог, за день рождения, праздновать который ей самой и пришло в голову, но придумать для спасения своего будущего ничего пока не могла.

И действительно, назавтра пошли в загс, теперь уж, конечно, не во Дворец бракосочетания, а в простой, районный. Подали заявление. Регистрацию, принимая во внимание выразительный живот, назначили через неделю. Шурик сразу же и забыл, но ровно через неделю утром позвонила Стовба и сказала, что через час ждет его возле загса. И Шурик побежал, и успел вовремя: расписался с Еленой Геннадиевной Стовбой, временно спас репутацию, и теперь она могла ехать домой в достойном положении замужней женщины.

23

Матильда с кошками еще в самом начале мая уехала в деревню. Собиралась пожить там недели две, продать унаследованный дом и вернуться никак не позже начала июня. Однако все повернулось неожиданным для нее образом: дом оказался живым и теплым, и ей было в нем так хорошо, что она решила его не продавать, а устроить загородное жилье. Не хватало там только мастерской, и Матильда принялась за ее устройство. Никакого строительства как такового и не нужно было — огромный двор, крытое помещение для скотины, в котором давно уже скотины не держали, надо было укрепить и окна прорезать, и было бы идеальное помещение для скульптурной работы. Одна была беда — мужики местные пили, не просыхая, и работников найти на простую плотницкую работу оказалось нелегко. На ум Матильде приходил Шурик — он бы ей здесь ой как пригодился. Не по плотницкой части, а скорее по житейской. Несколько раз она даже ходила на почту за восемь километров звонить в Москву, но дома у него никто не отвечал. В середине лета случилась оказия — сосед деревенский ехал в Москву на два дня на машине и предложил взять Матильду с ее котами. Она собралась и приехала.

В городе скопилась масса дел, но за два месяца отсутствия московские дела как бы поблекли и выцвели, а теперешние, деревенские — купить гвозди, соседкам лекарства, семена цветочные, сахару хоть килограммов десять, и так далее, и так далее — занимали более важное место в голове. Однако уже в дороге — езды было пять-шесть часов, как повезет — начало происходить какое-то замещение: вспомнила, что за мастерскую не заплачено, что у подруги Нины дочка, наверное, уже родила, а она даже и не позвонила... И про Шурика вспомнила — как всегда, с улыбкой, но отчасти и с волнением. Приехавши, подняла телефонную трубку и набрала Шуриков номер — подошла его мать, алекнула слабым голосом, но Матильда с ней разговаривать не стала... Второй раз Матильда позвонила уже в одиннадцатом часу, снял трубку Шурик, она сказала, что приехала, он долго молчал, потом сказал:

— А-а... это хорошо.

Матильда сразу же на себя разозлилась, что позвонила, и ловко закруглила разговор. Повесив трубку, села в кресло. Константин, кот-родоначальник, лег у нее в ногах, а Дуся с Морковкой толкались у нее на коленях, устраиваясь поудобнее. Матильда не любила столь привычного у женщин самокопания: легкую досаду, возникшую от неловкого звонка мальчишке, с которым образовалась случайная связь и который вот теперь дал ей понять, что не очень она ему и нужна, она отгоняла с помощью целой череды забот, которые ложились на завтра: гвозди, лекарства, сахар, семена. Хотя какие уж теперь семена, лето того гляди кончится...

В телевизоре мелькали цветные картинки, звук она не включала, и потому он совсем не мешал ей обдумывать главную свою мысль: надоела ей Москва, и эта деревня под Вышним Волочком, родина покойной матери, знакомые ей с детства леса, поля, пригорки пришлись ей как обувка по размеру — точно, ладно, удобно. Она наблюдала не совсем еще истребленную деревенскую жизнь и ощутила впервые, может быть, за многие годы, что и сама она деревенский человек, и старухи-соседки, бывшие доярки и огородницы, гораздо милей и понятнее, чем московские соседки, озабоченные покупкой ковра или отбиванием в свою пользу освобождившейся в коммуналке комнаты. И покойная тетка предстала ей теперь в другом свете: оказалось, сосед давно приставал к ней, чтоб продала ему или завещала свой дом, одну из лучших в деревне изб, поставленную в конце девятнадцатого века бригадой архангельских мужиков, промышлявших строительством. Но тетка, нелюбимая Матильдина тетка, наотрез отказывалась: пусть Матрене дом пойдет, если я чужим дом отпишу, наш род здесь вовсе переведется. А Матрена городская богатая, не дура, она дом сохранит... Там, в деревне, называли ее настоящим именем, которого она с детства стеснялась и, перебравшись в город, стала Матильдой...

И Мотя-Матильда улыбалась, вспоминая тетку, которая тоже оказалась не дура, рассчитала все правильно. Более чем правильно — если Матильда сразу так к этому дому присохла, что уже готова и жизнь свою ради него поменять...

В половине двенадцатого, когда Матильда уже вымела из себя неприятный осадок от разговора с Шуриком и лежала в постели, окруженная своими кошками, раздался звонок в дверь.

Матильда совсем не ждала своего малолетнего любовника, но он примчался к ней, как и прежде, бегом, и дыхание его было сбито, потому что и на шестой этаж поднимался он бегом, и он кинулся к Матильде, успев сказать только:

— Ты позвонила, а я и говорить не мог, мама сидела рядом с телефоном.

И тут Матильда поняла, как она стосковалась, — тело не обманешь, и, кажется, во всю жизнь чуть ли не в первый раз так обернулось, что ничего одному от другого не нужно, кроме одного плотского прикосновения. «Это самые чистые отношения: никакой корысти ни у меня к нему, ни у него ко мне, одна только радость тела», — подумала Матильда, и радость обрушилась полно и сильно.

А Шурик вовсе ни о чем не думал: он дышал, бежал, добежал, и снова бежал, и летел, и парил, и опускался, и снова поднимался... И все это счастье совершенно невозможно без этого природой созданного чуда — женщины с ее глазами, губами, грудями и тесной пропастью, в которую проваливаешься, чтобы лететь...

24

К осени жизнь совершенно поменялась: Шурик ходил на первую настоящую работу и в правильный вечерний институт. Вера, напротив, оставила службу и тоже зажила по-новому. Чувствовала она себя после операции гораздо лучше, и хотя всегдашняя слабость ее не покидала, внутренне она оживилась и переживала нечто вроде обновления: она как будто возвращалась к себе, молодой. Теперь у нее было много досуга, она с наслаждением перечитывала старые, давно читанные книги, пристрастилась к мемуарам. Иногда выходила погулять, добредала до ближайшего сквера, а то и просто сидела во дворе на лавочке, стараясь держаться подальше от молодых мамаш с их шумным приплодом и поближе к молодым тополям и серебристым оливам, которые в виде удачного эксперимента были высажены вокруг дома. Еще она занималась гимнастикой и разговаривала по телефону с одной из двух пожизненных подруг, бездетной вдовой известного художника Нилой, всегда готовой к длительным телефонным обсуждениям писем Антона Павловича или дневников Софьи Андреевны. Удивительное дело — про ту жизнь все было понятнее и интереснее, чем про теперешнюю. Со второй подругой, Кирой, длинных разговоров не получалось, потому что у той вечно что-то убегало на плите.

Шурик к выходу матери на пенсию притащил в дом большой телевизор. Вера слегка удивилась, но вскоре оценила новое приобретение: часто показывали спектакли, в большинстве своем старые, и она быстро, сделав скидку на неуклюжесть этого искусства, привыкла смотреть «в ящик».

У Шурика свободного времени почти не было, общались они с матерью гораздо меньше, чем ей хотелось бы: она вставала поздно, обычно он уже уходил на работу, оставляя на кухне завернутую в махровое полотенце овсянку, которую ввел в семейный рацион дедушка Корн, страдавший в его молодые годы англоманией.

Зато в воскресные утра они завтракали вместе, потом Шурик давал в середине дня два остаточных, как называла их Вера, французских урока, и вечер они проводили вдвоем. Вера опасалась пока самостоятельных выходов из дома, и именно в эти воскресные вечера они вместе посещали концерты, спектакли, наносили визиты подругам Кире и Ниле. Получал ли Шурик удовольствие от этой светской жизни? Может быть, молодой человек выбрал бы себе какое-нибудь иное воскресное развлечение? Эти вопросы не возникали у Веры. Не возникали они и у Шурика. В его отношении к матери кроме любви, беспокойства о ней и привязанности была еще и библейская покорность родителям, легкая и ненатужная.

Вера не требовала никакой жертвы — она подразумевалась сама собой, и Шурик с готовностью помогал матери надеть ботинки и пальто, снять ботинки и пальто, поддержать при входе в вагон, усадить на самое удобное место. Все так естественно, просто, мило...

Вера делилась с ним своими мыслями и наблюдениями, пересказывала прочитанные книги, информировала о состоянии душ и телес своих подруг. Даже политические темы возникали иногда в их разговорах, хотя вообще-то Вера была боязлива гораздо более, чем ее покойная мать, и обычно не позволяла себе влезать в острые разговоры, предпочитая громогласно заявлять, что политикой она не интересуется и интересы ее лежат исключительно в сфере культуры. Она одобряла Шурикову работу в библиотеке как культурную, хотя и догадывалась, что работа эта не вполне мужская.

Но Шурику нравилось. И нравилось ему все: станция метро «Библиотека имени Ленина», и старый корпус Румянцевской библиотеки, и разнообразные запахи книг — старинных, старых и теперешних, которые отличались для чуткого носа тысячью оттенков кожи, коленкора, клея, ткани, вложенной в корешки, типографской краски, — и милые женщины, особой библиотечной породы, тихие, учтивые, все одного неопределенно-приятного среднего возраста, даже и молодые. Когда в обеденный перерыв они садились за казенный стол попить чаю, все угощали его бутербродами с сыром и колбасой, тоже одинаковыми.

Выделялась из всех только начальница — Валерия Адамовна Конецкая. Впрочем, среди начальников — заведующих отделами — она тоже выделялась. Все другие отделы возглавляли более почтенные люди, и даже редкого в библиотеке мужеского пола. Она была самой молодой, самой энергичной, лучше всех одевалась, даже носила бриллиантовые серьги, сверкающие острыми голубыми огнями из ушей, когда они изредка показывались из-под густейших, рассчитанных не менее чем на трех женщин, волос, прихваченных то бархатным обручем, то плоским черным бантом сзади на шее. О ее присутствии заранее сообщал густой запах духов и постукивание костыля. Красавица припадала на ногу, и припадание это было сильным, глубоким — на каждом шаге она как будто слегка ныряла, а потом выныривала, вздымая одновременно синие ресницы... Ее должны бы не любить за нарушение общей однородности, которое она собой являла. Но ее любили: за красоту, за несчастье, которое она бодро преодолевала, даже за инвалидную машину «запорожец», которую сама водила, изумляя других водителей и пешеходов полной непредсказуемостью своего шоферского поведения, за веселый характер и прощали — о, было что ей прощать! — любовь посплетничать о чужих делах, неуемное кокетство и постоянные шашни с посетителями библиотеки.

Шурик оценил ее человеколюбие, когда в разгар эпидемии гриппа — половина сотрудников болела, а вторая работала с удвоенной нагрузкой — он пришел к ней просить три дня за свой счет.

— Да вы с ума сошли! Я вас на сессию должна отпускать в самое горячее время, и вам еще за свой счет! И речи быть не может! И так работать некому!

— Валерия Адамовна! — взмолился Шурик. — Такие обстоятельства... ну хоть заявление об уходе подавать!

— Без году неделя работаете, и в отпуск! Да уходите! Здесь очередь стоит! В Ленинской библиотеке работать! Люди от нас не уходят! От нас — только на пенсию! — искренне шумела начальница.

— Мне на три дня надо уехать в Сибирь. Иначе я ужасно подведу одну женщину...

У Валерии под синими ресницами зажегся интерес:

— Вот как?

— Понимаете, ей рожать пора, а я вроде как ее муж...

— Ничего себе! У вас ребенок должен родиться, а вы вроде как муж? — преувеличенно изумилась Валерия.

И Шурик, на краешке стула сидя, рассказал кратко, но ясно всю историю бедной Стовбы, историю, не имевшую пока финала, потому что, после того как они расписались, она уехала к родителям в Сибирь, и теперь вот ей пора рожать, и она звонила и просила его срочно приехать: потому что если родится ребенок так-сяк, просто смугленький, то еще ничего. А вот если негр настоящий, то непременно будет семейный скандал, потому что отец — каменная скала с партийной должностью, и из дома ее непременно вышвырнут. Так что надо ему ехать, чтобы играть роль счастливого отца кубинского ребенка...

— Пишите заявление, — сказала Валерия Адамовна и поставила свою красивую лохматую подпись прямо под Шуриковыми робкими строчками.

25

И Шурик засобирался. Стовба просила купить, если удастся, два шерстяных детских костюмчика. Он честно поехал в тот самый «Детский мир», в котором к его рождению такие же костюмчики покупала его бабушка Елизавета Ивановна. Также честно отстоял в длинной очереди и купил два — желтый и розовый. Пожилая практичная женщина, стоявшая перед ним в очереди, объяснила, что один надо брать на год, а второй — на два года. Зачем два костюма на один размер? Аргумент был доходчивый.

Каких-то особых заграничных бутылочек с сосками он не достал — их в тот день в «Детском мире» не выбрасывали. Но этот редкий предмет чехословацкого производства раздобыла Аля Тогусова. Она, не вполне оправившаяся от матримониальной травмы, которую нанес ей, сам того не ведая, Шурик, все еще продолжала делать вид, что находится с Шуриком в любовной связи. Но после банки масляной краски, послужившей предлогом к близости, и нескольких ее как будто случайных набегов на Новолесную, Шурик ее особенно не домогался. Если честно, совсем не домогался. И даже не звонил ни разу.

Это было обидно, но представлялось Але всего лишь новым препятствием в жизни: все прочие она постепенно преодолевала. Она интуитивно знала, что с обстоятельствами надо работать, обращая их в свою пользу.

В институте у нее был полный порядок: она получала повышенную стипендию по результатам последней сессии. Собственно, последней она была для Шурика, для Али — просто весенняя сессия за первый курс. У нее было две полставки: одна на кафедре, лаборантская, вторая в деканате вечернего отделения, секретарская. На машинке она печатать научилась еще в те времена, когда работала на Акмолинском химзаводе. Но та часть жизни была отрезана, она про нее и не вспоминала, даже матери написала только два письма. Первое — когда поступила, сгоряча, где и про Красную площадь, и про общежитие, второе — весной, сообщила, что приехать на каникулы не сможет, потому что сначала практика, а потом надо будет работать, деньги зарабатывать, а то на билет нет. Мать письма не поняла, решила, что дочка собирается приехать, как только на билет заработает.

Аля и вправду зарабатывала: и деньги, и биографию. К ней все хорошо относились — и соученики, и сослуживцы. Знали, что она надежная, во всем старается, не боится переработать. Только вот друзей не заводилось. В гости не звали. Впрочем, ходить было и некогда. Но обидно — не звали.

Как-то не получалось завязывание отношений с правильными и нужными людьми. Химии-то она училась, но хотела бы научиться и всему прочему. Вот так получилось, что единственный московский дом, где ее принимали, был Шуриков. А единственная женщина, которую она называла про себя с почтением «дама», была Вера Александровна. Аля к ней приглядывалась, и все нравилось в ней: осанка, простая, но чем-то особенная речь, и манера накидывать кофту на плечи, откинув рукава, и ногти в розовом лаке, и то, как она ела и пила — невнимательно, казалось бы, но так медленно и красиво... Она была хорошим образцом — но как быть с рукавами? Не могла Аля жить вот так, спустя рукава, они мешали бы ей и в лаборатории, и в приемной деканата... Но кое-что подбирала для себя, например чай с молоком. По-английски. Из серебряного молочника, а не из треугольного пакета пускала Вера Александровна тонкую струю в чайную чашку, и там расходились дымчатые разводы, а она размешивала их ложечкой по часовой стрелке...

Приметив внимательный Алин взгляд, Вера Александровна сказала:

— Когда Шурик был маленький, он считал, что чай делается сладким от мешания, а не от сахара. Думал, чем больше мешаешь, тем слаще. Забавно, не правда ли?

И вот это «не правда ли?» было особенно привлекательным.

В тот предотъездный вечер Аля не предупредила Шурика, что зайдет после работы, и ждала его, распивая с Верой Александровной чай по-английски. Привет от дедушки Корна. Ждать пришлось довольно долго.

— Я принесла бутылочку с соской для Стовбы, — с улыбкой заговорщика сказала Аля. — Сможешь взять, не правда ли?

— Отчего не взять, — буркнул Шурик, не оценив неуместного изящества речи.

Вера Александровна поставила греть на решетку голубцы из кулинарии.

— Аля, вы не откажетесь?

Аля отказалась. Есть она хотела, но боялась, что не сможет отрезать правильными кусочками, двигать их ножом на вилку, не накалывая, а как-то плашмя. В институтской столовой она прекрасно ела такие же голубцы просто ложкой, вилок в обеденное время не всегда хватало...

А Шурик ел, как мать, неторопливо и точно. Вот ведь какие дела — а в лаборатории два раствора слить не мог в пробирку, и навеску толком сделать не мог, — удивлялась Аля.

Вера Александровна ушла к себе смотреть телевизор — «Таня» Арбузова в новой постановке, и пропустить этого она не могла.

— Ну что, завтра к жене едешь? — как бы пошутила Аля.

— Тише, ты что? Мама не знает, — испугался Шурик.

— Не знает, что ты едешь? — удивилась Аля.

— Я сказал, в командировку. Ну, вроде случайно в тот город, где Стовба живет. Не знает она, что я расписался с ней. Я паспорт знаешь куда запрятал, чтоб ей случайно на глаза не попался.

— А костюмчики купил?

Шурик кивнул:

— На год и на два.

— Покажи, — попросила Аля стратегически.

Доверчивый Шурик повел ее в свою комнату, где лежал почти собранный бабушкин «чемодан № 1», то есть самый маленький из ее коллекции, с металлическими уголками. Были еще № 2 и № 4. Но Аля этого не знала.

Шурик присел над чемоданом, стоявшим на полу возле письменного стола. Аля обхватила его сзади за шею. Он посмотрел на часы — половина одиннадцатого. А ее еще нужно было провожать, как иначе. Вставать же завтра предстояло в шесть — рейс был ранний.

— Только быстро, — предупредил Шурик.

Это были не совсем те слова, которые бы хотелось Але. Но дело было, в конце концов, не в словах, а в генеральной линии. Аля же была с детства приучена к мысли, что мужикам от баб известно чего нужно. Такая была ее простенькая теория, и она ей следовала, не сочтя нужным спрашивать, желательно ли это в данный момент Шурику. Ему же и в голову не пришло девушке отказывать в такой малости. И с аппетитом, неизменно приходящим во время еды, Шурик совершил необходимое действие, доставив Але полное удовольствие: они были любовники, уже в пятый раз за истекшие с того Нового года они были любовники, значит, все шло в правильном направлении, и если Стовба не захочет его охомутать, то достанется он ей, Але, через терпение и верность. Стовба же, по причине глубокой беременности, опасений у нее пока не вызывала. К тому же всем было известно, как влюблена она была в своего черного Энрике, а какому мужику это понравится...

Общая схема была, может, и правильная, но для отдаленных районов и для другого контингента. Этого Аля пока недоучитывала, но у нее впереди еще было много времени для обучения.

Летел Шурик со своими костюмчиками и сосками пять часов, до этого еще четыре просидел в аэропорту, ожидая откладывавшегося с часу на час вылета. Кроме бабушкиного чемодана при нем были еще два старых романа из бабушкиной библиотеки. Один, тягомотный французский, он дисциплинированно дочитал еще до посадки, второй, потрепанный бумажный томик, начал читать в самолете. Было интересно. На половине книги он вдруг запнулся и заметил, что читает не по-французски, а по-английски. Тогда посмотрел на обложку — это был роман Агаты Кристи. Первая книга, невзначай прочитанная по-английски.

В аэропорту его встречала фиктивная теща, которую он видел первый раз в жизни, — снежная баба с фетровым ведром на голове, с поджатыми губами. Шурик был выше ее ростом, но рядом с ней почувствовал себя маленьким мальчиком возле взрослой сердитой воспитательницы. И ему даже пришла в голову неожиданная мысль: а зачем он вообще-то поехал, ведь мог бы и отказаться. Ведь не из-за костюмчиков...

— Фаина Ивановна, — ткнула теща толстую руку, и Шурик мгновенно уловил сходство с другой Фаиной Ивановной, бывшей маминой начальницей, и ему стало совсем уж не по себе.

— Шурик, — ответил он на рукопожатие.

— А по отчеству? — строго спросила теща.

— Александрович...

— Александр Александрович, стало быть. — Фамилия ей запомнилась, когда изучала Ленкин паспорт. Фамилия была подозрительная, но имя-отчество — ничего...

Она прошла вперед, он за ней. У выхода стояла черная служебная «Волга».

«Отцовская», — догадался Шурик. При виде хозяйки из машины вышел шофер, хотел открыть багажник, но, увидев скромный Шуриков чемодан, открыл лишь дверцу.

— Зять наш, Александр Александрович, — представила теща Шурика шоферу. Тот протянул руку:

— Добро пожаловать, Сан Саныч, — широко улыбнулся, сверкнув металлом. — А меня Володей зовут.

Шурик с тещей уселись на заднее сиденье.

Поехали.

— Как мама себя чувствует? — вдруг ласково спросила Фаина Ивановна.

— Спасибо, после операции ей гораздо лучше стало, — и спохватился, откуда она вообще про маму знает.

— Да, Лена говорила, что операция была тяжелая. Ну, слава Богу, слава Богу. А долго ли в больнице лежала?

— Три недели, — ответил Шурик.

— Геннадий Николаевич тоже три недели в том году отлежал у вас там, в Кремлевке. Ему на желчный пузырь операцию делали. Хорошие врачи, — одобрительно отозвалась Фаина Ивановна. — Если другой раз придется ложиться, лучше уж в Кремлевку. Геннадий Николаевич устроит — как членов семьи...

Тут наконец Шурик смекнул, что разговор этот ведется для шофера, и стала проясняться ему его собственная роль...

— А Ленка ждет тебя не дождется. Нам уж на днях родить...

— Ну да, — неопределенно хмыкнул Шурик, и теща решила, видно, помолчать — во избежание промашек.

— Ты уж, Володя, в гараж машину не ставь, держи при себе, вдруг чего, — приказала Фаина Ивановна шоферу, когда доехали до дома.

— Само собой. Я уж который день не ставлю, — кивнул шофер. Выскочил, открыл дверцу.

Дом был сталинский, обыкновенный. В лифте написано нерусское слово, прижившееся на Руси со времен татарского нашествия. Зато дверь на этаже была одна-единственная, в середине лестничной клетки. И открыта нараспашку. В дверях стоял могучий человек с густейшими седыми волосами, широко улыбался:

— Ну, зятек, заходи! Милости просим!

Позади него — толстенная Стовба с подобранными по-новому волосами, в оренбургском платке поверх темно-красного большого платья.

Стовба улыбалась милым благодарным лицом, и Шурик удивился, как же она изменилась.

Тесть пожал Шурику руку, потом трижды поцеловал: пахнуло водкой и одеколоном. Лена подставила светлую, на прямой пробор причесанную голову. Шурик никогда не видел в такой близи беременных женщин, и его вдруг тронуло и пузо, и странная невинность лица. Не было у нее раньше такого выражения. И он, дрогнувши непонятно каким местом, поцеловал ее сначала в волосы, а потом в губы. Она покраснела пятнистым лицом. Красавицей она перестала быть, но была просто прелесть.

— Ну, Ленка, какое же у тебя пузо! Просто непонятно, с какого бока заходить, — заулыбался Шурик.

Тесть посмотрел на него одобрительно, захохотал:

— Не смущайся! Научим! Вон, Фаина Ивановна три раза носила, и все без вреда!

Коридор сделал два поворота. Шурик догадался, что квартира соединена из нескольких. Привели в большую комнату, где был накрыт уже немного разоренный стол.

Геннадий Николаевич что-то рыкнул, и из трех дверей немедленно стали входить люди — как будто они заранее под дверью стояли. За столом с Шуриком вместе оказалось девять человек: рослый тощий старик и согбенная старушка, родители Геннадия Николаевича, родная сестра Фаины Ивановны со странным лицом — слабоумная, как выяснилось впоследствии, Стовбин брат Анатолий с женой, Стовбины родители и сама Стовба.

«Еда на столе, как театральные муляжи», — подумал Шурик. Рыбина огромная, окорок какого-то большого зверя, пирожки размером с курицу каждый, а соленые огурцы косили под кабачки... Вареная картошка стояла на столе в ведерной кастрюле, а икра — в салатнице.

Стовба, самая высокая девушка на курсе, здесь, в кругу своей великанской семьи, выглядела, несмотря на живот, вполне умеренно.

— Рассаживайтесь, рассаживайтесь поскорее! — провозгласил Геннадий Николаевич, и все торопливо задвигали стульями. Дальше все было точно как на собрании. Геннадий председательствовал, жена секретарствовала, слабоумная сестра сходила на кухню и принесла графин...

— Наливайте! Толик, деду с бабкой налей! Маша, ты что как неродная? Рюмку-то подыми! — командовал тесть, наливая тем, кто сидел с ним рядом. То есть Фаине Ивановне, Лене и Шурику... Наконец все вооружились, и Геннадий Николаевич вознес свой особый стаканчик:

— Вот, семья моя дорогая! Принимаем нового члена, Александра Александровича Корна. Не совсем у нас хорошо получилось, свадьбу не отгуляли по-хорошему, но уж чего теперь говорить. Пусть дальше все будет по-хорошему, по-людски. За здоровье молодых!

Все потянули рюмки чокаться. Шурик встал, чтоб дотянуться до бабушки с дедушкой. Они, хоть и старенькие, оказались охочие до выпивки. Опрокинули рюмочки и закусили.

Потом пошла большая еда. Шурик был голоден, но ел, по обыкновению, не торопясь, как бабушка научила. Прочие все жевали громко, сильно, даже, пожалуй, воинственно. Всем подливали, всем подкладывали. Окорок оказался медвежий, рыба местная, водка отечественная. И выпил ее Шурик много. Застолье кончилось неожиданно быстро. Съели, выпили и разошлись в три двери.

Лена указывала Шурику дорогу: коридор опять сделал два поворота. Пришли в Ленину комнату. Еще недавно это была детская. Лена так стремительно выросла, что мишки и обезьянки не успели скрыться с глаз и рассосаться, как это бывает у девочек старшего возраста. И картинки на стенах висели — кошка с котятами, китайское чаепитие с фарфоровыми чашками и цветущей сливой за позапрошлый год, два клоуна. И стояла прислоненная к стене не собранная еще детская кроватка. Как будто один ребенок, выросший, уступал место другому, новому... Еще стояла в комнате неширокая тахта, и на ней две подушки и два одеяла...

— Ванная и уборная в конце коридора направо. Полотенце зеленое я тебе повесила, — сказала Лена, не глядя на Шурика. И он пошел по коридору, куда давно хотел.

Когда он вернулся, Лена уже лежала в розовой ночной рубашке с горкой живота перед собой. Шурик лег рядом. Она вздохнула.

— Ну, чего вздыхаешь? Все так нормально складывается, — неуверенно сказал Шурик.

— Тебе спасибо, конечно, что ты приехал. Отец тебе здесь все покажет — трубопрокатный завод, охотхозяйство, цемзавод... может, на Суглейку свозит, в бане попарит...

— Зачем все это? — удивился Шурик.

— Ты что, не понял? Чтоб люди видели... — Она шмыгнула носом, положила руки на живот поверх одеяла, и Шурику показалось, что живот колышется. Он тронул ее за плечо:

— Лен, ну съезжу я на завод... подумаешь...

Она отвернулась от него, тихо и горько заплакала.

— Ну ты что, Стовба? Чего ты ревешь? Ну, хочешь, я тебе водички принесу? Не расстраивайся, а? — утешал ее Шурик, а она все плакала и плакала, а потом сквозь слезы проговорила:

— Письмо мне Энрике переслал. Ему три года за уличную драку дали, а посадили из-за брата... Он пишет, что приедет, если будет жив. А если не приедет, значит, его убили. Что у него теперь другого смысла нет, только освободиться и приехать сюда...

— Ну так и хорошо, — обрадовался Шурик.

— Ах, ты ничего не понимаешь. Здесь я сама не доживу. Это отца моего надо знать. Он деспот ужасный. Ни слова поперек не терпит. Вся область его боится. Даже ты. Вот он захотел, чтоб ты приехал, ты и приехал...

— Лен, ты что, с ума сошла? Я приехал, потому что ты попросила. При чем тут твой отец?

— А он рядом стоял и свой кулачище на столе держал... Вот я и попросила...

Чувство горячей жалости, как тогда, в прихожей, когда он первый раз ее увидел с новой прической и с животом, просто облило Шурика. У него даже в глазах защипало. А от жалости ко всему этому бедному, женскому, у него у самого внутри что-то твердело. Он давно уже догадывался, что это и есть главное чувство мужчины к женщине — жалость.

Он погладил ее по волосам. Они уже не были сколоты на макушке грубой красной заколкой, рассыпались густо и мягко. Он поцеловал ее в макушку:

— Бедняжка...

Она грузно повернулась к нему большим телом, и он почувствовал через одеяло ее грудь и живот. Он взял ее руки, прижал к груди. Тихо гладил ее, а она медленно и с удовольствием плакала. Ей тоже было жалко эту крупную блондинку, потерявшую своего возлюбленного жениха, и теперь вот с ребенком, который еще неизвестно, увидит ли своего отца.

— Шурик, ты понимаешь, мне письмо привез его друг. Сказал, что вряд ли что у Энрике получится, что Фидель мстительный, как черт, всегда с врагами страшно разделывается, из-под земли достает... — Тут Шурик наконец сообразил, что речь идет не более и не менее как о Фиделе Кастро и все это получилось из-за старшего брата Энрике. — Он сбежал в Майами на лодке. А брат-то у Энрике сводный, от другого отца, и еще до революции мать родила этого парня. Ян его зовут. А Фидель отца арестовал за то, что его пасынок сбежал. И Энрике вообще ни за что сидит, и ему еще сколько сидеть, а жизнь проходит, и неизвестно, сможет ли он приехать... И я буду его ждать всю жизнь... потому что никто-никто на свете больше мне не нужен...

Все это сквозь слезы лепетала Стовба, но руки их были заняты. Произнесение этих жалостных слов не мешало более важному делу: они гладили друг друга — утешительно — по лицу, по шее, по груди, они просто шалели от жалости: Шурик — к Стовбе, а Стовба — к самой себе...

Второе одеяло давно уже упало на пол, они лежали под Ленкиным, тесно прижавшись, и лишь тонкий сатин черных трусов был единственной преградой, а в пальцах ее уже был зажат предмет любви и жалости...

— ...потому что никто-никто на свете мне не нужен... ну точно, точно как у Энрике... и я его, может, никогда больше не увижу... ах, Энрике, пожалуйста...

Шурик теперь лежал на спине, еле дыша. Он знал, что долго ему не продержаться, и он держался до тех пор, пока от имени Энрике, заключенного в кутузку на знойном берегу Кубы, не брызнул в черный сатин полным зарядом мужской жалости.

— Ой, — сказал Шурик.

— Ой, — сказала Стовба.

Все, что происходило дальше, Шурик делал исключительно от имени Энрике — очень осторожно, почти иносказательно... Чуть-чуть... слегка... скорее в манере другой Фаины Ивановны, чем в простодушной и честной манере Матильды Павловны...

А потом, наутро, командовал уже Геннадий Николаевич. Первым делом сдали билет. Потом повезли на завод... и далее по программе, предсказанной Леной, — от цементного до трубопрокатного...

Еще две ночи они ужасно жалели друг друга. Лена больше не плакала. Она время от времени называла Шурика Энрике. Но это его совершенно не смущало, скорее даже было приятно — он выполнял некий общемужской долг, не лично-эгоистически, а от имени и по поручению.

Шурика все называли Сан Саныч. Так представлял его тесть своей области, равной по размеру Бельгии, Голландии и еще нескольким средним европейским государствам.

На третью ночь Лену, разлучив с временным заместителем Энрике, увезли рожать. Она быстро и вполне благополучно родила золотистую смуглую девочку. Если бы весь медперсонал не был заранее извещен о предстоящем рождении негритенка — слухи просочились через саму же Фаину Ивановну, сообщившую особо близким о предстоящей возможности чуть ли не породниться с Фиделем Кастро, с тех пор весь город со злорадным ожиданием предвкушал скандал, — без подсказки они бы и не заметили примеси чужой расы.

Геннадий Николаевич настаивал, чтобы муж забрал жену из роддома, а только после этого уезжал в Москву. Шурик страшно нервничал, звонил каждый день маме, на работу... Что-то лепетал и тут, и там... В конце концов так и вышло, как хотел тесть: Шурик забрал Лену с розовым конвертом из роддома и в тот же день вылетел домой. На другой день в местной газете была опубликована фотография: дочь первого человека области с мужем и дочерью Марией на пороге роддома.

26

За те десять дней, что Шурик справлял свои дела в Сибири, в Москве, сильно опережая календарь, резко похолодало. В квартире было холодно, сильно дуло от окон, и Вера в накинутой на кофту шали покойной Елизаветы Ивановны с большим нетерпением ожидала Шурика: необходимо было заклеить окна. Шурику окна заклеивать прежде не приходилось, но он знал, где в записной книжке бабушки находится телефон Фени, дворничихи из Камергерского переулка, которая мастерски это делала. С тех пор как переехали на «Белорусскую», она приходила два раза в год — осенью заклеить, весной вытащить забитую ножом в щели вату и вымыть окна. Шурик, не раскрыв ни чемодана, ни ящика с продуктами, переданного уже в аэропорту шофером Володей — провожать его Фаина Ивановна не поехала, — сразу позвонил Фене, но та оказалась в больнице с воспалением легких.

Вера заволновалась: кто же теперь окна заклеит?

Шурик мать успокоил, заверил, что и сам справится, велел ей сидеть на кухне, чтоб не простудилась, и сразу же занялся окном в материнской спальне. Решил, что для начала законопатит щели, а уж завтра, узнав, как варить клей, наклеит бумажные полоски, чтоб сдерживать вторжение преждевременного холода. К тому же он не совсем был готов отвечать на вопросы матери, что за важные дела так долго задерживали его на Урале, и, исполняя полезное хозяйственное дело, одновременно избегал вранья, от которого его всегда мутило.

Всю вату, которая нашлась в доме, он всунул в щели, и дуть от окна почти перестало. Когда же он вошел на кухню, обнаружил гостя. Вера поила чаем соседа с пятого этажа, известного всему дому общественника, собиравшего постоянно деньги на общественные нужды и заклеивающего весь подъезд нелепыми объявлениями о соблюдении чистоты, некурении на лестничных клетках и невыбрасывании из окон «ненужных вещей обихода». Все эти объявления были обычно написаны лиловыми, давно вышедшими из употребления чернилами на грубой оберточной бумаге, хранящей на краях следы прикосновения нервного ножа.

Женя, бывший сокурсник по Менделеевке, всякий раз, заходя к Шурику, их отклеивал и собрал уже целую коллекцию этих директив, неизменно начинавшихся словом «запрещается». И вот теперь Вера поила чаем этого старого идиота, а тот, выкатывая бывшие орлиные глаза, тыкал пальцем в воздух и возмущался по поводу неуплаты партийных взносов. Шурик молча налил себе чаю, а Вера посмотрела на сына страдальческим взглядом. Неуплата партийных взносов не имела к ней ни малейшего отношения, сосед же был, как по ходу разговора выяснилось, секретарем домовой парторганизации для пенсионеров. И зашел по-соседски побеседовать с едва прикрытым намерением привлечь Веру Александровну к общественной работе. На лысой маленькой голове партсекретаря плоско сидела промасленная тюбетейка изначально красного цвета, а из ноздрей и из ушей торчала живая и свежая поросль.

При появлении Шурика он прервал свою энергичную речь, помолчал минуту, а потом решительно, все так же сверля воздух пальцем, но уже в Шуриковом направлении, строго сказал:

— А вы, молодой человек, постоянно хлопаете дверью лифта...

— Простите, больше не буду, — ответил ему Шурик совершенно серьезно, и Вера улыбнулась Шурику понимающе.

Старик решительно встал, слегка качнулся и протянул перед собой картонную руку:

— Всего вам доброго. Подумайте, Вера Александровна, над моим предложением. И дверью лифта не хлопайте...

— Спокойной ночи, Михаил Абрамович. — Она встала и проводила его к двери.

Когда дверь захлопнулась, оба захохотали.

— А из ушей! А из ушей! — всхлипывала от смеха Вера.

— А тюбетеечка! — вторил ей Шурик.

— Дверью лифта... дверью лифта... — заливалась Вера, — не хлопайте!

А отсмеявшись, вспомнили Елизавету Ивановну — вот кто бы сейчас от души повеселился...

Потом Шурик вспомнил про коробку:

— Мне там гостинцев надавали!

Открыл картонную крышку и стал вынимать всяческие редкости и продовольственные ценности, с большой тщательностью сложенные в сибирском продуктовом распределителе для родственника не игрушечного, как этот Михаил Абрамович, а настоящего партийного секретаря. Но об этом Шурик словом не обмолвился, сказал только:

— За работу премировали.

Но над этой шуткой посмеяться было некому.

27

Валерия Адамовна была в ярости: глаза ее, синим удобренные, сузились, а пухлые обыкновенно губы в розовой помаде были так сжаты, что под ними образовались две очень милые складки.

— Ну и что прикажете с вами делать, Александр Александрович? — Она постучала по столу согнутым мизинцем.

Шурик стоял перед ней в позе покорности, склонив голову, и вид его выражал виноватость, в глубине же души он испытывал полнейшее равнодушие к своей судьбе. Он был готов к тому, что его выгонят за образовавшийся прогул, но знал также, что без работы не останется, да и без заработка тоже. К тому же Валерии он совершенно не боялся, и хотя не любил доставлять людям неприятностей и даже испытывал неловкость перед начальницей, что нарушил данное ей слово, защищаться не собирался. Потому и сказал смиренно:

— На ваше усмотрение, Валерия Адамовна.

То ли она смягчилась этим смирением, то ли любопытство взяло верх, но она умерила свою строгость, еще немного постучала по столу пальцами, но уже в каком-то более миролюбивом ритме, и сказала по-свойски, не по-начальницки:

— Ну, хорошо, рассказывай, что там у тебя произошло.

И Шурик честно рассказал, как оно было, не упоминая, впрочем, о влажных ночных объятиях, — что сыграл-таки роль законного мужа, был всем предъявлен как трофей, а уехать вовремя не смог, потому что по замыслу тестя, о котором его заранее не оповещали, он должен был еще встретить ребенка из роддома.

— И как ребеночек? — полюбопытствовала Валерия Адамовна.

— Да я ее и не разглядел. Встретил из роддома и сразу на самолет. Но девочка, во всяком случае, не черная, вполне обыкновенного цвета.

— А назвали как? — живо осведомилась Валерия.

— Марией назвали.

— Мария Корн, значит, — с удовольствием произнесла Валерия Адамовна. — А хорошо звучит. Не по-плебейски.

Мария Корн... Он впервые услышал это имя и поразился: как, эта Стовбина дочка, внучка Геннадия Николаевича, будет носить фамилию его дедушки, его бабушки... В каких-то бумагах она уже так и записана... И сделалось ему немного не по себе, и неловко перед бабушкой... не подумал... как-то безответственно...

Растерянность явно отразилась на его лице и не осталась незамеченной.

— Да, Александр Александрович, это браки бывают фиктивными, а детки фиктивными не бывают, — улыбнулась круглой щекой Валерия Адамовна.

Шурику же в этот самый миг пришла в голову интересная мысль: брак его был по уговору фиктивным, об этом знал и он, и сама Стовба, и Фаина Ивановна. Но не нарушили ли безусловную фиктивность этого брака те две с половиной ночи на Стовбиной тахте, когда он столь успешно исполнял роль исчезнувшего любовника...

Валерия Адамовна тоже испытала в этот миг яркое прозрение, посланное инстинктом: именно этот молодой человек, такой душевно чистый и славный, и внешне очень привлекательный, мог дать ей то, что не получилось у нее ни в двух ее ужасных браках, ни во многих любовных приключениях, которые довелось ей испытать...

Она сидела в кресле в крохотном своем кабинете, напротив нее стоял Шурик, мальчишка на никчемной должности, красивый молодой мужчина, которому ничего от нее не было нужно, порядочный мальчик из хорошей семьи, со знанием иностранных языков — усмехнулась она про себя — все это было написано на нем большими буквами... И она улыбнулась своей главной улыбкой, неотразимой и действенной, которую взрослые мужчины безошибочно понимали как хорошее предложение...

— Сядь, Шурик, — сказала она неофициальным голосом и кивнула на стул.

Шурик переложил журналы со стула на край ее письменного стола и сел, ожидая распоряжений. Он уже понимал, что с работы его не уволят.

— Никогда больше так не поступай. — Как бы она хотела легко встать из-за стола, скользнуть к нему, прижаться грудью... Но вот этого она никак не могла — вставала она трудно, опираясь одной рукой о костыль, второй о стол... Совершенно свободной чувствовала себя только в постели, когда проклятые костыли совершенно не были нужны, и там, она знала, инвалидность ее исчезала, и она становилась полноценной, — о, более чем полноценной женщиной! — летала, парила, возносилась...

— Никогда больше так не поступай... Ты знаешь, как я к тебе отношусь, и, конечно, увольнять тебя не буду, но, дорогой мой, есть правила, которые следует выполнять... — Она говорила мурлыкающим голосом и вообще, когда сидела, была здорово похожа на большую очень красивую кошку, сходство с которой разрушалось в тот самый момент, когда она вставала и шла своей ныряющей походкой. Тон ее голоса совершенно не соответствовал содержанию ее речи, Шурик чувствовал это и оценивал как нечто непонятное. — Иди, работай...

И он пошел в отдел, очень довольный, что на работе его, несмотря ни на что, оставили.

Валерия затосковала: было бы мне хоть лет на десять меньше, завела бы с ним роман, вот от такого мальчика родить бы ребеночка, и ничего бы мне больше не нужно. Вот дура старая...

28

От той зимы, когда Шурик провожал Лилю от старого университета на Моховой к ее дому в Чистом переулке — десятиминутная прогулка, растягивающаяся до полуночи, а потом, после подробных поцелуев в парадном, опоздав на метро, шел пешком к Белорусскому вокзалу, — обоих отдалила краткая по времени, но огромная по событиям жизнь. Шурик, никуда не переместившийся географически, перешел известную черту, которая резко отделила его безответственное существование ребенка в семье от жизни взрослого, ответственного за движение семейного механизма, включающего, кроме хозяйственных мелочей, даже и материнские развлечения — вроде посещения театра или концерта.

Что же касается Лили, то географические перемещения по Европе — Вена, потом маленький городок под Римом, Остия, где она прожила больше трех месяцев, пока отец ждал какого-то мифического приглашения от американского университета, и, наконец, Израиль — вытесняли воспоминания. Из всего оставленного дома один Шурик присутствовал странным образом в ее жизни. Она писала ему письма, как пишут дневники, чтобы для себя самой обозначить происходящие события и попытаться осмыслить их на ходу, с ручкой в руке. Без этих писем все быстро сменяющиеся картинки грозили слипнуться в комок. Впрочем, в какой-то момент она перестала их отправлять...

От Шурика она получила за это время всего одно, на удивление скучное письмо, и только единственная фраза в этом письме свидетельствовала о том, что он не вполне был создан ее воображением.

«Два события совершенно изменили мою жизнь, — писал Шурик, — смерть бабушки и твой отъезд. После того как я получил твое письмо, я понял, что какую-то стрелку, как на железной дороге, перевели, и мой поезд поменял направление. Была бы жива бабушка, я бы оставался ее внуком, закончил бы университет, поступил в аспирантуру и годам к тридцати работал бы на кафедре в должности ассистента или там научного сотрудника, и так до конца жизни. Была бы ты здесь, мы бы поженились, и я бы всю жизнь жил так, как ты считаешь правильным. Ты же знаешь мой характер, я, в сущности, люблю, когда мной руководят. Но не получилось ни так ни так, и я чувствую себя поездом, который прицепили к чужому паровозу, и он летит со страшной скоростью, но не знает сам куда. Я почти ничего не выбираю, разве что в кулинарии, что купить на обед — бифштекс рубленый или антрекот в сухарях. Все время делаю только то, что нужно сегодня, и выбирать мне не из чего...»

«Какой же он прекрасный и тонкий человек», — подумала Лиля и отложила письмо.

Ей самой приходилось принимать решения самостоятельно и чуть ли не ежедневно: острейшее чувство строительства жизни вынуждало к этому. Родители разошлись вскоре после приезда в Израиль. Отец жил пока в Реховоте, счастливо занимался своей наукой и опять собирался в Америку — его новая жена была американкой, и сам он был теперь увлечен организацией своей карьеры на Западе. Забавно, как он за полтора-два года превратился из интеллигентского увальня в энергичного прагматика.

Мать, совершенно выбитая из колеи непредвиденным разводом — всю их совместную жизнь она, как говорится, водила его за руку и была уверена, что он без нее завтрака не съест, штанов не застегнет, на работу забудет выйти, — находилась в состоянии депрессивной растерянности, чем раздражала Лилю. Лиля воевала с матерью как могла и в конце концов, окончив ульпан в Тель-Авиве, поступила в Технион. И это тоже был сильный шаг: она отказалась от прежних намерений учиться на филологическом факультете, изучала программирование, считая, что с этой профессией она скорее завоюет себе независимость. На нее обрушилась целая лавина математики, к которой она никогда не испытывала ни малейшего влечения, и ей пришлось засесть за учение, дисциплинирующее мозги, — занятие, как оказалось, весьма трудное.

Жила она в общежитии, делила комнату с девочкой из Венгрии, в соседней жили румынка и марокканка. Все они, разумеется, были еврейками, и единственным их общим языком был иврит, которым они только овладевали.

Все они остро переживали свое возрожденное еврейство и отчаянно учились: для себя, для родителей, для страны.

Друг Лили Арье — он-то и заманил ее в Технион — тоже здесь учился, тремя курсами старше. Он был взрослым, прошедшим армейскую службу молодым человеком, влюблен был в нее по уши, с первого взгляда. Он много помогал ей в учебе, был надежным, не ведающим сомнений саброй, то есть евреем незнакомой Лиле породы. Увесистый невысокий парень с крепкими ногами и большими кулаками, тугодум, упрямец, он был и романтиком, и сионистом, потомком первых поселенцев из России начала двадцатого века.

Лиля крутила им как хотела, прекрасно осознавая и силу, и ограниченность своей власти. С будущего года они собирались снимать вместе квартиру, что значило для Арье — жениться. Лиля несколько побаивалась этой перспективы. Он ей очень нравился, и все, чего не произошло когда-то с Шуриком, у нее отлично получилось с Арье. Только Шурик был родным, а Арье — не был. Но кто сказал, что в мужья надо выбирать именно родных... Вот уж родители Лили — роднее людей не бывает, хором думали, а расстались...

Лиля дальних планов не строила: ближних было невпроворот. Но письма Шурику все-таки писала — из русской, с годами ослабевающей потребности в душевном общении, пробирающем до пупа.

29

Снова надвигался Новый год, и снова на Шурика и на Веру напало сиротство: бабушкино отсутствие лишало их Рождества, детского праздника с елкой, французскими рождественскими песенками и пряничным гаданием. И ясно было, что утрата эта невосполнима, и рождественское отсутствие Елизаветы Ивановны становится отныне и содержанием самих зимних праздников. Вера хандрила. Шурик, выбрав вечернюю минуту, садился рядом с матерью. Иногда она открывала пианино, вяло и печально наигрывала что-нибудь из Шуберта, который получался у нее все хуже и хуже...

Впрочем, у Шурика было слишком много разных занятий и обязанностей, чтобы предаваться тоске. Опять надвигалась сессия. Но беспокоил Шурика только один экзамен — по истории КПСС. Это был корявый и неподъемный курс, нагонявший инфернальную тоску. Усиливало беспокойство дополнительное обстоятельство. Шурик за весь семестр высидел всего три лекции, лектор же придавал прилежному посещению большое значение и, прежде чем слушать экзаменационные ответы, долго изучал журнал посещений. Шурик, может, и ходил бы на эти трескучие лекции, но по расписанию они приходились на вторую пару понедельника, и обычно он сбегал после первой пары — английской литературы, которую читала любимая подруга Елизаветы Ивановны, Анна Мефодиевна, старушка антибританской внешности, помесь Коробочки и Пульхерии Ивановны, англофилка и англоманка, знакомая Шурику чуть не с рождения, равно как и ее несъедобные кексы и пудинги, которые она изготовляла по старой английской поваренной книге “Cooking by gas”, запомнившейся ему с детства.

Он сбегал к Матильде. Возможно, у него выработался такой условный рефлекс на этот день недели: редкий понедельник обходился без посещения Масловки. Он забегал в Елисеевский, чуть не единственный магазин, работавший допоздна, покупал два килограмма мелкой трески для кошек. Именно эта треска и обставлялась как действительно необходимый Матильде продукт, все прочее было вроде как гарниром к основному блюду...

Потом он спешил домой. Помня об ужасном случае, когда приезжала к маме скорая, а он прохлаждался-наслаждался под Матильдиным одеялом, он от Матильды теперь выскакивал ровно в час, как будто садился в последний поезд метро, и в четверть второго, перебежав через железнодорожный мостик, мягко открывал дверь, чтобы не разбудить маму, если спит. Матильда, надо отдать ей должное, поторапливала, уважая семейную этику.

30

О готовящемся на него нападении Шурик не догадывался. Да и Валерия Адамовна, положившая свой ясный и горячий взгляд на мальчишку, правильной стратегии тоже никак не могла определить, и чем более она медлила, тем более разжигалась. Допустив однажды мысль, что сделает милого розового теленка своим любовником и родит, если Господь смилостивится, ребеночка, она вовлеклась куда и не метила — страстная и нерасчетливая натура утянула ее в старые дебри чувств, и она, засыпая и просыпаясь, уже бредила любовью и придумывала, как обставит все наипрекраснейшим образом.

И еще Валерия молилась. Так уж повелось в ее жизни, что религиозное чувство всегда обострялось в связи с любовными переживаниями. Она ухитрялась вовлекать Господа Бога — в его католической версии — во все свои романы. Каждого нового любовника она воображала поначалу посланным ей свыше даром, горячо благодарила Господа за нечаянную радость и представляла себе Его, Господа, третьим участником любви, не свидетелем и наблюдателем, а благосклонным участником происходящей радости. Радость довольно быстро оборачивалась страданием, тогда она меняла установку и понимала, что послан был ей не дар, а искушение... Заключительная стадия романа приводила ее обычно к духовнику, старому ксендзу, живущему под Вильнюсом, где она — по-польски! — открывала свое изболевшееся сердце, плакала, каялась, получала сострадательное поучение и ласковое утешение, после чего возвращалась в Москву умиротворенная — до следующего приключения.

Поскольку бурные романы протекали по какому-то раз и навсегда установленному порядку — мужчин она быстро запугивала своей несоразмерной щедростью, требующей ответных движений, и довольно быстро они от нее сбегали, — с годами она становилась сдержаннее в проявлении своих страстей, да и романы случались теперь не так уж часто...

Какой-то горький юмор, насмешливое отношение к самой себе выработались у Валерии на четвертом десятке, и ей, столь нуждающейся в подтверждении небесного покровительства, пришло в конце концов в голову, что Господь послал ей болезнь именно для укрощения ее буйного нрава.

Она заболела полиомиелитом в пятилетнем возрасте, вскоре после смерти матери. Болезнь протекала поначалу в столь легкой форме, что на нее почти и не обратили внимания. Семья — отец к тому времени женился на Беате, вдове своего друга, бывшей актрисе, бывшей красавице и бывшей баронессе — как раз переезжала в Москву, где отец получил значительный пост во всесоюзном министерстве. Он был специалистом по деревообработке, происходил из семьи богатого польско-литовского лесоторговца и образование получил в Швеции. Еще в буржуазной Литве он успел стать профессором в лесохозяйственном институте, понимал не только в технологии обработки леса, но и в лесоустроительстве.

За хлопотами переезда, тщательного устройства новой жизни в новом городе как-то упустили Валерию. С ногой происходили необратимые ухудшения. Валерию оперировали, потом отправили в детский санаторий, долго держали в гипсе. Хромала она все сильнее, и к десяти годам ей самой стало ясно, что она никогда не будет бегать, прыгать и даже ходить, как все нормальные люди.

Сильнейшие страсти с детства грызли ее душу. Она была так ярко красива, так чувственна и так несчастна.

Мужчины обращали на нее внимание: больше всего на свете она боялась минуты, когда ей надо будет встать из-за стола, и мужчина, только что проявивший к ней острейший интерес, с сожалением отойдет. Иногда такое действительно случалось. Еще в отрочестве она, тогда обходившаяся без палки, завела свою первую трость — черную, с янтарной ручкой, очень заметную, и она выбрасывала ее перед собой как предупредительный знак. Не скрывать свой недостаток, а предъявлять его намеренно и заранее — вот чему она научилась.

Несчастное племя советских людей, сплошь перекалеченное войной поколение безруких, безногих, обожженных и изуродованных физически, но обитающих в окружении гипсовых и бронзовых рабочих с могучими руками и крестьянок с крепкими ногами, презирало всяческую немощь. И Валерия остро чувствовала неприличие своей немощи. Она вместе с инвалидностью ненавидела и самих инвалидов.

Проведя не менее трех лет, с перерывами, по больницам и санаториям, она рано выстроила теорию о телесной инвалидности, которая постепенно калечит душу. Наблюдала несчастных, страдающих, озлобленных людей, требовательных к окружающим, завидующих, и этой формы душевного уродства не переносила. Она желала быть полноценной.

Окончив школу, уехала в далекий сибирский город, где объявился хирург, вытягивающий кости с помощью хитроумной машины, им изобретенной. Провела там ужасный год, перенесла целую серию операций, после которых на нее надевали этот самый аппарат для растяжки костной ткани. Беата приезжала, сидела возле нее в самые тяжелые послеоперационные дни, потом уезжала и приезжала снова. Беата считала, что напрасно Валерия идет на такие страдания. Напрасно и получилось. Кому-то, кажется, этот аппарат помог, но Валерия вышла после года мучений с сильным ухудшением. Тазобедренный сустав не выдержал растяжки, металлический штырь разрушил сустав, и нога ее, прежде укороченная на семь сантиметров, но живая, теперь представляла собой лишь печальную декорацию. Ходила она теперь не с нарядной тростью, а с грубым костылем.

Вскоре после ее возвращения умер отец, они остались теперь вдвоем с Беатой, которая покончила со своей артистической карьерой еще до войны и с тех пор никогда не работала. Положение их сильно изменилось. Беата хотела возвращаться в Литву, но Валерия ее удерживала. Неожиданно для Беаты Валерия взяла жизнь в свои руки, как будто приняла новое решение. Больше она не делала попыток исправить ситуацию с помощью медицины. Оформила вторую группу инвалидности, получила первую свою инвалидную машину с ручным управлением и, разъезжая на этой смешной, сильно фыркающей игрушке, окончила институт, а потом и аспирантуру. Беата финансировала — что-то продавала, что-то покупала. Кого-то консультировала. У нее был отменный вкус и чутье делового человека. В те годы это называлось спекуляцией. Валерия же поддерживала ее своей молодой энергией, бесконечной добротой и благодарностью.

С годами Валерия привыкла к своему несчастью, научилась его игнорировать и более всего радовалась, когда могла кому-то помочь. Это для нее значило, что она полноценный человек. Так оно и было. В доме, еще не разделенном между последующими мужьями, всегда толпилась молодежь, и Беата только удивлялась, как это бедная Валерия сумела образовать вокруг себя такое шумное веселье. Друзья совершенно забывали о физическом недостатке Валерии. Чужие, но воспитанные люди делали вид, что все в порядке, люди попроще жалели ее, и именно сочетание красоты с физическим недостатком делало ее еще заметнее.

У нее бывали тяжелые минуты, часы, дни. Но она умела бороться с тем, что называют плохим настроением. Совсем еще девочкой, лежа месяцами на спине, в неподвижности, с непрекращающимся мучительным зудом под гипсовым панцирем, она научилась молиться. И молитва постепенно стала ровным и неизменным фоном — что бы ни делала она, далеко не отрывалась от постоянной, совершенно односторонней беседы, которую вела с Господом о вещах, которые никак не могли бы Его заинтересовать. И потому всегда добавляла: прости, что я к Тебе с полной ерундой. Но к кому же мне, как не к Тебе?

Почему-то помогало.

На втором курсе она вышла замуж за своего сокурсника, молодого человека из провинции. Он учился на художественно-графическом факультете, был прожженным карьеристом. Вселившись в богатый дом Валерии, он расположился с полнейшей бесцеремонностью, вынудил Беату уехать жить на дачу в Кратово. Прожив четыре счастливейших для Валерии года и окончив институт, он развелся с Валерией и отсудил треть квартиры. Мачеха была вне себя, продала кратовскую дачу и откупилась от бывшего зятя домиком в Загорске, куда он и переехал из отсуженной трети московской квартиры. Выписался — это и была дорогостоящая победа Беаты.

Загорская жизнь пошла ему на пользу, со временем он достиг большого почета и славы, изображая православные древности Сергиева Посада и Радонежа. Валерия тщеславно следила за его карьерой и не упускала случая упомянуть о первом муже...

Второго мужа, опять провинциала без московской прописки, Валерия подцепила на семинаре для библиотечных работников спустя несколько лет после первой брачной неудачи. Он был из Ижевска, здоровый мужик, дезертировавший в библиотечное дело с шинного завода, где чуть было не попал под суд за чужое, как говорил, воровство. Порядочным этот самый Николай себя не проявил: женился на Валерии, прописался, несмотря на настоящий семейный скандал, по этому поводу разразившийся. Беата, сухая и проницательная, стояла насмерть, защищая интересы идиотки-падчерицы, и разрешения на прописку на этот раз не давала. При полном несходстве характеров и темпераментов они любили друг друга — скрывающаяся от прошлого баронесса и хромая красавица, все готовая отдать за любовь.

— Ты умрешь на помойке, — предрекала мачеха Валерии.

Валерия целовала ее в зачерствевшую щеку и хохотала...

Разделили лицевой счет. Валерия оказалась обладательницей двух комнат из трех и вновь стала замужней дамой.

Второй брак стоил Валерии еще одной комнаты. Самым же гнусным в этой истории было то обстоятельство, что ровно через год ижевский Николай привез свою прежнюю жену с ребенком, якобы для лечения ребенка в Филатовской больнице, поселил их в квартире, некоторое время ходил из комнаты в комнату, к величайшему недоумению законной, до самого постыдного финала ничего не соображавшей Валерии, и в конце концов объявил, что все же прежняя, старая любовь взяла свое, опять же и ребенок, которого Валерия, как ни тужилась, не смогла ему произвести, и он развелся с Валерией, чтобы снова жениться на своей «бывшенькой».

Умная мачеха Беата, которая ко времени второго ее развода уже отдыхала от ненавистной ей московской жизни на вильнюсском кладбище, вблизи своего первого мужа, уже ничем не могла помочь. Да и ее бывшая комната тоже была к этому времени заселена чужими жильцами — счет-то лицевой они разделили еще перед вторым замужеством Валерии.

Квартира, таким образом, стала коммунальной. От мачехи Валерия унаследовала невзрачную деревянную шкатулку с драгоценностями.

Итак, к моменту знакомства с Шуриком Валерия была обладательницей не только шкатулки, но и огромной комнаты в коммуналке, плотно заставленной французской музейной мебелью, собранной Беатой отчасти от скуки, отчасти из соображений практических: ни в какие времена, кроме революционных и военных, не стоили эти драгоценности столь ничтожных денег. Буфет был набит фарфором, который Беата всю жизнь то покупала, то продавала, до самого конца так и не успев решить, что же имеет больший смысл покупать: русский фарфор или немецкий... Русский почему-то ценился выше, но вкус Беаты склонялся скорее к немецкому. Валерия предпочитала русский.

Вот и сидела она за овальным наборным столиком с двумя страдающими ожирением купидонами в рамке из плодоовощной смеси, опершись подбородком о натруженные костылями руки. Перед ней стояла крупная чайная чашка с почти стершейся позолотой, поповская, и дешевое печенье в вазочке, и свеча в подсвечнике, и растрепанная книжечка, способствующая разговору. В квартире было жарко и влажно — в ванной и в кухне постоянно сушилось соседское белье. Сильно топили. Даже под волосами было влажно. Синяя тушь, купленная у спекулянтки, слегка расплылась под глазами от влажной важности минуты.

— Ну, хорошо, — обращалась она к своему главному Собеседнику, — признаюсь Тебе, хочу. Как кошка. Но чем я хуже? Она выходит, поорет-поорет, и к ней является мужик, неженатый, они все неженатые, и никакого им греха... Ну чем я хуже кошки? Ты же *сам* все так устроил, *сам* дал мне это тело, еще и хромое, и что мне с этим делать? Ты что, хочешь, чтоб я была святой? Так и сделал бы меня святой! Но ведь я правда ребенка бы родила, девочку маленькую, или пусть даже мальчика. И если Ты мне дашь это сделать, тогда не буду. Обет даю — не буду больше. Ну скажи, зачем Ты так все устроил?

Она уже давала обеты, что больше не будет. И плакала, и обещала духовнику. Последний раз это было в прошлом году, после неудачного романа с пожилым профессором, из библиотечных завсегдатаев. Но там все закончилось особенно печально, где-то их видели, сообщили жене, и профессора от страха хватил инсульт, и она только один раз его после этого видела — такая развалина, инвалид... Но теперь было другое, и ничего плохого здесь быть не может.

— Я же не хочу ничего плохого. Только ребеночка. И только один раз, — пыталась Валерия договориться, но никакого одобрительного ответа не слышала, но все приставала и канючила, пока не стало стыдно. Тогда она допила остывший чай и решила внепланово вымыть голову. Потрогала волосы — да, хорошо бы! И пошла в коммунальную ванную, где были развешаны для просушки пеленки и всякая детская мелочь, — бывший ее муж со своей кошмарной бабой родили еще одного, и в отцовом кабинете жила теперь семья, ожидающая еще и третьего, для верности, чтобы получить отдельную квартиру. В ванной стоял таз, Валерия его отодвинула и поставила табурет. Уже давно она пользовалась только душем, брезгуя коммунальной ванной.

На завтра все было договорено: Шурик шел с матерью в консерваторию, потом отправлял ее домой в такси и к ней обещал прийти около десяти. От улицы Герцена до Качалова — всего ничего. Зачем? Помочь книги с верхней полки снять, перевязать стопками и отнести в машину. Уже давно Валерия Адамовна собиралась передать в иностранный отдел книги на шведском языке, принадлежавшие отцу.

31

Все складывалось очень удачно. Концерт был великолепный. Играл Дмитрий Башкиров. Это была та самая программа, что когда-то исполнял Левандовский, и Вера впала в приятнейшее состояние: музыка соединила воедино воспоминания о покойном возлюбленном и сидевшего рядом их сына, которому она успела перед началом концерта шепнуть, что отец его исполнял все эти вещи великолепно, просто бесподобно. Башкиров тоже справился совсем неплохо. Не хуже Левандовского. Публика в зале в этот день была избраннейшая — сплошь из ценителей и знатоков, да и музыкантов много пришло на концерт.

— Был бы жив твой отец, сегодняшний концерт был бы для него праздником, — сказала Вера в гардеробе, и Шурик слегка удивился: мать крайне редко упоминала его отца.

«Пожалуй, — подумал Шурик, — она стала о нем чаще говорить после смерти бабушки». Его интуиция обострялась, когда дело касалось матери.

Такси взять долго не удавалось: публика была знатная, и никто, кажется, не хотел ехать на троллейбусе. Прошли по Тверскому бульвару. Возле Театра Пушкина Вера вздохнула, и Шурик отлично знал, что она скажет.

— Проклятое место, — сказала торжественно Вера, и Шурику было приятно, что он все заранее знает. Но об Алисе Коонен на этот раз она не упомянула. Он вел ее под руку, и был он того же роста, что Левандовский, с которым много было здесь хожено, и вел ее с той же почтительной твердостью, что и его отец.

«Какое счастье», — подумала Верочка.

Они вышли на улицу Горького. На углу, возле аптеки, Шурик остановил такси. Вера Александровна была, пожалуй, даже довольна, что едет домой одна, — ей хотелось побыть наедине со своими мыслями.

— Ты не очень поздно? — спросила она сына уже из машины.

— Веруся, ну конечно же поздно, сейчас уже одиннадцатый час. Валерия Адамовна сказала, там томов восемьдесят, их надо снять, связать в пачки, погрузить в машину...

Вера махнула рукой. Она знала, что она сделает, когда придет домой. Достанет письма Левандовского и перечитает...

Валерия встретила Шурика в голубом кимоно с белыми аистами, просторно летящими по ее полному телу с запада на восток. Давний подарок Беаты. Вымытые волосы — лесной орех, славянский редкий цвет — падали на плечи, слегка загибаясь вверх.

— Ну, голубчик, ну, спасибо! — радовалась Валерия, покуда он топтался в прихожей. — Нет-нет, здесь не раздевайтесь! В комнате, в комнате!

Она, стуча костылем, прохромала в комнату.

Он прошел за ней. Снял в комнате куртку, огляделся. Комната была разгорожена мебелью на отсеки, точно так же, как когда-то у них в Камергерском. Шкафы с книгами. Бронзовая люстра с синей стеклянной вставкой...

— Похоже на нашу старую квартиру в Камергерском, — сказал Шурик. — Я там родился.

— Ну, я-то родилась в Вильно, в Вильнюсе, как теперь говорят. Но в школу уже пошла в Москве, в русскую. Я до семи лет по-русски не говорила. Родной язык у меня польский. И литовский. Дело в том, что мачеха моя по-русски очень плохо говорила, хотя последние двадцать лет здесь прожила. С папой мы по-польски говорили, а с Беатой по-литовски. Так что русский у меня получился третий.

— Вот как? — удивился Шурик. — А со мной бабушка тоже очень рано начала по-французски говорить... А потом немецкому меня обучила...

— Ну, все и понятно... Вы, значит, как и я, родимое пятно капитализма.

— Как? — удивился Шурик.

Валерия засмеялась:

— Ну, раньше так говорили про всех бывших... Чай, кофе?

Овальный столик на одной ноге, как бабушкин, накрыт был заранее. Шурик сел и заметил, что ботинки его оставляют мокрые следы.

— Ой, извините... Можно я ботинки сниму?

— Как вам удобнее... Конечно.

Он снова подошел к двери, расшнуровал ботинки, стащил с ног. Вынул из кармана куртки носовой платок, высморкался, провел рукой по волосам...

Она называла его то на «ты», то на «вы», иногда, на службе, подчеркнуто Александром Александровичем, а то просто Шуриком. И теперь она была в растерянности, особенно после того, как он снял ботинки. Нет, расстояние надо было сокращать.

— Ну, как складываются твои дела в Сибири? Что слышно от дочери? — Валерия сделала шаг в интимное пространство.

— А я и не знаю, — простодушно отозвался Шурик. — Она мне больше не звонила.

— А сам? — улыбнулась Валерия.

— Мы не договаривались. Я ведь просто помог ей... ну, выкрутиться из сложного положения. А больше ничего...

Ход оказался бесперспективным.

«Либо я поглупела, либо потеряла женскую квалификацию», — подумала про себя Валерия. На самом же деле она жаждала мужского интереса со стороны молодого человека, он же был приветлив, доброжелателен и совершенно индифферентен.

— О! — вскинула волосами Валерия. — У меня есть чудесный коньяк. Откройте, пожалуйста, дверку того маленького шкафчика... Нет-нет, другого, с живописью. Это во вкусе Фрагонара, не правда ли? Мачеха обожала... Вот-вот, и две рюмки коньячные. Как славно, когда обслуживают... Я все стараюсь так устроить, чтобы поменьше на кухню выходить. — Она указала на чайничек, стоявший на спиртовке. — А теперь наливайте, Шурик. Вы любите, я вижу, когда вами руководят?

— Кажется, да. Я уже думал об этом.

Шурик налил коньяк почти до верху рюмки.

— Вы налили хорошо, но неправильно, — засмеялась Валерия. — Я немного поруковожу. Знаете, я ведь могу вас не только библиотечному делу поучить. Есть еще множество вещей, которые я, вероятно, лучше вас знаю. — Она сделала паузу. Эта последняя фраза ей удалась. — Например, относительно коньяка. Наливают одну треть рюмки... Но это для светского приема. А для нашего случая как раз правильно по полной.

Валерия подняла рюмку, протянула ее к Шуриковой, дотронулась до нее осторожно. Едва коснулась. Она сделала медленный глоток, Шурик проглотил разом.

— У меня есть знакомый грузин, винодел. Он учил меня этой науке — пить вино и пить коньяк. Говорил, что питье — занятие чувственное. Требует обостренных чувств. Сначала он долго греет рюмку с коньяком. Вот так.

Она обняла круглое, как электрическая лампочка, дно рюмки обеими ладонями, приласкала его, немного поплескала нежными круговыми движениями по внутренним стенкам рюмки. Медленно поднесла рюмку к губам, коснулась рта. Прижала стекло к губе.

— Это надо делать очень нежно, очень любовно...

Она уже не рюмку держала в руке, она уже опробовала приближение к нему. Диванчик, на котором она сидела, был «дишес», двухместный.

«Сядь, сядь сюда, — мысленно приказала ему Валерия. — Пожалуйста...»

Он не пересел. Но именно в этот момент понял, чего от него ждут. И еще он понял, что она в смятении и просит у него помощи. Она была так красива, и женственна, и взросла, и умна. И хочет от него так немного... Да ради Бога! О чем тут говорить? «Господи, как всех женщин жалко, — мелькнуло у Шурика. — Всех...»

Она сделала еще один маленький глоток и сдвинулась совсем к краю дивана. Шурик сел рядом. Она поставила рюмку и положила горячую руку на тыльную сторону его ладони. Дальше все было очень просто. И довольно обыкновенно. Единственное, что удивило Шурика, — это температура. Она была высокая. Там, внутри у этой женщины, был жар. Влажный жар. У нее была большая красивая грудь с твердыми сосками, и пахло от нее чудесно, и вход такой гладкий, правильный: маленькое напряжение — и как с горы... Только не вниз, а вверх... Круто, так что дух немного захватило. Все было так отлично. Ее бил как будто озноб, и он ее немного придерживал. То, чем Матильда заканчивала, этим она начала и поднималась по ступеням все выше и выше, и Шурик догадывался по ее лицу, что она отлетает от него все дальше и ему за ней не угнаться. Он догадался также, что его простые и незатейливые движения вызывают внутри сложноустроенного пространства разнообразные ответы, что-то пульсировало, открывалось и закрывалось, изливалось и снова высыхало. Она замирала, прижимала его к себе и снова отпускала, и он подчинялся ее ритму все точнее, и сбился со счету, считая ее взлеты.

Он чувствовал, что ему надо продержаться подольше, и ее обморочные паузы давали ему этот шанс.

В час ночи Шурик позвонил маме и сказал, что задержится: очень большая работа оказалась. Действительно, закончили работу только к трем.

Лежали в насквозь мокрой постели. Она выглядела похудевшей и очень молодой. Шурик хотел было встать, но она его удержала:

— Нельзя так сразу.

Он снова лег. Поцеловал ее в подвернувшееся ухо.

Она засмеялась:

— Ты меня оглушил. Надо вот так.

И влезла большим языком ему в ухо, щекотно и мокро.

— Такого со мной не было никогда в жизни, — прошептала она, вылезши из его уха...

— И со мной, — легко согласился Шурик. Ему было девятнадцать, и действительно, было множество вещей, которые с ним еще никогда не случались.

32

Письма Александра Сигизмундовича, две связки, довоенные и послевоенные, Вера перечитала. Она знала их наизусть и вспоминала не только письма, но и время, место и обстоятельства их получения. И чувства, испытанные тогда.

«Можно было бы написать роман», — подумала Вера. Сложила конверты стопочками, обвязала ленточкой и отнесла на место. По прошествии лет молодость казалась яркой и значительной. Рядом с коробочкой, в которой хранились письма, Вера обнаружила еще одну, материнскую. У мамы была просто-таки страсть к разным шкатулкам, укладкам, бонбоньеркам. Хранила и жестяные, дореволюционные, из-под чая и леденцов, и швейцарские, и французские...

«Да что там?» — подумала Вера, отодвигая круглую шляпную картонку, чтобы поместить на место свою мемориальную коробку.

Открыла. Удивилась. Улыбнулась. Это были тряпочки для вытирания пыли, сшитые Елизаветой Ивановной впрок из вышедших из употребления рваных фильдеперсовых чулок. Вера вспомнила, как мама резала на куски старые чулки, складывала в четыре слоя и прошивала крестиками-птичками. Точно так же она делала и перочистки, но из старого сукна. Как много всего вышло из употребления... саше... думочки... щипцы для завивки... кольца для салфеток... да и сами салфетки...

Вера взяла две розовато-телесные тряпочки — и чулки такого цвета теперь не носят — и прошла по комнате, сметая пыль со множества мелких предметов, составляющих неизменный пейзаж ее жизни.

«А зеркало мама протирала почему-то нашатырем, — вспомнила Вера, заглянув в зеркало. — И никто больше не считает меня красавицей, — усмехнулась своему миловидному отражению. — Может, только Шурик».

Повернула голову направо, налево. «А что, действительно хорошо выгляжу. Вот только подбородок немного испортился, провисла шея». И если сдвинуть стоячий воротничок, обнажится шрам, розовый и немного складчатый. Хороший шов, у других он получался грубее, толще. Ей сделали косметический... Она потрогала одрябший подбородок. «Есть упражнение, — и она сделала круговое движение головой, и что-то хрустнуло сзади в шее. — Ну вот, отложение солей. Надо позаниматься...»

Прошло уже несколько дней с тех пор, как она ходила с Шуриком в консерваторию. Накануне, уже без него — он занимался в институте, — она была в Музее Скрябина. Исполняли «Поэму экстаза», которую помнила она от первой до последней ноты. Играть никогда не пробовала — очень сложно. Но вспомнила с умилением, как в молодые годы под эту энергично-рваную музыку выделывали студийцы свои хореографически-спортивные упражнения. И стихи Пастернака, связанные и с этой самой музыкой, и с его тогдашним кумиром композитором Скрябиным. Какая мощная, какая современная культура — и все куда-то ускользнуло, рассеялось, кажется, совсем бесследно... И в театре, кроме классики, смотреть не на что. Говорят, Любимов... Но там все на брехтовской энергии. Биомеханика. Какая-то пустая полоса... Да, появился еще Эфрос. Надо посмотреть... Она сидела с пыльной тряпочкой в руках, размышляя о высоких материях, как вдруг раздался неожиданно поздний звонок в дверь — пришел сосед Михаил Абрамович...

— Я возвращаюсь с собрания, вижу — у вас горит свет, — объяснил он.

— Проходите, пожалуйста, я только руки сполосну... — Вера зашла в ванную, опустила руки под струю воды. Пыльную тряпочку оставила в раковине — потом прополоскать.

Он стоял на коврике с исключительно деловым видом:

— Ну что, Вера Александровна, обдумали мое предложение? Подвал пустует!

Она и забыла, что он два раза уже донимал ее каким-то кружком, который хорошо бы организовать для детского досуга.

— Нет-нет, я действительно в прошлом актриса, но никогда не вела занятий с детьми, и речи быть не может, — твердо отказалась.

— Ну, хорошо, хорошо... Тогда, может быть, вы пойдете к нам в бухгалтеры? Бухгалтер нам в кооператив тоже нужен. Эта старая уходит. А вы бы нам подошли... — подумал немного и добавил: — а кому бы вы не подошли, с другой стороны? А? Не отказывайте, не отказывайте! Сначала подумайте! Я просто вне себя, что такая молодая и красивая, извините, конечно, женщина, вот так совершенно никак себя не проявляет в общественном смысле. — И он заторопился и отказался от чая, который Вера ему любезно предложила.

Вера рассказала Шурику и о своих размышлениях по поводу обнищания культуры, и о визите Михаила Абрамовича, предлагающего что-нибудь полезное делать на общественных началах. Посмеялась. Шурик же неожиданно сказал:

— Знаешь, Веруся, а занятия с детьми могли бы тебе очень подойти. Ты так всегда интересно рассказываешь о театре, о музыке. Не знаю, не знаю, может, это было бы и хорошо...

Еще через несколько дней Михаил Абрамович пришел с картонной коробочкой, на которой гнусными коричневыми буквами было выведено «Мармелад в шоколаде». Пили чай. Он соблазнял ее от имени домового парткома. Она улыбалась и отшучивалась. Она давно уже знала, что нравится еврейским мужчинам. Этот был чем-то похож на того снабженца, который влюблен был в нее давным-давно... Но такой поклонник — все-таки чересчур... Прозвище Мармелад с этого дня за Михаилом Абрамовичем утвердилось.

Вера улыбалась, и настроение сделалось приподнятое — вещь для декабря невероятная, и даже предложила Шурику устроить для его учеников если не настоящий рождественский праздник, то хотя бы чаепитие.

— А пряники?

— Ну, можно купить, и записочки к покупным приложить...

Но Шурик категорически отверг это предложение как надругательство над домашними традициями. Елку тем не менее купил заранее, на этот раз очень хорошую, и поставил на балкон до востребования...

Вера после находки материнских пыльных тряпочек вдруг заметила, что со смертью Елизаветы Ивановны дом как-то обветшал и потускнел, хотя и полотер уже приходил, натер двумя волосяными щетками паркет и оставил после себя старомодный запах мастики и благородное свечение паркета, и сама Вера Александровна прошлась по квартире несколько раз с фильдеперсовыми тряпками, собрав пыль на их розовые брюшки. Чего-то не хватало... Сказала об этом Шурику в свойственной ей меланхолической манере...

Дело было вечернее, после ужина, сидели за столом — не на кухне, как в утренней спешке, а в бабушкиной комнате, за овальным столом. Брамс подходил к концу, Шурик эту пластинку много раз слышал и ждал приближающейся коды...

— Веруся, я думаю, не в самом доме дело. Все у нас в порядке, бабушка вполне могла бы быть довольна.

Просто, ты понимаешь, я ведь тоже об этом думаю, ты слишком много времени проводишь дома...

— Ты думаешь? — изумилась Вера такому странному предательству. Не Шурик ли сам так настаивал, чтобы она ушла на пенсию, получила инвалидность... И вдруг — такое... — Ты думаешь, что мне следует поискать работу?

— Нет, я совсем не это думаю. Другое. Не работу, а занятие. Я уверен, что ты могла бы писать рецензии — ты всегда так интересно говоришь о театре, о музыке. Ты столько всего знаешь... Могла бы преподавать... Не знаю чего, но многое могла бы. Бабушка всегда это говорила, что ты свой талант загубила, но ведь не поздно что-то еще делать...

Вера поджала губы:

— Какой талант, Шурик? Я видела настоящих актрис, знала Алису Коонен, Бабанову...

Кажется, никто и никогда не относился с таким уважением к ее творческой личности, как Шурик. Это было приятно.

33

Времени для какого бы то ни было настроения — хорошего, плохого, грустного — у Али совершенно не было. Уж слишком она была занята. Однако незадолго до Нового года пришло полуофициальное письмо из Акмолинска, с завода. Заведующая лабораторией поздравляла ее от имени бывших сослуживцев с наступающим Новым годом, писала, что на ее место взяли двух лаборантов, и справляются они вдвоем хуже, чем она одна. Это была приятная часть письма. Далее она писала, что вся лаборатория ждет ее возвращения настоящим специалистом, и особенно было бы хорошо, если бы она освоила как следует методы качественного и количественного анализа продуктов крекинга нефти, потому что это будет ее основное направление работы. И еще: к лету, когда у нее будет производственная практика, завод сделает запрос, чтоб на летние месяцы она приехала поработать дома, а в отделе кадров уже подтвердили, что и дорогу оплатят, и за время практики будут ей давать зарплату.

Вот тут-то у Али и возникло настроение. Плохое. И даже очень плохое. Уже привыкнув к мысли, что навсегда останется в Москве после окончания Менделеевки, поняла она, какой трудной задачей будет избежать Акмолинска, приписанной к которому она оказалась на всю жизнь.

Единственным выходом было только замужество, и единственным кандидатом был Шурик, уже занятый, хотя и фиктивно. Ей казалось почему-то, что, сделав такую услугу Стовбе, с которой особенно и не дружил, на ней-то он уж непременно должен жениться. И притом не фиктивно. Она загибала про себя пальцы: уже шесть раз они были любовники. А это не раз, не два, серьезно все-таки. Правда, Шурик как-то сам не проявлял к ней интереса. Но он был сильно занят: и мама больная, и учеба-работа — времени же на все не хватает, — убеждала она сама себя.

Сдаваться она не собиралась, и Новый год представлялся ей подходящим временем для очередного наступления.

С середины декабря она несколько раз заходила на Новолесную, как бы мимо пробегая, но Шурика дома застать ей не удавалось. Вера Александровна поила ее чаем с молоком, была рассеянно-приветлива, но ничего извлечь из этого было невозможно. Ей хотелось быть приглашенной в дом, на встречу Нового года, как в прошлом году, — в памяти ее как-то совершенно растворилось, что и в прошлом году никто ее не приглашал.

Наконец, вызвонив Шурика, сказала, что надо срочно поговорить. Шурик, не испытав даже малейшего любопытства, побежал в Менделеевку в одиннадцатом часу вечера, и пробежка эта даже доставила ему удовольствие, как и вид главного входа, вестибюля — у него было чувство отпущенного арестанта, попавшего на бывшую каторгу свободным человеком.

Аля в своей неизменной синей кофте, с начесанным большим пуком на голове встретила его на лестнице. Взяла под руку. Шурик огляделся — странно: ни одного знакомого лица, а ведь год здесь проучился...

Пошли в курилку, под лестницу. Аля достала из сумки пачку сигарет «Фемина».

— О, ты куришь? — удивился Шурик.

— Так, балуюсь, — ответила Аля, играя сигаретой с золотым ободочком.

Шурику всегда было немного неловко в ее присутствии.

— Ну, что? — спросил он.

— Насчет Нового года хотела с тобой посоветоваться, — более ловкого хода она не придумала, как ни тужилась. — Может, я пирог спеку или салат накрошу?

Он смотрел на нее в недоумении, решив, что она хочет пригласить его в общежитие.

— Да я дома, с мамой, как всегда. И никуда не собираюсь...

Это была правда, но не вся. Он собирался после часу ночи, выпив с мамой по бокалу ритуального шампанского, пойти к Гии Кикнадзе, к которому должны были прийти бывшие одноклассники.

— Так и я хочу к вам прийти, только надо же приготовить что-нибудь...

— Ладно, я у мамы спрошу... — неопределенно отозвался Шурик.

Аля пустила струю дыма из открытого рта. Сказать было нечего, но что-то надо было...

— От Стовбы ничего не слышно?

— Не-а.

— А я письмо получила.

— Ну и что?

— Ничего особенного. Пишет, что после академического вернется, а дочку, скорей всего, у мамы оставит.

— Ну и правильно, — одобрил Шурик.

— А Калинкина с Демченко женятся, слышал?

— А Калинкина — это кто?

— Из Днепропетровска, волейболистка. Стриженая такая...

— Не помню. Да и откуда я могу слышать, если я никого из той группы, кроме тебя, вообще не видел? Только с Женькой иногда по телефону.

— А у Женьки у самого роман! — с отчаянием почти крикнула Аля. И больше сказать совсем было нечего. Шурик не проявил ни малейшего интереса к новостям курса.

— Ой, забыла сказать! Израйлевича помнишь? Так у него был сердечный приступ, его увезли в больницу, и он зимнюю сессию принимать не будет, а потом вообще, может, на пенсию уйдет!

Шурик хорошо помнил этого математического маньяка, даже в сон к нему проломившегося. Из-за него-то он и сбежал из Менделеевки: осенняя переэкзаменовка по математике все дело решила...

— Так ему и надо, — буркнул Шурик. — А что ты мне сказать-то хотела? Срочное? — уточнил Шурик тему встречи.

— А про Новый год, Шурик, чтоб договориться... — растерялась Аля.

— А-а, понял, — сказал он неопределенно. — И все?

— Ну да. Надо же заранее...

Шурик галантно проводил Алю до «Новослободской» и побежал домой, забыв немедленно и о ней самой, и об ее малоинтересных новостях. И забыл настолько прочно, что вспомнил об этом разговоре только в двенадцатом часу тридцать первого декабря, когда вдвоем с Верой они сидели в бабушкиной комнате, при зажженной елке, и было все точно так, как собирались они сделать еще в прошлом году: бабушкино кресло, и ее шаль на спинке кресла внакидку, и полумрак, и музыка, и новогодние подарки под елкой...

— Кто бы это мог быть? — посмотрела Вера Александровна на Шурика с беспокойством, когда раздался звонок в дверь.

— О Господи! Это Аля Тогусова!

— Ну вот, опять, — горестно склонила голову Вера Александровна, вздохнула. — Зачем же ты ее пригласил?

— Мам! И не думал даже! Как тебе такое в голову пришло?

Они молча сидели за столом перед тремя приборами. Один — бабушкин. Звонок робко тренькнул еще раз. Вера Александровна постучала хрупкими пальцами по столу:

— Знаешь, как бабушка говорила в таких случаях? Гость от Бога...

Шурик встал и пошел открывать. Он был зол — и на себя, и на Алю. Она стояла в дверях с салатом и пирогом.

И смотрела на него с умоляющей и бесстыдной улыбкой. И ему стало ее ужасно жалко.

Новый год был испорчен, и он еще не знал, до какой степени.

Стол был красиво украшен, но скуден. Алин пирог сверху пересушен, а внутри недопечен. Шурик съел два куска, но этого не заметил, Вера Александровна тоже, поскольку и не попробовала. К инструменту Вера даже не подошла, и Шурик страдал, глядя на ее замкнутое лицо. Прошлогодняя нелепость — Фаина Ивановна с ее шумным вмешательством — была хотя бы театральна. Да и самой Але было не по себе: она получила то, чего добивалась, — сидела с Шуриком и его матерью за новогодним столом, но никакого торжества при этом не испытывала. В этой композиции третий был явно лишним. В двенадцать часов чокнулись. Потом Шурик принес чай и четыре пирожных, за которыми ездил утром на Арбат. Через пятнадцать минут Вера встала и, сославшись на головную боль, ушла спать.

Шурик отнес на кухню посуду и сложил ее в раковину. Бессловесная Аля сразу же ее вымыла. Как моют химическую — полное удаление жира и двадцатикратное ополаскивание, чтобы не стекали капли.

— Я провожу тебя до метро. Еще работает, — предложил Шурик.

Она посмотрела на него как наказанный ребенок, с отчаянием:

— И все?

Шурику хотелось поскорее от нее отделаться и бежать к Гии:

— А что еще? Ну хочешь еще чаю?

И тогда она встала в угол за кухонной дверью, закрыла лицо руками и горько заплакала. Сначала тихо, потом сильней. Плечи ее тоже как-то от мелких вздрагиваний перешли к более крупным, раздалось захлебывающееся клокотание и странный стук, который Шурика даже удивил: она слегка билась головой о дверной косяк.

— Ты что, Аль, ты что? — Шурик взял ее за плечи, хотел повернуть к себе лицом, но тело ее оказалось как дерево, вросшее в пол. Не оторвешь.

Хриплые ритмичные звуки, частые, на выдохе, вырывались из нее.

«Как будто порванную камеру накачивают», — подумал Шурик.

Он просунул руку между нею и дверью, но качание ее не прекратилось. Только звуки стали громче. Тогда Шурик испугался, что услышит мама. Он был уверен, что она не спит, а лежит у себя в комнате с книгой и с яблоком... Слегка напрягшись и удивляясь сопротивлению ее хрупкого тела, он оторвал Алю от пола, отнес к себе в комнату и закрыл ногой дверь. Хотел положить ее на кушетку, но она вцепилась в него замороженными руками и все дергала головой и плечами. Когда же ему удалось ее уложить, он в ужасе от нее отшатнулся: глаза были закачены под верхние веки, рот криво сведен судорогой, руки подергивались, и она была явно без сознания...

«Скорую, скорую»! — Кинулся было к телефону и остановился с трубкой в руке: Веруся перепугается... Бросил трубку, налил воды в чайную чашку и вернулся к Але. Она все еще подергивала сжатыми кривыми кулачками, но уже не издавала велосипедных звуков. Он приподнял голову, попытался напоить, но губы были плотно сжаты. Он поставил чашку, сел у нее в ногах. Заметил, что и ноги ее подрагивают в том же ритме. Юбочка была жалко задрана, тонкие ноги угадывались под розовым трико избыточного размера. Шурик запер дверь, снял с нее трико и начал производить оздоровительную процедуру. Других средств в его арсенале не было, но это, единственное ему доступное, подействовало.

Через полчаса она совершенно пришла в себя. Помнила, что вымыла посуду, а потом оказалась на Шуриковой кушетке, с чувством глубокого удовлетворения отметив про себя «седьмой раз!». А потом он, застегивая брюки, галантно поинтересовался, как она себя чувствует. Чувствовала она себя странно: голова была гулкая и тяжелая. Решила, что это от шампанского.

Метро уже не работало. Шурик отвез Алю в общежитие на такси, поцеловал в щеку и на той же машине отправился к Гии, счастливый тем, что все обошлось и он свалил с плеч это неприятное приключение.

У Гии веселье было в полном разгаре. Родители уехали в Тбилиси, оставив на него квартиру и старшую сестру, маленького роста толстушку с монгольской внешностью и неразборчивой речью. Обычно они брали ее с собой, но в этот раз не смогли: она была простужена, а простуды грозили ей опасными последствиями. Кроме бывших одноклассников Гия пригласил несколько сокурсниц из института, так что девочек, как это часто бывало, оказалось с большим избытком, и танцы носили скорее групповой характер. Шурик сразу оказался в середине этой танцевальной кутерьмы и отплясывал рок-н-ролл, или то, что он так именовал, с большим воодушевлением, прерываясь исключительно ради выпивки, которой было море разливанное. Он пил, плясал и чувствовал, что именно это необходимо ему для избавления от незнакомого прежде чувства жути, осевшего на такой глубине души, о существовании которой он и не догадывался. Как будто в собственном, известном до последнего кирпича доме обнаружился еще и таинственный подвал...

Грузинский коньяк, привезенный в цистернах из Тбилиси в Москву для местного розлива, частично расходился по московским грузинам, друзьям начальника московского коньячного предприятия. Двадцатилитровая канистра дареного напитка стояла в кухне. Он был не особенно плох, хотя до хорошего ему было далеко, но количество его настолько превосходило качество, что качество совершенно не имело значения. Это был тот самый коньяк, которым угощала Шурика Валерия Адамовна, из того же самого источника, из тех же самых рук. Но Шурик пил коньяк стаканами, а не рюмками, наполненными на одну треть, пытаясь поскорее избавиться от навязчивого воспоминания — Аля с закатившимися под лоб глазами и судорожными биениями скрюченных лапок.

Через час он достиг зенита опьянения и минут сорок пребывал в том счастливом состоянии, ради которого миллионы людей вот уже тысячи лет вливают в себя «огненную воду», сжигающую омраченное бесчисленными провалами прошлое и пугающее будущее. Счастливое, но краткое состояние, из которого Шурику запомнилась толстенькая Гиина сестра с сияющим плоским личиком, прыгающая вокруг его ног не в такт музыке, высокая длинноволосая девушка в синем с надкусанным пирожком, который она засовывала Шурику в рот, одноклассница Наташа Островская, располневшая, с обручальным кольцом, настойчиво предъявляемым Шурику, и снова низенькая толстушка, все тянувшая его куда-то за руку.

Еще он помнил, что блевал в уборной и радовался, что попадает ровно в середину унитаза, нисколько не промахиваясь. С этого момента начиная, он уже не помнил ничего до тех пор, пока не проснулся на узкой кровати в незнакомой комнате. Это была детская, судя по количеству мягких игрушек. Ноги его были чем-то придавлены — сестрой Гии, спавшей на его ногах с большим плюшевым медведем в обнимку.

Он осторожно выпростал ноги из-под трогательной парочки. Толстушка открыла глаза, неопределенно улыбнулась и снова заснула. Смутное подозрение закралось на мгновение, но Шурик его без всякого усилия тут же отогнал. Встал на ноги. Кружилась голова. Хотелось пить. Почему-то сильно болели ноги. Он вышел на кухню. Свинство вокруг творилось беспредельное: липкий пол, битая посуда, окурки и объедки... В большой комнате на ковре, укрывшись пальто и нелепо белоснежным пододеяльником, спало неопределенное количество гостей.

Шурик подхватил свою куртку, которая удачно лежала посреди прихожей, и смылся. Надо было поскорее домой, к маме.

Аля была довольна своими новогодними достижениями. Она выспалась — одна во всей комнате. Соседки разъехались по домам. Голова болеть перестала.

Шурик у Али не появлялся. Сначала она звонила ему, один раз позвала его в театр, другой раз попросила перевезти холодильник в общежитие: одна сотрудница кафедры отдала ей свой старый. Шурик приехал, помог. А потом сразу заторопился... Аля переживала: любовный роман не получался. Но началась сессия, она собиралась позвонить, но боялась все окончательно испортить.

Потом ее взяли работать в приемную комиссию. Она уже сама принимала документы у приезжающих абитуриентов, смотрела на них опытным глазом, выписывала направления в общежитие и вспоминала себя — как она с жутким чемоданом, с натертыми до крови ногами притащилась сюда два года тому назад, — и испытывала гордость, потому что сейчас от того места и времени была она как небо от земли.

Институтская столовая летом не работала, и Аля ходила в булочную и покупала там на всю приемную комиссию бублики. Однажды она перебегала дорогу на красный свет, и ее сбила машина. Как это произошло, она совершенно не помнила, — когда пришла в себя, вокруг нее собрался народ. Водитель, который сбил ее, еще и врезался во встречную машину.

Все кости были целы, но бок болел, и левая нога ободрана. Два милиционера составляли протокол. Она была потерпевшая, но и нарушившая. Скорую помощь Аля просила не вызывать, сказала, что ничего страшного. Один милиционер, белесый, щупленький, к ней наклонился и тихо сказал:

— Для тебя лучше, если скорая приедет.

Но Аля боялась, что ее надолго заберут в больницу и она потеряет работу. Она и сказала милиционеру, что работает секретарем в приемной комиссии и никак не может время на больницу терять. Милиционера белесого звали Николай Иванович Крутиков, он отвез ее на милицейской машине в общежитие. Был он старшина, но не из милиции, как она подумала, а из ОРУДа.

Потом при ближайшем знакомстве он ей объяснил, почему это гораздо лучше. Николай Крутиков тоже был приезжий, но не из дальних мест, а из области, и жил в милицейском общежитии. После армии он пошел в московскую милицию и считал, что ему повезло. Ему должны были скоро дать комнату, а если бы был женат, то и однокомнатную квартиру.

Получилось не так скоро. Квартиру им дали только через два года. Год они ходили в кино, но Аля ему ничего такого не позволяла: она теперь была умная. Зато когда поженились, он полюбил ее по-настоящему, как тот Энрике Ленку Стовбу. Они год снимали угол неподалеку, в Пыховом переулке, потом переехали за Савеловский вокзал, в однокомнатную квартиру. Все было так удачно, что лучше и не придумаешь: когда пришла пора возвращаться в Акмолинск, она была уже и замужем, и прописана, и беременна, и поступала в аспирантуру.

В Акмолинск Аля попала только один раз — на похороны матери. А Шурика и не вспоминала — чего вспоминать о неудачах?! От всей этой истории остался только английский чай. Аля купила молочник, пьет чай с молоком, а печенье из пачки перекладывает в вазочку. Дочку свою, когда подрастет, собирается отдать в музыкальную школу. Хорошая девочка!

34

Летний сезон прошел у Веры Александровны очень удачно. Дачу сняли у той же хозяйки, Ольги Ивановны Власочкиной, в доме, где проводили все лета с самого Шурикова рождения, с небольшим пропуском. Заняли они теперь не прежнее помещение — две парадные комнаты с верандой, а часть дачи более скромную, глядящую на зады участка, — одну комнату с террасой и отдельной кухней. Новое помещение было хоть и меньше, но удобнее. Накануне переезда Шурик перетащил из сарая, где семья хранила дачные вещи, мебель, главным образом перевезенную сюда со времен великого переселения из Камергерского переулка. Удивительное дело, каким образом образовался при переезде из одной разгороженной комнаты в трехкомнатную квартиру этот мебельный излишек из нескольких венских стульев, пары этажерок, раскладного стола, утратившего свое гостеприимное качество... Дважды сосланное имущество, сохраненное дачной хозяйкой в целости, расставлено было теперь на новом месте и напомнило Шурику и Вере о Елизавете Ивановне: эти вещи еще не знали о ее смерти, ее стул с вышитыми на спинке чехла кляксами васильков как будто ожидал ее. Однако теперь, по прошествии двух лет, чувство потери несколько выцвело, как и васильки...

Сидела теперь на этом стуле Ирина Владимировна, давняя подруга Веры, состоявшая с ней в отдаленном родстве. Дочь купца, всю жизнь скрывающая происхождение, одинокая Ирина осела вдали от родного Саратова в подмосковном Малоярославце, работала, как и Шурик, в библиотеке, и теперь, выйдя на пенсию, с радостью приняла предложение Веры пожить с ней на даче. Вера, еще со времен ее артистической молодости, представлялась Ирине существом высшим, и никакие жизненные неуспехи подруги не смогли поколебать в ней глубокое, с оттенком личной униженности почтение.

Шурик тоже обрадовался: присутствие компаньонки рядом с матерью было большим облегчением — ежедневные поездки в набитой электричке отнимали много времени, и он мог теперь благодаря Ирине Владимировне не каждый день ночевать на даче. Приезжал он через день, иногда и через два на третий, с продуктами. Ирина, прожившая всю жизнь если не в нищете, то в большой скудости, увлеченно занималась богатой стряпней: продуктов было вдосталь, даже с избытком, и она пекла, варила и тушила с большим размахом, совершенно в стиле Елизаветы Ивановны. Вера Александровна, привыкшая есть мало и рассеянно, с трудом отрывала Ирину Владимировну от кухни, чтобы погулять, пройтись до озера, до березовой рощи... Обычно та отказывалась, и Вера совершала одинокие прогулки, занималась дыхательной гимнастикой на укромной поляне, чередуя длинные вдохи, наполняющие до самого дна легкие, с короткими энергичными выдохами и ощущая приливы здоровья особенно в поврежденную операцией шею. Ирина тем временем исступленно терла, замешивала и взбивала. Зато к приезду Шурика она накрывала на стол заранее, теплый пирог отмякал под двумя полотенцами, в глубоком подполе на льду застывал холодец, компот настаивался под плотно закрытой крышкой.

Шурик приезжал в сумерки, умывался у рукомойника и вытаскивал из сарая старый дорожный велосипед, подаренный бабушкой к тринадцатилетию: ему все хотелось сгонять на озеро, искупаться. Он подкачивал змеистые шины, протирал детской пижамой, давно пущенной на тряпки, мутное крыло и предвкушал бодрую тряску по корням, пересекающим рыжую тропу, и веселое ускорение, когда тропа уклонялась под горку, и тугое прикосновение натянутого воздуха, бьющего в лоб... Но Ирина чуть ли не униженно просила его сначала пообедать, потому что все теплое, остывает, и он поддавался на уговоры, садился за стол. Она замирала за его спиной с выражением курицы, собирающейся склевать зерно, неожиданно и стремительно совала ему то редиску, то солонку, то еще кусок пирога, и он объедался, как голодный кот, и едва не засыпал за столом.

— Спасибо, Тетирочка, — бормотал Шурик и, испытывая чувство вины перед велосипедом, отводил его невыгулянным обратно в сарай, целовал старушек и падал на бугристый диван, засыпая на лету.

Ирина разводила в тазике теплую воду, долго мыла посуду, издавая тихое бормотание. Болтливость ее была робкой: не привыкшая в своем одиночестве к собеседникам, она вела себе под нос нескончаемый монолог.

Так, едва раскрыв глаза, она начинала утреннюю песню, что погода хорошая, молоко чудесное, кофе убежал, тряпочка куда-то запропала, чашка не очень хорошо вымыта и какой милый узор на блюдечке. К вечеру речь ее от усталости замедлялась, но она все говорила, говорила — о том, что солнце село, и стемнело, и сырость идет от земли, а табак под окном пахнет, пахнет... И, спохватываясь, спрашивала: не правда ли, Верочка? В собеседнике она давно не нуждалась, отклика не требовала.

Вера была вполне довольна компаньонкой. Хотя Ирина была ее моложе на два года, в быту все расставилось обычным для Верочки образом: как будто Елизавета Ивановна прислала ей на время свою заместительницу — готовить, убирать комнаты, заботиться... Только пообщаться с Шуриком было невозможно: объевшийся Шурик так молниеносно засыпал, что не удавалось Вере обсудить с ним богатые культурные новости, которых было множество в тот год: перевели Скотта Фицджеральда, Роберт Стуруа поставил «Кавказский меловой круг», должен был приехать в Москву знаменитый кукольный театр из Милана... Ирина Владимировна хоть и была библиотечным работником, но, оглушенная временным изобилием продуктов питания, никак не могла соответствовать культурным интересам родственницы.

Наутро Шурик вскакивал по будильнику, съедал трехступенчатый завтрак, изготовленный неутомимой Ириной, и, не тревожа материнского сна, бежал на электричку. Вечером ждала его Валерия в пролетающих через спину и грудь аистах, и он исполнял свое назначение — честно, трудолюбиво, добросовестно, как учила его бабушка относиться ко всем своим обязанностям.

К этому времени Валерия призналась ему, что никогда бы не позволила себе романа с мальчиком, если бы не давняя ее мечта родить ребенка. Шурик смутился: один ребенок за ним уже числился.

— Это мой последний шанс. Неужели ты откажешь мне в том, чего сама природа хочет? — горячо шептала Валерия. И Шурик не отказывал в том, чего хотела природа.

Все лето он трудился на благо природы не покладая рук, и в конце августа Валерия сказала ему, что труды его увенчались успехом — она беременна. Когда врач из женской консультации подтвердила шестинедельную беременность, Валерия вспомнила о своем обете и решила на этот раз сохранить верность слову, данному Господу. Она проплакала ночь: благодарность, горечь полного отказа от мужской любви — как тогда представлялось, — мечта о девочке и страх за ребенка, вынашивание которого было ей запрещено всеми без исключения врачами... Считалось, что при ее заболевании беременность и роды совершенно противопоказаны. Все это смешалось в слезоточивую смесь. Но слезы эти были скорее счастливыми...

После окончания дачного сезона Валерия объявила Шурику, что встречаться они больше не будут, и подарила ему на память гравюру из отцовской коллекции — «Возвращение блудного сына» работы Дюрера. Намека Шурик не понял, принял и отказ, и подарок со смирением и без большого огорчения. Домой его Валерия больше не приглашала.

На работе свою начальницу он видел довольно редко: она большую часть времени проводила в своем кабинете, а Шурик сидел теперь в каталоге... Когда они сталкивались в коридоре, Валерия Адамовна многозначительно сияла ему синими глазами и улыбалась беглой улыбкой, как будто и не было ничего между ними. А он испытывал приятную теплоту и чувство удовлетворения от хорошо сделанной работы: он знал, что она ему благодарна.

35

Московская квартира, пропыленная и заброшенная, имела нежилой вид. Ирина Владимировна, вернувшаяся с дачи вместе с Верой, сразу же принялась за влажную уборку. Полных три дня она елозила с тряпкой, бормоча нескончаемую песню: комочек в самый уголок забился, сейчас мы его вытащим... паркет хороший, дубовый, а под плинтусом щель... тряпочку пора прополоскать, прямо черная... и откуда такая грязь берется...

Вера спустилась с книжкой во двор, села на лавку. Читать не хотелось. Она млела на солнце, прикрыв шею газовым шарфиком от запрещенных врачами смертоносных лучей.

«Жаль, что так рано с дачи съехали, — думала она в полудреме. — Это мама такой порядок завела — съезжать с дачи в последнее воскресенье августа, чтоб подготовиться к началу учебного года. Надо было жить, пока погода не испортится...»

— С приездом! С приездом, Вера Александровна! — Перед Верой стоял молодцеватый Михаил Абрамович, протягивая простодушную ладонь для партийного рукопожатия.

Вера Александровна очнулась от солнечной ванны, увидела соседа в парусиновых штанах, в линялой украинской косоворотке и неизменной красной тюбетейке.

«Какой-то персонаж из довоенной кинокомедии», — подумала Вера.

— Разрешите, я присяду рядом с вами? — Опасливым геморроидальным движением он устроился на краю скамьи.

— Так все в порядке! — обрадовал он ее. — Прекрасное помещение! Умерла Варвара Даниловна с седьмого этажа, и ее дочь передала домоуправлению прекрасное пианино. Его надо немножко настроить — и готово! И уже есть расписание: в понедельник заседание правления, в среду наша ревизионная комиссия, в пятницу доктор Брук дает бесплатные консультации жильцам нашего дома. А вы выбирайте любой день, и он ваш! И ведите себе кружок: хотите — театральный, хотите — музыкальный, для детей! Ну?

Вид у него был торжествующий.

— Я подумаю, — сказала Вера Александровна.

— А что думать? Вторник ваш. А хотите — четверг или суббота?

Он был полон энтузиазма, и служебное рвение вдовца усиливалось от приятнейшего вида моложавой, милой и такой культурной дамы.

«Жемчужина, настоящая жемчужина, — думал Михаил Абрамович, — встретить бы такую женщину в молодости...»

Вечером, за поздним ужином, Вера рассказала Шурику о встрече с Михаилом Абрамовичем. От нее вовсе не укрылось мужское восхищение старика, но он казался ей столь комичным в своей косоворотке с вышитыми крестиком цветочками, в тюбетеечке, за долгие годы службы промаслившейся на его лысой голове...

Но Шурик на этот раз не поддержал обычного смешливого разговора. Он в задумчивости доел котлетку, изготовленную Ириной Владимировной из трех, как полагается, сортов мяса, вытер рот и сказал неожиданно серьезно:

— Веруся, а мысль не такая уж и плохая...

Ирина, за три месяца компанейской жизни не высказавшая ни единого суждения, неожиданно оторвалась от невидимого миру пятнышка на плите, которое сосредоточенно терла белой тряпочкой:

— А для детей, для детей какое было бы счастье! Верочка! При твоей культуре! При твоем таланте! — Щеки ее пошли розовыми пятнами. — Могла бы и в институте, и в академии! Ты же столько всего знаешь и про искусство, и про музыку, я уж не говорю — про театр! Вон покойная Елизавета Ивановна какой была педагог, скольких людей обучила, а у тебя талант втуне. Втуне пропадает! Это же грех, что ты не преподаешь!

Вера рассмеялась — никогда не наблюдала она в Ирине такой горячности.

— Ириша, да что ты говоришь! Как это меня с мамой сравнивать! Она была настоящий педагог, а я неудавшаяся актриса. Недоучившийся музыкант. Посредственный бухгалтер. И к тому же инвалид! — Последнее было произнесено даже с некоторым вызовом.

Тут Ирина всплеснула руками, выронив сразу две тряпочки:

— Как! Да я за лето столько от тебя интересного слышала! Ты же кладезь! Шурик, хоть ты скажи! Ведь кладезь познаний! Про античный танец кто сейчас помнит! А ты так рассказываешь, как будто сама все видела! А про твою философско-танцевальную науку...

— Эвритмию, — подсказала Вера Александровна.

— Вот именно! И про всякие священные танцы как ты рассказывала! Это ж просто библиотека в голове! А про Айседору Дункан!

Ирина подобрала с полу оброненные тряпочки и закрыла тему:

— Обязана! Я так считаю, что ты просто обязана преподавать!

На следующий день в подъезде дома и во дворе висело написанное лиловыми чернилами на оберточной бумаге объявление: «Кружок театральной культуры начинает свою работу в помещении домоуправления, по вторникам в 7 часов вечера. Ведет занятия Вера Александровна Корн. Приглашаются дети среднего школьного возраста. Рекомендуется!».

От последнего возгласа Михаил Абрамович не смог удержаться — он заменил ему столь любимое «запрещается!», но интонация угрозы осталась.

С глупейшей этой затеи — подвально-подпольного кружка театральной культуры — началось обновление жизни. Собственно, началось оно с того времени, как удалили Вере Александровне ее разросшуюся щитовидную железу, отравляющую тело и угнетающую дух. А кружок этот, возникший исключительно от коммунистического напора и благожелательной глупости Михаила Абрамовича, заставил ее как будто вернуться к интересам молодости, и это напоминало возвращение на милую родину после долгого отсутствия.

Теперь она после неторопливой утренней гимнастики под музыку, после медленного завтрака пудрила нос, продуманно одевалась и ехала в библиотеку. Не так рано, как Шурик, и не в Ленинскую, а в театральную, и не каждый день, а раза три в неделю. Она давно была там записана, знала многих сотрудниц, но теперь обзавелась постоянным местом в читальном зале за вторым столом от окна, где совсем не дуло. Это место стало обжитым, уютным, и занятым оно оказывалось только во время студенческих сессий. Но Вера Александровна избегала тех трех-четырех недель, когда студенты театральных вузов судорожно читали книги. В это время она брала книги на абонементе. Старых журналов, которые ее особенно интересовали, через абонемент не выдавали, их она получала только в читальном зале.

Иногда Шурик заезжал за ней в библиотеку, и они вместе заходили в Елисеевский магазин, покупали там что-нибудь особенно вкусное, что прежде приносила в дом Елизавета Ивановна. Дружно потоптавшись в очереди, они ехали домой на двух троллейбусах, сначала до Белорусского вокзала, через всю улицу Горького, потом три остановки по Бутырскому Валу. Метро Вера Александровна не переносила — задыхалась и нервничала.

— Когда я захожу в метро, на меня сразу набрасывается щитовидка, — объясняла она Шурику. Но он не возражал против длинной поездки. Ему никогда не было скучно с матерью. Она рассказывала ему по дороге о своих чтениях по истории театра, а он слушал со всей отзывчивостью любящего человека.

Вера делала в тетрадь выписки, готовилась к занятиям со своими девочками. В ее кружок ходили исключительно девочки. Два мальчика, в разное время пришедшие на занятия, не прижились в ее женском огороде. Единственный молодой человек, посещающий занятия, был Шурик. Сначала он ходил для оказания моральной поддержки и расстановки стульев. Потом вошло в привычку: вечер понедельника, после занятий в институте, по-прежнему принадлежал Матильде, а как раз во вторник занятий в институте не было, и он закрепился за кружком.

Субботние и воскресные вечера заведомо принадлежали матери. Без обсуждений. К взаимному удовольствию. Изредка Шурик объявлял, что идет на день рождения или в гости к одному из двух своих друзей — к Жене или к Гии. Объявлял извиняющимся тоном, и Вера великодушно отпускала. А случалось, что она делала поправки: просила сначала проводить в театр или, напротив, встретить после спектакля... Это было ее бесспорное право, Шурику и в голову не пришло бы возражать.

На первом же занятии кружка Вера Александровна объявила, что театр — высшее из искусств, потому что включает в себя все: литературу, поэзию, музыку, танец и изобразительное искусство. Девочки поверили. В соответствии с этой концепцией она и вела свое преподавание: делала с девочками гимнастические упражнения, учила двигаться под музыку, дышать, читать вслух. Они разыгрывали пантомимы, выполняли смешные задания — встретиться после долгой разлуки, поссориться, съесть невкусную еду...

Играли, веселились, радовались.

Девочки-ученицы обожали Веру Александровну, а заодно и Шурика. Одна из учениц, четырнадцатилетняя сумрачная Катя Пискарева, некрасивая сутулая девочка с выпученными глазами и кривым ртом, дочка председателя жилищного кооператива, влюбилась в него не на шутку. Даже Вера Александровна, увлеченная исключительно процессом преподавания, заметила ее сумрачный взгляд, тяжело устремленный в сторону Шурика. К счастью, была она столь робка, что настоящей опасности для Шурика не представляла.

Может быть, впервые в жизни Вера жила так, как ей всегда хотелось: рядом с ней был мужчина, бесконечно ей преданный, любящий и внимательный, занималась она именно тем делом, которое смолоду ей не далось, а теперь все так прекрасно организовалось без всяких с ее стороны усилий, и здоровье ее, всегда шаткое, поправилось как раз в те годы, когда у остальных женщин ее возраста происходят всякие неприятные гормональные перестройки, от которых вылезают волосы на местах, где им положено быть, и беспорядочно вырастают дикие седые клочья на жидком подбородке.

К тому же большая родительская забота о Шуриковом образовании, легшая на ее плечи после смерти Елизаветы Ивановны, сама собой разрешилась: сын учился на вечернем, причем без всяких видимых усилий, был освобожден от службы в армии как кормилец матери-инвалида, и все было чудесно. Впервые в жизни так расчудесно...

36

Труднее всего было с обувью. Одежду можно было купить, сшить, связать, перелицевать, в конце концов, из старого, а с обувью была большая проблема у всех, особенно у Валерии. Левая нога была короче, и к тому же на полтора номера меньше, чем правая, и истерзана многочисленными операциями. На голени Валерия носила некоторый аппарат — сложное сооружение из жесткой кожи, металла и путаных ремней. От стопы до бедра нога была покрыта швами разной глубины и давности — летопись болезни и борьбы с ней. Здоровая нога изуродована не была, но, принимая на себя всю тяжесть тела, пузырилась синими венозными узлами и состарилась гораздо раньше гладкого белокожего тела. Впрочем, ног своих Валерия никому ни при каких обстоятельствах не показывала. Другое дело — обувь. С самого переезда в Москву, больше тридцати лет шил ей обувь знаменитый московский сапожник, Арам Кикоян, которого разыскала тогда покойная мачеха.

«Учитель — немец, врач — еврей, повар — француз, сапожник — армянин, любовница — полька», — шутил отец Валерии и принципов этих старался придерживаться, когда обстоятельства позволяли. Армянский сапожник Арам ортопедической обувью не занимался, у него шили жены большого начальства и знаменитые актрисы, но для маленькой Валерии сделано было исключение. Шил он ей две пары обуви в год из лучшего материала, строил каждую пару, как корабль, — с планами, с чертежами, обдумывая каждый раз конструкцию и меняя старую колодку, стараясь усовершенствовать если не обувь, то себя самого. Делал он ей танкеточку, на левую наращивал кожу — полтора сантиметра изнутри, полтора — на подметку. И супинатор ставил особый, под подошву. Ювелирная работа...

Он был странный, особенный человек: жил в коммуналке, в полуподвальной комнате на Кузнецком Мосту, в пропахшем сапожным клеем и кожами свинарнике, был богат, одевался, как нищий, ходил каждый день обедать в ресторан «Арарат», никогда не давал чаевых, но иногда вдруг дарил метрдотелю дорогие подарки. Он проигрывал много в карты, но изредка и выигрывал. Женат никогда не был, содержал две семьи своих сестер в Ереване, но сам в Ереван никогда не ездил, а сестер и племянников на порог к себе не пускал. Роста он был никакого, внешностью обладал самой никчемной — тощий армянский старик, носатый и бровастый. Женщин же любил славянских — светлых, крупных, синеглазых, а если с косой вокруг головы, то просто с ума сходил.

Спал он, как говорили, со своими заказчицами, называли даже всесоюзно известные имена. Но документации по этому поводу никакой нет. Проститутки молодые ходили к нему в открытую, он с ними дружил, давал деньги, а что уж там происходило на вытертом ковре, покрывавшем кушетку, никто не знал... Говорили... говорили...

Валерию Арам обожал. Она звала его «дядя Арамчик», он ее — «Адамовна». Она была очень в его вкусе, хотя до блондинки недотягивала. Как восточный человек, он уважал девичество и только после ее замужества стал проявлять к ней мужской интерес.

Однажды, надев на искалеченные ноги новые туфли красного сафьяна, попросил:

— Адамовна, я старик, ничего тебе не сделаю, а ты сделай мне хорошее — покажи, что там у тебя.

Интересовала его грудь. Валерия удивилась, потом засмеялась, а потом расстегнула кофточку и, заведя руки за спину, сняла лифчик.

— Ай-яй-яй, красота какая! — восхитился дядя Арам, который стариком был в те годы не совсем старым, лет пятидесяти.

— А трогать не дам. Я щекотки боюсь, — сказала Валерия и надела лифчик и кофточку.

С тех пор уважать ее он стал еще больше и ни о чем таком больше не просил. Своей соседке тете Кате Толстовой, когда та стала приставать с совершенно необоснованной в данном случае ревностью — были у нее на соседа давние и, как ей казалось, не беспочвенные планы, — он как-то сказал:

— Была только одна девушка, на которой бы я женился. Но она хромая, понимаешь, а на хромой я не могу. Люди смотреть будут, показывать: вот Арам со своей хромоножкой идет. А я не могу, я гордый.

В самом конце минувшего сезона сшил Арам Валерии зимние ботинки, коричневые, на тонком меху, с пряжкой на подъеме, с тонкой вставочкой под пряжкой, чтоб ногу не томила застежка. И в этом сезоне, хотя зима была уже в разгаре, ботинок новых она не носила — с третьего месяца беременности Валерию положили в клинику для сохранения ребенка, и тем временем все ее обрабатывали, что рожать ей нельзя, самой не родить, надо будет делать кесарево сечение. И, что гораздо важнее, во время беременности ребеночек высасывает из матери такое количество кальция, что бедные ее кости могут декальцинироваться, тазобедренные суставы не выдержат, и останется она на всю жизнь обезноженной. И вопрос еще, удастся ли ей сохранить ребенка.

Валерия только улыбалась и стояла на своем: рассчитывала на свой уговор с Господом Богом — она ему обещала, заполучив ребенка, впредь не грешить, и она слово свое держала, с молодым своим любовником сразу же прервала встречи и теперь полностью полагалась на порядочное поведение Господа Бога. Потому ни о каком аборте она и слышать не хотела, сколько врачи ни стращали тяжелыми последствиями, все улыбалась — когда светло, когда насмешливо, а иногда ну просто совсем как идиотка.

Пролежала два месяца, потом ее выписали домой, но рекомендовали постельный режим. Живот ее рос очень быстро. У некоторых женщин в пять месяцев вообще ничего не заметно, у Валерии горка росла из-под самых грудей. Ей все хотелось выйти погулять. Позвонила подруге, та немедленно приехала, вывела Валерию на прогулку. Была лютая зима, новые сапоги, еле влезшие на отекшие ноги, жали, и ноги сразу же застыли. Валерия позвонила Араму, сказала, что ботиночки прошлогодние тесны, нельзя ли немного растянуть.

— Почему нельзя? Для тебя все можно. Приезжай!

Она приехала с подругой, велела той ждать в такси. Вошла в комнатушку к Араму в большой шубе, вперед животом. Она еще и шубы не сняла, как он заметил. Захохотал, запричитал. Попросил живот потрогать.

— Ай, молодец, Адамовна! Опять замуж вышла! Опять не за меня!

Валерия не стала огорчать Арама, пусть думает, что вышла...

Она развязала сверток с новыми сапогами, поставила их на стол.

— Что ты мне сапоги показываешь, я что, их не видел, да? Ты ноги мне покажи!

Она села на скамеечку, Арам нагнулся, расшнуровал старые ботинки, вытянул из них водянистые ступни. Ткнул пальцем, как врач, в отекший подъем.

Потом стал рассматривать со всех сторон новые ботинки — давил, тянул рукой, обдумывал, как сделать ногам посвободнее.

— Адамовна! Я тебе их растяну, а здесь сверху немного мех сниму. Тепло будет, не заметишь. С ребенком гулять теплые ботинки нужны. Теплые останутся. На той неделе позвони, приезжай. Дай поцелую тебя.

И они расстались. Но не на неделю, а больше. Случилась у Валерии ангина, может, ненастоящая ангина, но горло болело, и она остерегалась из дома выходить. Подруги возле нее толклись беспрестанно, сменяя друг друга возле пышной постели. Валерия лежала в подушках, одетая нарядно, накрашенная, как на празднике. А у нее и был праздник. Беременность уже подходила к шести месяцам, девочка шевелилась в животе, жила там, сердце у нее стучало, и это наполняло Валерию таким счастьем и благодарностью, что даже по ночам она просыпалась от радости, присаживалась в кровати, зажигала свечку в красивом подсвечнике перед Беатиным распятием из слоновой кости и молилась, пока не уставала и не засыпала.

Морозы перед Новым годом спали, и погода установилась самая лучшая из зимних: ясно, сухо, снег светится, хрустит, воздух пахнет свежим огурцом. С утра, выглянув в окно, собралась Валерия погулять и вспомнила про ботинки. Позвонила Араму. Он разговаривал с ней обиженно: давно сделал, что же не едешь?

— Сейчас приеду, дядя Арам!

— Сейчас не надо. Приезжай к пяти, обедать тебя приглашаю в «Арарат». Приглашаю, да?

Валерия не выходила из дома без сопровождения, но на этот раз решила идти одна: неудобно просить подругу провожать к сапожнику, а потом бросить ее и идти в ресторан. Да и объяснять долго, почему это она идет обедать в богатый ресторан со старым обшарпанным армянином. Никому и не объяснить...

Нарядилась в новую кофту сиреневую, с серебряными пуговицами — только вчера ее довязала. Сережки вдела аметистовые — лиловые капли в розовые уши. Беата подарила Бог знает когда. Посмотрела на себя в зеркало: а вдруг не девочка, а мальчик будет? Говорят, если девочка, лицо дурнеет, пятнами идет. А у нее кожа белая, слишком даже белая.

«Ну и пусть мальчик. Шуриком назову», — подумала она.

Собиралась медленно, сама с собой обращалась ласково. Поглаживала живот.

Оделась. Спустилась на лифте. Такси само остановилось, Валерия даже руку поднять не успела. Шофер дверцу открыл. Немолодой мужик, улыбается:

— Ну, куда тебе, мамочка?

Арам встретил как ни в чем не бывало, не обиженный. Был чисто выбрит и в пиджаке, чего никогда Валерия не видела, он обычно дома копошился в какой-то промасленной безрукавке. Помог шубу снять, стащил ботинки старые. Новые на ноги надел.

— Ну как?

Отлично. Сидели плотно, как Валерии и надо, но ногу не душили.

— Мне такой материал принесли, шик! Цвет беж! Оставлю тебе на летнюю пару.

Они вышли на Кузнецкий Мост. Рабочий день заканчивался, прохожих было уже много, и все люди замечали, обходили их, и они шли медленно среди бегущих, как плывет солидный корабль среди шустрых ничтожных лодочек. Пальто у Арама было старое, вытертое, а шапка новая, бобровая, пышная, как подушка. Валерия опиралась на костыль, потому что нуждалась в нем теперь больше, чем прежде.

Ей было смешно думать, что все встречные люди считают, наверное, что она жена этого пересушенного старичка-армянина, и сам Арам, небось, гордится, что ведет такую красавицу, да еще беременную, под руку, а все думают, что она его жена. К тому же с сапожником то и дело здоровались — он был здесь, в районе, старожилом, поселился во времена нэпа, потом работал здесь же, неподалеку, в закрытом ателье, имел бронь и воевал всю войну исключительно на трудовом фронте, тачая сапоги энкавэдэшникам и туфельки их женам.

Завернули за угол, подошли к «Арарату».

— Ну что, ботинки не жмут? — спросил самодовольно Арам.

Валерии было смешно и весело, они поднялись на две ступени вверх, и она уже сняла с головы белый оренбургский платок, старинные аметисты сверкнули, и Арам сразу их заметил и проницательно спросил:

— Сережки от Беаты тебе достались? Хороши!

Валерия пошевелила рукой мочку уха, чтоб посильнее играла бриллиантовая осыпь вокруг больших камней:

— Подарила мне их мачеха моя — Царствие ей Небесное! — на шестнадцатилетие.

— Сколько ж тебе было, когда тебя первый раз ко мне привели?

— Восемь лет, дядя Арамчик, восемь лет, — улыбнулась Валерия, губа поползла вверх, и открылись матовые бело-голубоватые зубы, словно сделанные на заказ.

Они вошли в дверь, распахнутую почтительным швейцаром, Арам отстал из деликатности на два шага, отчасти из-за костыля, на который тяжело оперлась Валерия перед спуском вниз по лестнице. Она шагнула, сделав свой обычный нырок, и загремела вниз по лестнице.

«Неужели резиночку не подклеил?» — ужаснулся Арам.

И тут же вспомнил, что подклеивал он на кожаную подошву тонкий резиновый лепесток, чтоб подошва не скользила.

Кинулись поднимать Валерию и швейцар, и Арам, и высунувшийся из коридора метрдотель.

Она была неподъемнотяжела, а глаза почернели от ужаса. Она поняла, что произошло, еще до того, как они попытались поставить ее на ноги: она упала, потому что нога сама собой сломалась, а не наоборот — упала и от падения сломала ногу...

Боли еще не было, потому что ощущение конца света было в ней сильнее, чем любая боль.

Ее уложили на бордовый бархатный диванчик, влили полстакана коньяку, вызвали скорую. Кричать она начала позже, когда носилки поставили в машину и повезли ее в Институт Склифосовского.

Сделали рентген. Перелом шейки бедра и обильное кровотечение. Сделали инъекцию промедола. Врачи толпились возле Валерии, и на отсутствие внимания никак нельзя было пожаловаться. Ждали какого-то Лифшица, гинеколога, но вместо него приехал Сальников, который должен был вместе с хирургом Румянцевым решать, что делать в этом сложном случае.

«Учитель — немец, врач — еврей, сапожник — армянин...» — вспомнила с беспокойством завет покойного отца. Но положение ее было столь опасным, что тут и евреи ничего не смогли бы поделать.

Гинеколог настаивал на немедленных искусственных родах, хирург видел необходимость в срочной операции на бедре. Кровотечение не останавливалось, начали переливание крови. Двенадцать часов прошло, прежде чем она попала на операционный стол, две хирургические бригады — травматологов и гинекологов — сгрудились над спящей в наркозе Валерией, спасая, по неписаному правилу, сначала жизнь матери, а потом ребенка.

Девочку спасти не удалось. Плацента отслоилась, вероятно, в момент падения, плод лишился кислорода и задохнулся. Металлический штифт на сломанную шейку бедра не поставили — кость была столь хрупкой, что прикасаться к ней инструментами не решились.

Шурик встречал Новый год вдвоем с мамой. Хотела приехать Ирина из Малоярославца, но с родственницей Вера не так церемонилась, как с прочими людьми, и сказала, что будет рада, если та приедет первого января. Наконец мать и сын встретили Новый год так, как было когда-то задумано: вдвоем, с тремя приборами, бабушкиной шалью на спинке ее кресла, с собственноручным Шубертом и тарталетками из ВТО. Шурик подарил матери пластинку Баха с органным концертом в исполнении Гарри Гродберга, который они тут же прослушали, а мать подарила Шурику мохеровый красно-синий шарф, в котором он ходил следующее десятилетие.

О случившемся несчастье Шурик узнал спустя неделю, когда сослуживцы собирали деньги на передачу Валерии, которая в эти дни еще качалась между жизнью и смертью.

«Из-за меня. Все из-за меня», — ужаснулся Шурик. И вина эта была не новая, а все та же, прежняя, которой он был виноват перед покойной бабушкой, перед мамой. Он не произносил этого, но глубоко знал: его плохое поведение наказывается смертью. Но не его, виноватого, а людей, которых он любит.

«Бедная Валерия! — Он плакал в дальней кабинке мужской уборной “для сотрудников”, прислонившись щекой к холодной кафельной стене. — Что я за урод! Почему от меня происходит столько плохого? Я же ничего такого не хотел!»

Плакал долго — про бабушкину смерть, про мамину болезнь, про несчастье Валерии, случившееся исключительно по его вине, плакал даже о ребенке, до которого ему совершенно не было дела, но и в этой прежде жизни случившейся смерти он тоже винил себя.

Снаружи дважды дергали ручку кабинки, но он не вышел, пока все слезы не вылились. Тогда он вытер щеки шершавым рукавом и принял решение: если Валерия выживет после всего, он никогда ее не оставит и будет помогать ей, пока жив. Сострадание давило его изнутри так туго и полно, как сжатый воздух распирает утончившиеся стенки резинового шара.

Он ехал домой с твердым решением рассказать все маме, но по мере приближения он все больше сомневался, имеет ли он право обременить ее, такую хрупкую и чувствительную, еще одним переживанием...

37

К весне Валерию перевезли на носилках домой, и Шурик снова стал навещать ее — по средам. Понедельники, после института, оставались за Матильдой, вторник — кружок, вечер четверга и пятницы тоже были заняты учебой. Субботний и воскресный принадлежали Верусе.

Валерии он приносил продукты, журналы, но больше нужен был ей для отвлечения от грустных мыслей. После операции Валерия получила первую группу инвалидности — без права на работу. Но без работы ей было скучно, и довольно быстро она нашла себе подработку в реферативном журнале. Свои переводы она оформляла на имя Шурика, но постепенно он подключился к этой работе, и они на пару обслуживали это странное издание, рассчитанное на ученых-исследователей, не владеющих иностранными языками.

Связи у Валерии сохранились обширные и помимо реферативного журнала, и работой она себя вполне обеспечивала, хотя из дома не выходила. Переводила с любимого польского и еще с полдюжины прочих славянских языков, которые осваивала по мере надобности. Перепадало и на Шурикову долю — он переводил с европейских. Но также он выполнял обязанности курьера — привозил Валерии работу на дом. Печатала Валерия слепым способом с такой скоростью, что удары по клавишам сливались в один резкий треск.

Но в последние годы, может быть, от непривычной нагрузки, у Валерии стали сильно болеть руки. Сначала Шурик делал ей всякие приспособления, вроде столика на коротких ножках, который ставили в постели, а на него машинку, чтобы Валерия могла печатать полулежа, подсунув три подушки под спину. Сидеть ей становилось все труднее. Постепенно перепечатку Шурик взял на себя.

Кроме того, Шурик еще во время учебы в институте закончил какие-то странные патентные курсы и переводил патенты на французский, английский и немецкий — совершенно безумные тексты, которых не понимал сам и, как он предполагал, не мог понять ни один из потенциальных читателей. Деньги, впрочем, там платили исправно и претензий не предъявляли.

Место преподавателя иностранных языков в школе, на которое определялось большинство Шуриковых сокурсников дохленького вечернего отделения, было во всех отношениях хуже того особого положения, которое он занял с помощью Валерии: и денег было больше, и свободы. Свобода же означала для Шурика беспрепятственную возможность сбегать на рынок, чтобы принести маме нужную ей морковь для сока, поехать на другой край Москвы за редким лекарством, о существовании которого она узнала из отрывного настенного календаря или журнала «Здоровье», поехать на почту, в редакцию или в библиотеку не к девяти утра, а к двум, и садиться за скучнейшие переводы не по казенному звонку, а после позднего завтрака, за полдень...

Разговоры о другой свободе, которые велись в доме одного из двух его друзей, Жени Розенцвейга, имеющие оттенок опасный и политический, казались ему спецификой еврейской семьи, где много целовались, шумно радовались, подавали к обеду фаршированную рыбу, кисло-сладкое мясо и штрудель, разговаривали слишком громко и друг друга перебивали, чего бабушка Елизавета Ивановна не допускала.

Для его маленькой, глубоко личной свободы гораздо более важными были частные уроки, доход приносившие небольшой, зато приобщавшие его к культурно-осмысленному занятию, они создавали ложную, быть может, линию семейной преемственности и приносили сентиментально-ностальгическое удовлетворение. Приятно было касаться руками старых учебников и детских книжек начала века, по которым он продолжал обучать новых учеников. Никаких творческих усилий от него не требовалось: занятия шли по заведенному Елизаветой Ивановной канону, который оправдывал себя многие десятилетия, и Шурик, как и его бабушка, обучал так, что ученики свободно могли читать длиннейшие французские фрагменты в «Войне и мире», но и помыслить не могли о современной французской газете. Да и откуда бы они ее взяли?

В общем, работы хватало, но распределялась она неравномерно, и Шурик уже хорошо изучил эти сезонные волны: в ноябре—декабре перегрузка, потом январское затишье, к весне снова подъем и мертвый-полумертвый сезон летом.

Лето восьмидесятого года было удачным: Олимпиада подбросила Шурику новую, совершенно незнакомую работу — устный перевод. Этот вид работы, хорошо оплачиваемый, но требующий личного общения с иностранцами, обычно доставался людям, так или иначе связанным с КГБ. Но к Олимпиаде понаехало такое количество иностранцев, что своих переводчиков не хватало, и «Интурист» нанимал людей со стороны. Шурику дали устные инструкции, он обязался писать отчеты о поведении французов, которых должен был сопровождать. Каждый гость рассматривался как потенциальный шпион, и Шурик с большим интересом всматривался в группу туристов, с которыми проводил день с утра до вечера, прикидывая, кто же из них действительно мог бы оказаться секретным агентом.

Сильнейшим впечатлением от первой работы его с живыми французами и было осознание того, что язык его отстает лет на пятьдесят от современного, и он решил, что этот пробел нужно непременно заполнить. Таким образом, утомительнейшая работа гида обернулась для него курсами повышения квалификации. Подвернулся даже и «французик из Бордо», роль которого играла милейшая Жоэль, и в самом деле из Бордо, студентка-славистка, первая обратившая внимание Шурика на то, что он говорит на почти таком же мертвом языке, как латынь. Сегодняшние французы говорили по-другому, изменились и лексика, и произношение. Все они грассировали, что, по представлениям покойной Елизаветы Ивановны, было исключительно особенностью говора парижского простонародья. Оказалось, что у безупречной бабушки тоже были заблуждения.

Это было неприятное для Шурика открытие, и он старался упражняться в обновлении своего языка как можно больше. Свой единственный образовавшийся за неделю свободный вечер он провел с Жоэль, и его беспокоило, что за целую неделю он так и не смог вырваться на дачу.

Там все было хорошо устроено. Но все-таки Шурик беспокоился: хотя Ирина Владимировна была верной помощницей, но была довольно бестолкова — а вдруг случится что-то непредвиденное?

38

Наконец, посреди нескончаемой беготни Шурику выпало несколько свободных часов, и он собрался сделать дела, которые давно откладывал: отправить несколько переведенных еще в прошлом месяце рефератов в журнал, а также заехать за письмом из Америки, которое он обещал забрать для Валерии. Оно давно уже лежало у какой-то незнакомой женщины, живущей на улице Воровского. Письмо надо было переслать Валерии в санаторий, но в этом уже не было никакого смысла, так как Валерия возвращалась на будущей неделе.

Воспользовавшись двухчасовым дневным перерывом — французы обедали необыкновенно долго в непривычное для них время, в два часа вместо семи, и после обеда им еще выделили час на отдых, чтобы вечером со свежими силами переварить «Лебединое озеро» в Большом театре, — Шурик понесся взять письмо и отправить свой конверт.

Позвонил из автомата. Женщина, успевшая забыть об оставленном у нее письме, долго его искала, потом сказала, что он может заехать. Объяснила, в какой именно из пяти звонков на ее двери он должен звонить и сколько раз. Когда Шурик добрался до этого звонка и позвонил, ему долго не открывали, потом толстая рука через цепочку сунула ему длинный белый конверт.

— Простите, вы не скажете, где здесь почта поблизости? — успел спросить Шурик в темную щель.

— В нашем же подъезде, внизу, — раздался низкий женский голос, сопровождающийся мелким собачьим рычанием. Из темноты возникла белая болоночья морда, послышался гнусный тявк, и дверь захлопнулась.

Почта действительно оказалась на первом этаже этого дома, и Шурик удивился, как ее не заметил. Из всех окошек работало только одно, и единственная посетительница, высокая тощая спина с длинными волосами, ругалась с местной работницей. Речь шла о том, почему девица так долго не забирала посылку, о трех посланных уведомлениях... Тощая спина рыдающим голосом отражала нападение. Шурик смиренно ждал окончания сцены. Наконец служащая сварливо сказала:

— Пройдите и заберите. Я вам не нанималась тяжести таскать...

Спина зашла в служебную дверь, перепалка там продолжалась, но Шурик не вслушивался. Стоял со своим конвертом. Наконец тощая — уже не спина, а малопривлекательный фасад девицы с длинным белым лицом — вышла из дверки с грузом, который был ей едва ли по силам. Она держала обеими руками не очень большой деревянный ящик, сумочку зажала под мышкой и искала, куда бы приткнуть ношу.

В окошке появилась сотрудница, перенесшая свое привычное раздражение на следующего.

— И ходят, и ходят тут, — ворчала она, пока девица за спиной Шурика пыталась поудобнее ухватить ящик.

Шурик сунул конверт, деньги, взял квитанцию. Девица все еще возилась с ящиком. На лице ее было детское отчаяние. Из бледной она сделалась пятнисто-розовой и готова была расплакаться.

— Давайте я вам помогу, — предложил Шурик.

Она посмотрела на него подозрительно. Потом вскинулась:

— Я вам заплачу.

Шурик засмеялся:

— Ну что вы, какие деньги... Куда вам нести? — Он подхватил ящик — необыкновенно тяжелый для его скромного размера.

— В соседний подъезд, — хмыкнула девица и пошла вперед с крайне недовольным видом.

Шурик поднялся с ней в лифте на третий этаж. Она ковырнула ключом дверь. Вошли в большую прихожую со множеством дверей. Из-за ближней двери раздался громкий мужской голос:

— Светлана, это ты, что ли?

Девица ничего не ответила. Прошла по коридору вперед. Шурик — за ней. За спиной его скрипнула дверь: сосед вышел посмотреть, кто пришел...

Девица, которую назвали Светланой, прошла мимо висящего на стене телефона и открыла последнюю перед поворотом коридора дверь. Два ключа, по два поворота каждый.

— Заходите, — строго сказала она. Шурик внес ящик и остановился. В комнате приятно пахло клеем. Девица сняла туфли и поставила их на ковровую скамеечку.

— Снимите обувь, — приказала она. Шурик поставил ящик возле двери.

— Да я пойду.

— Я попрошу вас открыть. Он же забит гвоздями.

— Хорошо, хорошо, — согласился Шурик.

Светлана эта была какая-то странная. Шурик снял сандалии. Поставил их на скамеечку рядом с туфлями хозяйки.

— Нет-нет, — испугалась она. — Поставьте на пол.

— А посылку куда?

Она призадумалась. Большой, не по размеру комнаты стол был завален цветной бумагой и лоскутами ткани. Шурик хотел было поставить ящик на стол, но она сделала запрещающий жест и принесла табурет. Шурик поставил на него ящик.

— У меня в Крыму совершенно сумасшедший родственник. Моего дедушки двоюродный брат. Он мне иногда присылает фрукты. Наверное, испортились. Эта почтовая тетка на меня так кричала. Ужас.

Вытащила из-под кровати деревянный ящичек, пошарила там и протянула Шурику старинного вида молоток с гвоздодером на ручке:

— Вот. Молоток.

Шурик легко выдернул гвозди, снял крышку. Фруктами, тем более гнилыми, там и не пахло. Нечто завернутое в бумагу и монолитное.

— Ну, вынимайте же, — заторопила девица.

Шурик вынул этот монолит и развернул. Это был камень или нечто давно окаменевшее, довольно правильной формы, с волнистой поверхностью.

— Письма нет? — она указала на ящик.

Шурик пошарил в ящике и вытащил записку. Девица взяла ее, долго читала, перевернула, рассмотрела бумагу со всех сторон. Потом хихикнула и протянула ее Шурику.

«Дорогая Светочка! Мы с тетей Ларисой поздравляем тебя с днем рождения и посылаем палеонтологическую редкость — зуб мамонта. Он раньше был в местном краеведческом музее, но теперь его закрыли и передают экспонаты в Керчь, а там у них и своего добра много. Желаем тебе крепкого здоровья, как у того мамонта, и ждем тебя в гости. Дядя Миша».

Пока Шурик читал, она сняла со стола палеонтологическую ценность, неловко повернула ее и уронила. Прямо Шурику на ногу. Шурик взвыл и подпрыгнул.

Все боли, которые ему приходилось испытывать до этого момента, — ушная, зубная, все мальчишеские травмы от драк, и ужасный нарыв, образовавшийся на месте прокола ржавым гвоздем, и от рыболовного крючка, вцепившегося в мякоть большого пальца, — в сравнение не шли с этим глухим ударом по нежной границе, где начинает расти ноготь. В глазах вспыхнул яркий свет — и погас. Перехватило дыхание. Через мгновение потекли слезы — сами собой. Он опустился на край тахты. Ощущение было такое, что ему отрубили пальцы.

Светлана ахнула и кинулась к резной аптечке, вытащила из нее все, что там находилось, — дрожащими пальцами разложила на столе. Нашатырный спирт, закупоренный тонким металлическим колпачком, долго не открывался. Она неловко содрала крышечку, пролив половину. Запахло сильно и успокаивающе. Шурик продохнул. Потом налила в рюмочку успокоительно-пахучие капли и выпила одним махом.

— Только не волнуйтесь, только не волнуйтесь... Просто кошмар какой-то — стоит человеку ко мне приблизиться, тут же что-то случается... — бормотала она. — Это все я, все я виновата... Проклятый мамонт... Это все дура тетя Лариса...

Она присела на корточки перед Шуриком, сняла с ноги носок. Он сидел как окоченевший. Боль разливалась по всему телу, отдаваясь в голове. Палец на глазах менял цвет от розово-телесного к сине-багровому.

— Только не трогайте, — предупредил ее Шурик, все еще пребывающий в болевом облаке.

— Может, йод? — робко спросила девица.

— Нет-нет, — отозвался Шурик.

— Я знаю, рентген, вот что нужно, — сообразила девица.

— Не беспокойтесь, я немного посижу и пойду... — успокоил ее Шурик.

— Лед! Лед! — воскликнула девица и рванулась к маленькому холодильнику возле двери. Она что-то там скребла, звякала, роняла и через несколько минут приложила к Шурикову несчастному пальцу кубик льда. Боль взвилась с новой силой.

Светлана села на пол возле его ног и тихо заплакала.

— Ну почему, почему? — причитала она. — Что за несчастье такое? Стоит мужчине ко мне только приблизиться, тут же происходит что-то ужасное.

Она обняла его здоровую ногу и уткнулась лицом в голень, обтянутую грубой шерстяной материей.

Боль была сильнейшая, но острота уже отошла. Сухие светлые волосы щекотали и клубились, и Шурик жалостливо провел ладонью по пушистой голове. Плечи ее затряслись мелкой дрожью:

— Простите меня ради бога, — всхлипывала она, и Шурика охватила печаль и особая жалость к негустым этим волосам, к вздрагивающим узким плечикам, костляво выпирающим под тонкой белой блузкой...

«Воробышек какой-то выгоревший», — подумал Шурик, хотя если уж и была она похожа на птицу, то скорее на нескладную цаплю, чем на подвижного и аккуратного воробья...

— Ну почему, почему всегда вот так? — Она подняла к нему свое заплаканное лицо, шмыгнула носом.

Жалость, опускаясь вниз, претерпевала какое-то тонкое и постепенное изменение, пока не превратилась во внятное желание, связанное и с прозрачными слезами, и с сухим прикосновением к руке пушистых волос, и с болью в пальце. Шурик не двигался, вникая в эту странную и несомненную связь между сильной болью и столь же сильным возбуждением.

— Всем плохо! Всем от меня плохо! — рыдала девушка, и ее сцепленные замком руки истерически били воздух.

— Тише, тише, пожалуйста, — попросил ее Шурик, но она начала трясти головой совершенно не в такт рукам, и он догадался, что у нее истерика. Он прижал ее к себе. Она по-птичьи колотилась в его руках.

«Совсем как Аля Тогусова», — подумал Шурик.

— Ну почему? Почему все у меня всегда вот так? — плакала бедняжка, но затихала постепенно и прижималась к нему все теснее. Ей было утешительно в его руках, но она предчувствовала, что будет дальше, и готовилась дать отпор, потому что твердо знала, что сдача позиций приводит к ужасным последствиям. Так было в ее жизни всегда. Уже три раза... Но он только гладил ее по голове, жалел и понимал, что она совершенно больная девочка, и он нисколько не нахальничал. И даже более того, когда тряска затихла, он слегка отстранился. А она ждала, что ее сейчас опять изнасилуют. И тогда бы она сопротивлялась, тихонько, чтобы соседи не услышали, кричала и сжимала бы колени...

— Дать вам воды? — спросил раненный мамонтом молодой человек, и она испугалась, что все сейчас закончится, и замотала головой, и стащила с себя помявшуюся белую блузку и бедную бумажную юбочку, и сделала все возможное, чтобы сказать в последний момент «нет!»... Но он все не нахальничал и не нахальничал, ну просто как истукан, и ей не пришлось говорить гордое «нет», а напротив, пришлось все взять в свои руки...

Конечно, следовало бы сделать рентген и, может быть, положить гипс. Болела нога отчаянно, но обыкновенный анальгин боль снимал до терпимого уровня. Он довольно сильно хромал, так что Вера, когда он приехал наконец на дачу, сразу же хромоту заметила.

Шурик рассказал матери половину истории — все, что касалось зуба мамонта. Они посмеялись и больше к этой теме не возвращались.

Он съел обильный ужин, приготовленный неделю назад и хранимый Ириной в холодильнике к его приезду, уснул, едва коснувшись подушки, и наутро снова понесся в Москву.

Олимпиада заканчивалась, и оставалось всего несколько дней бешеной работы. Последний день работы совпадал с возвращением Валерии из санатория.

Выпал такой несуразный день, когда неотложные дела собирались в кучу и происходили нарочно какие-то мелкие случайные события, и Шурик метался, чтобы успеть исполнить все запланированное и незапланированное... Чтобы встретить Валерию, он накануне договорился с «Интуристом», перетряхнул расписание — утром в девять тридцать его группу отправили в автобусную экскурсию по Москве с другим экскурсоводом, владеющим французским языком, а он должен был встретить их в половине второго уже в ресторане. Группа эта была особенно капризная: по культурной части привередливы они не были, послушно смотрели и Бородинскую панораму, и Ленинские горы, но зато в ресторане гоняли и официантов, и Шурика самым злодейским образом: меняли заказы, браковали вина, требовали то сыров, то фруктов, о каких в Москве слыхом не слыхивали.

Шурик освободился от туристов только к десяти, но оставалось еще одно дело — занести продукты больному Мармеладу.

Михаил Абрамович умирал от рака дома, в больницу идти отказывался. Старому большевику полагалось особое медицинское обслуживание, но он когда-то давно — раз и навсегда — отказался от партийных льгот, считая их непристойными для коммуниста. И тощий этот мамонт, последний, вероятно, в своем вымирающем племени, шатающийся от слабости, укутанный в солдатское одеяло, доживал в пропахшей мочой квартире свои последние дни или месяцы с томиком Ленина в руках.

Пыльные книги в два ряда на открытых полках, картонные папки на грубых завязках, исписанные стопы мятой бумаги... Полные собрания сочинений Маркса-Энгельса-Ленина-Сталина и в придачу Мао Цзэдуна... Жильє аскета и безумца.

Шурик уже давно смирился с необходимостью заходить к старику с лекарствами и продуктами, но политпросветбеседы, последняя радость этой заходящей жизни, были непереносимы. Старик ненавидел и презирал Брежнева. Он писал ему письма — разборы экономической политики, полные цитат из классиков, — но сам был в этом мире настолько несуществующей величиной, что его не удостаивали не то что репрессиями, но даже просто ответами... Это обстоятельство его огорчало, он постоянно жаловался и предрекал новую революцию...

Шурик выложил на стол продукты из олимпийского буфета — заграничный плавленый сыр, затейливые булочки, сок в картонках и коробку мармелада. Старик посмотрел недовольно:

— Зачем ты тратишь лишние деньги, я все люблю самое простое...

— Михаил Абрамович, честно говоря, я все купил в буфете. В магазин просто не успеваю.

— Ладно, ладно, — простил его Михаил Абрамович. — Если в следующий раз ты зайдешь и меня не застанешь, одно из двух: или я уже умер, или я пошел сдаваться в больницу. Решил, что пойду в районную, как все советские люди ходят... И Вере Александровне мой сердечный привет. Я, честно скажу, очень по ней скучаю...

Страдающий бессонницей Мармелад долго не отпускал от себя Шурика, и только в половине второго Шурику удалось рухнуть на свою кушетку.

39

Все было учтено и рассчитано, но ночью раздался телефонный звонок: Матильда Петровна звонила из Вышнего Волочка. У нее образовалось срочное дело. Она жила теперь в деревне безвыездно по полгода. Деревенская жизнь затягивала, огородные грядки и сад увлекали ее больше, чем прежняя художничья работа. Все чаще смотрела она на старую грушу или на валун у околицы деревни с чувством, похожим на вину: с чего это она, по какому праву извела столько древесины и красивого камня на свои скульптурные упражнения? Теперь она все больше любовалась простой деревенской красотой, для чего посадила мальвы и развела кур. С завистью поглядывала на соседскую козу, розовато-серую, с дымчатым рогом. Красавица коза, взять, что ли, от нее козленка... Наняла работяг поправить старый колодец.

Ходила в старой длинной юбке, босиком, как деревенские тетки давно уже не ходили. Они посмеивались: «Ты что, Мотя, как нищая ходишь?»

И звали ее в деревне не Матильдой Павловной, а Мотей, как мать назвала.

В тот год колхоз стал с ней судиться: дом-то она унаследовала по закону, но земля, на которой он стоял, была колхозная, и теперь хотели отрезать приусадебный участок. Подали в суд, умные люди ей присоветовали, что землю она может откупить под дачу. И ей срочно понадобилась справка, что она состоит членом Союза художников и имеет какие-то дополнительные против обычных граждан права на покупку земли. Все это была глупость, но глупость государственная, общепринятая, и поразить эту глупость можно было только такой же глупостью вроде этой справки. Матильда позвонила в МОСХ, договорилась, что справку ей сделают, но секретарша, у которой лежала справка, уезжала в отпуск на юг, и Матильда, просидев ночь на переговорной станции, дождалась, покуда починили оборванный где-то провод и соединили ее с Москвой, и просила теперь Шурика срочно, не позднее сегодняшнего вечера, заехать к секретарше на работу или домой и забрать эту справку... Суд был назначен на послезавтра, так что завтра необходимо доставить как-то эту справку в Вышний Волочек.

— Сделаю, сделаю, Матильда, не беспокойся! — пообещал Шурик.

Но Матильда уже и не беспокоилась: она дозвонилась до него, а он был дружочек настоящий, никогда не подводил. Матильда спросила про мать, про Валерию, но слышимость для вежливых вопросов была слишком плохая...

— Ты приезжай, Шурик! На подольше! — кричала она в трубку. — У нас после дождей грибы пошли! Да! Вот еще! Лекарство мое не забудь!

— Приеду! Приеду! Не забуду! — обещал Шурик.

Грибы его совершенно не интересовали. Лекарство, которое Матильда принимала от высокого давления, он уже купил. Две упаковки стояли в холодильнике. Он проверил еще раз будильник, чтоб не проспать приезд Валерии.

Поезд прибывал в десять сорок утра, но Шурику надо было сначала заехать к ней во двор, вывести из гаража ее инвалидный «запорожец» — он давно уже водил ее машину по доверенности — и погрузить инвалидное кресло.

С самого раннего утра все пошло наперекосяк: сначала отлетели две пуговицы с последней чистой рубашки, и пришлось их пришивать, потом упала с мойки сама собой и разбилась бабушкина чашка, следом за этим раздался звонок в дверь — на пороге стоял Михаил Абрамович с мокрой бутылочкой в руке, просил до работы занести в лабораторию в Благовещенском переулке... Он был такой тощий, желтый и несчастный, что Шурик кивнул и, слова не говоря, завернул бутылку в газету.

Очереди в лаборатории, по счастью, не было, и он за десять минут дошел до двора Валерии, открыл гараж. Машина, ржавеющая в гараже триста шестьдесят дней в году, не заводилась. Он поднялся в квартиру, попросил нового соседа, заселенного после отъезда бывшего мужа Валерии, помочь, и тот, ворча, спустился вниз. Он был рукастый, этот пожилой милиционер, хорошо относился к Валерии и слегка презирал Шурика.

Сосед открыл капот, произвел какие-то таинственные движения, и машина завелась. Шурик отъехал, но от радости забыл взять кресло. Пришлось вернуться с полдороги, и времени, которого было с запасом, теперь стало в обрез. Поезд, вопреки железнодорожным обычаям, не опоздал, а пришел минут на десять раньше, и Валерия, опираясь на две палки, одиноко стояла на перроне, растерянная и несчастная: с чемоданом и сумкой она не могла пройти ни шагу...

Шурик несся по перрону с инвалидной коляской, совершенно разделяя смятение своей подруги...

Доехали они без приключений. В три приема он погрузил в лифт Валерию с чемоданом и коляской, затащил все в комнату и понесся к своим «турикам». В ресторан вошел ровно в половине второго, когда французы в полном составе томились кучкой, не умея самостоятельно рассесться. Далее следовала кормежка. После ресторана Шурик повел желающих в ГУМ, где происходила закупка последних сувениров. Потом старый доктор из Лиона попросил показать ему аптеку, а толстуха из Марселя желала посмотреть на планетарий. Но очередное «Лебединое озеро» подпирало, и планетарий отменили. Пока балерины порхали над пыльным полом, Шурик успел слетать в Елисеевский: еды у Валерии не было ни крошки. За справкой к секретарше он категорически не успевал. Позвонил и договорился, что приедет завтра рано утром, — она выходила из дома в половине девятого утра, но не на работу, а в поликлинику.

После спектакля состоялся прощальный ужин. Назавтра французы улетали в Париж. Шурик поставил сумку с продуктами под стойку администратора гостиницы — за ради бога. Голодный Шурик переводил меню. Ужина ему не полагалось, и он все пытался улизнуть на минутку, чтобы ущипнуть своей любительской колбасы из сумки под стойкой. Потом пришел представитель «Интуриста» с блядовидной сотрудницей, и пришлось переводить на французский какое-то несусветное «мыло» про олимпийскую дружбу. Далее напившийся доктор из Лиона подволок к Шурику двух проституток, видимо, для переговоров, но девушки, увидев официальных представителей, застеснялись и немедленно растворились...

Во втором часу ночи Шурик наконец добрался до Валерии. Она сидела в кресле, розовая, пополневшая. Волосы были молодо уложены челкой на лоб, а прочая их гуща ровно падала на плечи и бодро загибалась волной наружу. И кимоно было новое, без блеклых аистов, а в редких хризантемах на арбузно-алом... Стол был накрыт: русский фарфор соревновался с немецким. В середине стола стояла тряпочная грелка в виде курицы с кастрюлькой гречневой каши под теплой куриной задницей. Кроме крупы и макарон, ничего съедобного в доме Валерия не нашла. В кресле с книжечкой в руках она терпеливо ждала Шурика к ужину.

Он поставил сумку у двери, подошел к Валерии, чмокнул ее в лоб и повалился на стул:

— Сумасшедший день! Сейчас проглочу что-нибудь и побегу...

«Не побежишь», — подумала Валерия.

Он вскочил, вытащил из сумки свертки, сложил на сервировочный столик возле Валерии.

Она так удобно, уютно устроила свою жизнь, чтоб не вылезать из своего кресла... Она торопливо разворачивала свертки, нюхала, улыбалась. Губы ее лоснились розовой помадой, и алый шелк отсвечивал на лицо, и Шурик видел, какая она красивая, знал, что она хотела ему нравиться, ради этого накручивала днем толстые бигуди и успела маникюр сделать — влажно сиял густо-розовый лак, несколько противореча натруженным костылями в синих жилах рукам.

— Там прилично, вполне прилично кормили. Но еда такая скучная... Молодец, что осетринки купил... Кашу положи себе...

Порезала на фарфоровой дощечке сыр, разложила на тарелочке рыбу. Развернулась на кресле, открыла дверку субтильного шкафчика, вынула лопаточку и плоскую вилку для рыбы...

— Руки помою, — вспомнил Шурик и вышел.

«Никуда не отпущу, — решила Валерия, но тут же и поправилась, попросила смиренно у Высшей Инстанции. — Пусть останется, ладно? Я ведь много не прошу...»

После того как пропал, погиб ее ребеночек и ноги пропали окончательно, она больше не ездила в Литву к старому ксендзу, научилась сама договариваться, без посредников. А ему только письма изредка писала. Когда случалось что хорошее, благодарила Господа. Грешила — каялась, плакала, просила прощения. Обет, который дала Господу за ребеночка, сама и отменила. Он своего слова не сдержал, а уж куда мне, слабой женщине? И потому вскоре после того, как оправилась после всей этой ужасной истории, поманила Шурика пальцем и — куда ему деваться? — вернула его на постельное место.

Вот тогда по-настоящему и сдружились. Все прочие мужчины и в жизни как только начинали ее жалеть, тут же от испуга ее бросали. А Шурик устроен был как будто от всех прочих отлично: Валерия давно уже догадалась, что у него жалость и мужское желание прописаны в одном и том же месте.

Следуя инстинкту и женской привычке, она старалась украсить себя, поднять свое настроение до радостно-бесшабашного, хохотала звонко, мигала ямочками, но он обычно вскакивал в половине первого, вспомнив о матушке, которая не спит, его дожидается. Но когда не могла она сама справиться с приступом боли, плохого настроения или жалости к себе, он не оставлял ее одну. Звонил маме, спрашивал, как она себя чувствует и может ли он сегодня не прийти ночевать. И тогда оставался и так ею радовался, что Валерия себя уже не жалела, а гордилась своей красотой и женственностью, а его, такого детского, и трогательного, и мужского, жалела. А за что, и самой непонятно...

— Ты вино открой, — протянула Валерия штопор. — Соседи все сегодня разъехались. Одной в квартире так неприятно...

Ложь, конечно. Одной в квартире было очень хорошо и спокойно.

— Лерочка, я не смогу сегодня остаться. Мне надо завтра в Вышний Волочек ехать, Матильде срочно справка понадобилась, там суд у нее.

— Так и поедешь, — улыбнулась Валерия. Дружба Шурика с Матильдой была ей чем-то даже симпатична: Матильда была старушка, лет на десять Валерии старше...

— Так надо еще рано утром за справкой заехать, она не у меня...

Он уже собрался подробно рассказать и про лекарство, которое в холодильнике, и про французов, которых утром надо будет в «Шереметьево» отвозить... Но Валерия как будто и не слушала. Смотрела в сторону, углы губ опустила. Вот-вот заплачет...

Шурик поднял ее из кресла, уложил на тахту. Каша, вынутая из-под тряпичной курицы, стыла на тарелке. Слезы так и не успели пролиться...

Он утешал подругу несколько поспешно, но со всей сердечностью.

Потом съел холодной каши и ушел. Наверстывать. В половине седьмого был дома, схватил лекарство, поехал в далекое Чертаново за Матильдиной справкой, оттуда в «Националь», из «Националя» в «Шереметьево», из «Шереметьева» — на Ленинградский вокзал. И успел к поезду, и удачно купил билет с рук, и приехал в Вышний Волочек. Последний автобус уже ушел, но он договорился с частником, и тот повез его в деревню, так что добрался он раньше рейсового автобуса. И Матильда даже не успела обеспокоиться мыслью, что на этот раз Шурик может ее подвести...

Седая, загорелая, сильно похудевшая, она встретила его с бутылкой водки, с накрытым столом. Расцеловались. Первым делом Шурик выложил на стол справку и лекарство. Когда она вернулась из сеней, где стояла у нее керосинка, неся сковороду жареной картошки, он спал, уронив кудрявую голову на сложенные по-школьному руки.

Хороший мальчик...

40

Незадолго до Нового года — восемьдесят первого — раздался телефонный звонок. Телефонистка долго кричала «Ростов-Дон вызывает!», но что-то не ладилось со связью, злобный телефонный голос прервался, и, пока Шурик объяснял Вере, что, видимо, какая-то телефонная ошибка, снова раздался звонок, и на этот раз сразу все получилось, и Шурик услышал спокойный, приятно замедленный женский голос:

— Шурик, привет! Лена Стовба беспокоит. У меня возникло срочное дело, я хотела бы тебя повидать. Я буду в Москве в конце декабря. Можно будет с тобой повидаться?

Пока Шурик удивлялся и задавал довольно бессмысленные вопросы, Стовба держала длинные паузы, потом сказала деловым тоном:

— Гостиницу для меня закажут, так что тебе беспокоиться не о чем. Я не хочу сейчас говорить о подробностях, но, я думаю, ты и сам понимаешь, что мне нужно... Речь идет о некоторой формальности.

— Да, да, конечно, — догадался Шурик, которому не хотелось говорить лишних слов. Вера стояла рядом. — Конечно, приезжай. Рад буду... А как жизнь вообще?

— Вот об этом и поговорим, когда я приеду. Билетов у меня пока еще нет. Как приеду, сразу позвоню. Ну, пока. И маме привет, если она меня помнит. — И Стовба неопределенно хмыкнула.

О судьбе своей фиктивной семьи Шурик почти не вспоминал с того момента, как под объективом фоторепортера сибирской газеты Лена Стовба переложила ему на руки новорожденную девочку Марию.

Вера вопросительно смотрела на сына. Шурик взвешивал ситуацию: Вера не знала о его браке, и теперь, когда, судя по всему, Лена собралась с ним развестись, глупо было ей об этом сообщать.

— Что случилось? — Вера заметила Шурикову растерянность.

— Звонила Лена Стовба, помнишь ее, из Менделеевки?

— Помню, массивная такая блондинка, заниматься к нам ходила. И роман у нее был с кубинцем, кажется, скандал какой-то... Не помню, ее выгнали из института? Эта казашка Аля, славная девочка, рассказывала. Только не помню, чем все кончилось, — оживилась Вера. — Все-таки странно, этот твой эпизод с Менделеевским институтом совершенно ушел из памяти, как не бывало... Странный был поступок. Ужасное, ужасное было лето, — сникла Вера, вспомнив о смерти Елизаветы Ивановны.

Шурик обнял мать за хрупкие плечи, поцеловал в висок.

— Ну, не надо, прошу тебя. Сообщение же вот такое: звонила Стовба, она приезжает в конце декабря в Москву, хотела повидаться.

— Чудесно, пускай приходит. Шурик, а она ведь так и не вышла за своего кубинца, да? Я не помню, чем кончилась вся эта история... — спросила Вера.

И тут Шурик понял, что совершил оплошность. Теперь уже нельзя будет встретиться со Стовбой где-нибудь на улице, отвести ее в кафе и все обсудить как-нибудь вне дома.

— Конечно, Веруся, она придет. А история ее, насколько я знаю, так ничем и не кончилась. Она родила дочку, жила в Сибири, а теперь, видно, в Ростове-на-Дону живет. Я за эти годы ничего о ней не слышал.

— Все-таки как славно, что она тебе позвонила...

Шурик кивнул.

Стовба появилась через несколько дней после предупредительного звонка — с букетом чайных роз для Веры Александровны и с ребенком, закутанным поверх шубы в большой деревенский платок. Когда размотали платок и стащили шубу, обнаружилась девочка нездешней красоты. И лицо ее, и волосы были одного медового цвета, и кожа светилась изнутри, как у самых зрелых груш. Глаза же, формы плодовых косточек, удлиненные, с неуловимым изгибом век в уголках, отливали коричневым зеркальным блеском.

— Боже, какое чудо! — воскликнула Вера.

Чудо стащило с себя валенки. Повинуясь строгому материнскому взгляду, девочка произнесла «Здрасте» и закричала:

— Что я вам расскажу! Здесь столько снегу, и елки прямо на улице стоят с игрушками! А в поезде был подстаканник! Золотой-золотой!

Девочка сияла, излучала радость, как печка — тепло, а в улыбке ее не хватало двух верхних резцов. В десне проклюнулись две белые полоски.

«Какая же она вся новенькая, как эти новорожденные зубки, — восхитилась про себя Вера. — И совершенная инопланетянка...»

— Ну, давай познакомимся, — склонилась она к девочке. — Меня зовут Вера Александровна, а тебя как зовут?

— Мария, только не зовите меня Маша, я терпеть не могу.

— Я тебя вполне понимаю. Мария — прекрасное имя.

— Мне бы хотелось Глория. Вырасту, стану Глорией, — объявила девочка.

Шурик уставился на Стовбу. Она была неузнаваема. В ней появилось нечто новое и кинематографическое. За годы, прошедшие с рождения дочери, Стовба не то чтобы изменилась — следа не осталось от дрябло-рыхлой красавицы. Она стала худа, резка и подвижна. Светлые тяжелые волосы, вызвавшие когда-то любовный недуг у Энрике, остригла коротко. Больше не щурилась — стала носить очки.

— Узнал? — спросила тихо Стовба, указывая глазами на дочку. И Шурик, встрепенувшись, сделал предупреждающий жест: ни слова. Стовба соображала быстро и сразу же поправилась:

— Я думала, ты меня не узнаешь...

Но Вера не обратила никакого внимания на их беглые слова.

Внешность этой девочки, весь ее облик — порхающий, определила Вера, скоростная мимика, привлекательность редкого зверя тронули ту глубинную струну, которая в организме Веры заведовала столь развитым чувством прекрасного.

— Пошли чай пить, я торт «Прага» купил, — предложил Шурик и открыл дверь в кухню. Чай был накрыт в кухне, не парадно.

Пили английский чай с ванильными сухарями и тортом — в аккурат был файф-о-клок. Ела Мария увлеченно, помогая пальцами и мотая головой от удовольствия. Облизала шоколадные разводы, отерла кошачьим движением рот, повернула голову на длинной шее таким изысканным движением, с паузой в середине, с завершением движения в его конце, обозначенным легким подъемом подбородка, после чего сказала Вере грустно:

— Такого у нас не бывает. Очень вкусно. Жалко, больше не могу, — и скорбно шатнула головкой.

Вера совершенно автоматически повторила ее движение, поймала себя на этом, улыбнулась — какая заразительная пластика!

— Ну, идем, я покажу тебе елку, — предложила Вера и повела Марию в большую комнату.

Оставшись одни, Шурик со Стовбой закурили. Сигарет «Фемина» уже не было, зато Шурик угощал официальную жену заграничными сигаретами «Лорд». Между глубокими затяжками Лена сообщила, что уже давно живет в Ростове-на-Дону, работает в хорошем месте, все в порядке. Только вот ей срочно понадобился развод, потому что появилась возможность соединиться с Энрике: он нашел одного американца, который готов приехать в Россию, оформить с ней брак и вывезти ее.

— Американец — на Кубу? — при всей своей политической невинности Шурик усомнился.

Стовба смотрела на него обкомовским взглядом своего отца — неподвижно и тяжело:

— Ну да... Я не сказала тебе главного. Фидель — чудовище.

— Какой Фидель? Ты же про Энрике рассказываешь?

Стовба сняла очки, посмотрела на Шурика, приблизив к нему лицо, потом снова надела:

— Какой? С бородой! Кастро, вот какой! Отец Энрике был с ним с самого начала, с Плайя-Хирон! Понял, кто они? Все понял?

Шурик кивнул.

— Так вот, у Энрике есть старший брат, от другого отца, от поляка. Мать была красавица, с Каймановых островов. А брат его, поляк, с Кубы дернул, а Фидель мстительный, как черт, и он посадил отца Энрике, хотя дело было не в этом поляке, он вообще никакого отношения к ним не имел, у них какие-то были политические разногласия. А когда он отца посадил, то и до Энрике добрался, его отозвали из Москвы и тоже посадили. Энрике вышел из тюрьмы, отсидев полных три года. А отец не вышел. Говорят, умер в камере от сердечного приступа. Понимаешь?

Шурик почтительно кивнул: история заслуживала уважения.

— А потом Энрике с Кубы сбежал. Уплыл на лодке, как и многие другие кубинцы. Следишь? Он уже год, как в Майами. Связь у нас редкая. Энрике живет как беженец, но ему обещали грин-карту. А пока он выехать никуда не может. Работает он как проклятый и еще экзамены сдает за университет, хочет свое медицинское образование подтвердить. И нашел он американца, который обещал все это провернуть — с браком. Понимаешь теперь, почему мне так срочно развод понадобился? А так мне от штампа этого ни тепло ни холодно...

Опять запахло кинематографом — авантюрным.

Изменилась не только внешность Стовбы, изменилась и манера разговора — из прежней вяло-высокомерной на отрывистую и деловую.

— Ты понимаешь теперь, почему мне развод срочно понадобился?

— Ну, конечно. Только ты, Лен, имей в виду, мама не знает, что мы с тобой расписаны, и я бы не хотел, чтобы она узнала... Понимаешь, да?

— Конечно, конечно, я просто пошутила неудачно. — Она поменяла тему. — А помнишь, какая Мария была страшненькая, когда родилась? А выросла красавицей.

Смотрела Стовба гордо.

— Лен, девочка потрясающе красивая, но я ее тогда и не запомнил — что-то желтенькое было и сморщенное.

— Она на мать Энрике похожа, только еще лучше, — вздохнула Стовба.

Пока на кухне велись переговоры, Мария разглядывала елочные игрушки, радовалась всеми оттенками детской радости сразу — горячо, бурно, изумленно, тихо, бессознательно и религиозно. Вера же с благоговением разглядывала эту эмоциональную радугу: какое богатство! Какое душевное богатство!

Вера сняла с елки стеклянную стрекозу, лучшую из сохранившихся бабушкиных игрушек, и завернула ее в папиросную бумагу. Мария стояла перед ней, сложив руки и опустив длиннейшие ресницы, затенявшие щеки. Маленький сверток Вера положила в одну из японских коробочек, оставшихся от покойного ордена, и Мария взяла коробочку двумя руками и прижала к груди.

— О-о... — простонала девочка. — Это мне?

— Конечно, тебе.

Девочка закрыла лицо скрещенными ладонями и ритмично закачалась. Вера испугалась. Мария отняла руки от лица и сказала трагическим голосом:

— Я могу сломать.

Вера погладила ее по волосам — они были приятно маслянисты на ощупь.

— Каждый может сломать.

— У меня часто так случается, — и вздохнула.

— У меня тоже случается, — успокоила ее Вера. — Хочешь, я тебе поиграю?

Когда они вошли в комнату, елка сразу приковала внимание девочки, и только теперь она заметила пианино.

— Какое голое пианино, без простынки... — произнесла девочка, погладив лакированное дерево.

— Что ты имеешь в виду? — удивилась Вера.

— У моей учительницы Марины Николавны простынка лежит с кружевами, — объяснила Мария.

Вера усадила Марию в кресло Елизаветы Ивановны и заиграла. Из Шуберта. Сначала девочка слушала очень внимательно, но неожиданно подбежала и хватила по клавиатуре кулачком. Рыкнули басы. Мария завертелась волчком и завизжала:

— Не надо так! Не надо! Нельзя так!

Вера оторопела: что за странная реакция!

— Деточка! Что случилось? В чем дело?

Мария вспрыгнула в кресло, комочком вжалась в него. Замерла. Вера осторожно коснулась ее плеча. Несколько минут поглаживала ее узкую спинку. Потом девочка вывернулась головой из клубка, как змея. Глаза были огромные, черные — как будто одни зрачки без радужки, и влажные:

— Прости меня. Я так разозлилась, потому что у меня ничего не получается. А у тебя получается...

— Что не получается, деточка моя? — изумилась Вера.

— Играть у меня не получается.

Вера взяла ее на руки, села в кресло, усадила ее рядом с собой: в просторном кресле Елизаветы Ивановны им двоим хватало места с избытком.

«Какая сложная судьба у матери, у девочки! Какая эмоциональность, тонкость, привлекательная грация, этот редкостный цвет кожи — что-то из колониальных романов! — скорее чувствовала, чем размышляла Вера. — Необыкновенный, исключительный ребенок!»

— У меня тоже очень многое не получается. Знаешь, сколько приходится заниматься, чтобы получилось, — утешила Марию Вера.

— Да, я целый год хожу к Марине Николаевне, и все равно ничего не получается.

— Давай ты выберешь себе еще одну игрушку с елки! — предложила Вера.

Мария соскочила на пол, запрыгала, завертелась, казалось, что количество рук и ног у нее удвоилось, и Вера снова восхитилась заряду эмоций в столь малом теле.

Вошли Шурик со Стовбой.

— Давай собираться, Мария, — обратилась Стовба к дочери. И добавила: — У нас гостиница где-то во Владыкино, далеко добираться.

Вера Александровна немедленно предложила остаться ночевать: зачем тащить ребенка через весь город в паршивую гостиницу, когда они могут чудесно переночевать в комнате Елизаветы Ивановны?

— С елкой? — обрадовалась Мария.

— Конечно, вот здесь мы вам и постелим...

Наутро Стовба, по предложению Веры Александровны, поехала в гостиницу одна, оставив дочку у Корнов, забрала вещи и до конца недели бегала по разным учреждениям: кроме разводных дел были еще и служебные.

Вера Александровна гуляла с Марией, отвела ее по какому-то внутреннему порыву в Музей восточных культур и показала Красную площадь. Вере были удивительно приятны эти прогулки: она радовалась вместе с Марией и смотрела на город, который на ее памяти становился все хуже, восхищенными детскими жадными глазами.

Шурик с Леной тем временем добрались до загса. Выяснилось, что для развода не хватает одной бумаги — свидетельства о рождении Марии. Документ этот Стовба оставила дома, когда сбежала от родителей с четырехмесячной дочкой. Чтобы получить его, надо было либо просить об этом бабушку, с которой у нее сохранилась тайная переписка, либо делать запрос в сибирский город. В любом случае это требовало времени, и Стовба уехала, с тем чтобы вернуться, как только достанет необходимое свидетельство.

Вера Александровна предлагала им остаться хотя бы до Нового года, но Стовба, несмотря на отчаянные слезы дочери, уехала днем тридцать первого декабря.

Вера была сильно огорчена: она уже прикидывала, какой славный праздник можно было бы устроить для чудной девочки...

41

Ноготь Шурика, который сначала так отчаянно болел, посинел и вздулся, потом болеть совершенно перестал, а спустя некоторое время возле лунки отросло несколько миллиметров нового розового ногтя. А потом вырос новый, со странной зарубкой в середине. Трещина в плюсне заросла сама собой, без всяких последствий. Шурик полностью забыл о нелепом происшествии.

Возможно, обладательница палеонтологической редкости с течением времени тоже забыла бы об этом, но случайный предмет — почтовая квитанция с кое-как написанным обратным адресом и недописанной фамилией «Кор» — Корнилов? Корнеев? — забыть не давал. Вооружившись лупой, Светлана исследовала неразборчивый адрес — улица была определенно Новолесная, семерка смахивала на единицу, крючок мог быть и двойкой, и пятеркой... Но эта неопределенность приятно волновала: ведь неслучайно же он оставил квитанцию со своим адресом? А если и случайно, то не намек ли это судьбы, не указательная ли стрелка провидения?

Несколько дней Светлана прожила в предвкушении счастья. Ей казалось, что он должен вернуться не сегодня завтра, и она все репетировала их встречу: как она удивится, и как он будет смущен, и что скажет он, и что она... Но он все не шел: не решается... стесняется... какие-то обстоятельства ему мешают...

Через неделю ей пришла в голову мысль, что он может вообще исчезнуть. И чем меньше было шансов, что он вернется, тем больше она на него обижалась. Мысленно она с ним беседовала, и постепенно беседы эти стали раздраженными и, что самое неприятное, беспрерывными.

Поздним вечером, выпив легкое снотворное, она засыпала минут на двадцать, но разговор с Шуриком внедрялся в сон и разрушал его. Она долго с ним общалась в лекарственной дреме — то он просил у нее прощения, то они ссорились и мирились, и все эти общения были отчасти управляемы, она придумывала сюжет, и он развивался в заданном направлении... Маялась. Потом вставала...

Ее сон, от природы робкий и пугливый, вконец разрушился, и теперь она поднималась по ночам, пила горячую воду с лимоном и садилась к столу — вертеть шелковые цветы, белые и красные, для артели, изготовлявшей похоронные венки. Она была лучшей мастерицей, но хороших заработков у нее никогда не получалось, потому что работала она очень медленно. Зато розы, которые она скручивала на круглой ложке из тонкого проклеенного шелка, отличались печальной удлиненностью, которая другим мастерицам не давалась.

До утра сидела она в стеклянном состоянии перед скользким шелком, утром засыпала минут на двадцать и снова садилась к столу. Из дома она почти не выходила: боялась пропустить приход Шурика.

Она уже понимала, что совершенно выпала из полумедикаментозного душевного равновесия, которое почти год поддерживал замечательный доктор Жучилин, толстый и ласковый, как престарелый кастрированный кот.

Так продержалась она месяц и пошла к Жучилину. Жил он недалеко, на Малой Бронной, и она уже давно ходила к нему домой, а не в больницу.

Жучилин был из породы благородных мазохистов, вдумчивый и сострадательный врач, и многих пациентов превращал в свой пожизненный крест. Денег он стеснялся, увиливал от них, подарки принимал книгами и коньяками. Светлана шила для его дочери маленьких кукол с нарисованными по шелку белыми личиками, в красных и голубых платьях...

Со студенческих лет самоубийство зачаровало доктора как непостижимое и притягательное влечение особой породы людей, и выбор психиатрической специальности был скорее гуманитарным, чем медицинским. Светлана была из этой самой породы, несущей в себе внутреннюю тягу к самоубийству, и познакомился он с ней после ее третьей суицидной попытки, к счастью, неудавшейся.

Жучилин знал, что по медицинской статистике третья суицидная попытка оказывается наиболее эффективной. Если исходить из его довольно зыбких соображений, собирающихся сложиться в теорию, в Светланином случае риск должен со временем уменьшаться, и при условии правильного лечения в дальнейшей жизни ей будут грозить лишь естественное старение и связанные с этим болезни. Она как бы перерастет зону риска. Светлана, таким образом, относилась сейчас к числу наиболее его беспокоящих и наиболее для него интересных пациентов.

С такими своими пациентами он беседовал часами. Ему было важно дойти до глубины, до самой точки слома, в которой засела идея самоубийства. Методика фрейдовского психоанализа была ему не чужда, и он смело ввергался в чужую душу в надежде произвести починку на ощупь, в глухой темноте...

Нина Ивановна, жена Жучилина, ушла спать, и они сидели на кухне, разбирая болезненные растения Светланиных мыслей и переживаний. Она рассказала ему о событии. Забавным образом рассказ ее составлял именно ту часть события, которую пропустил Шурик при пересказе этой истории матери. История с зубом мамонта, таким образом, вся досталась Вере, а эпизод любовный, возникший в рассказе Светланы совершенно на пустом месте, то есть без упоминания зуба мамонта, целиком достался доктору. Лишенная своей завязки, история приобретала вид жестокого соблазнения с элементом насилия. Хотя Жучилин задавал провокационные вопросы, пытаясь приблизить картину, нарисованную Светланой, к чему-то более правдоподобному, это ему не удавалось. Желанное насилие — так определил он для себя предлагаемую ему ситуацию.

Он пил свой крепкий чай, подливал кипяток в Светланину чашку с вареньем, куда она время от времени погружала губы, и размышлял о том, что больной от здорового отличается, в сущности, только способностью контроля над занозой, вонзившейся в психику. Ее можно капсулировать, построить защитную стену, не дать распространяться болезненному воспалению, но выдернуть ее он был не в состоянии. И он слушал бедный влюбленный бред, отмечая противоречивость ее желаний: она жаждала свободной и счастливой любви, оставаясь при этом жертвой дурных людей, обстоятельств и, что в данном случае было особенно важно, самого героя. Быть несправедливо обиженной, чудовищно и редкостно, как никто другой, было ее глубокой потребностью.

Доктор Жучилин понимал также, что, скажи он Светлане об ее болезненной потребности быть обиженной, он рискует нанести ей еще одну обиду и нарушить то доверие, без которого он вообще не сможет удерживать ее в границах относительного здоровья...

Большинство его коллег расценили бы ее состояние как проявление маниакального психоза и посадили бы ее на сильные психотропные препараты, оглушившие все ее способности, в том числе и ее способность к безграничному страданию.

— Дорогая моя Светочка! — сказал Жучилин в начале третьего часа ночи. — Будем исходить из того, что мы в состоянии оценивать происходящие события и реагировать на них адекватным образом. Не так ли?

Эта присказка всегда действовала на Светлану ободряюще. Она именно хотела, чтобы все было адекватно... Ее собственное поведение и казалось ей адекватным, но вот как быть с Шуриком? Это он себя вел неадекватно — не пришел, когда Светлана так этого жаждала...

Она кивнула. Ей страшно хотелось спать, но она знала, что уснуть ей не удастся, и оттягивала минуту прощания.

— Не надо загонять себя в безвыходное положение. Поведение молодого человека мы даже не будем подвергать анализу. Кто он — дешевый соблазнитель или просто попал в неожиданую для себя ситуацию, помните «Солнечный удар» Бунина? Неожиданный, непредсказуемый всплеск чувства? Вот, пусть это был солнечный удар, и человек, вовсе по своей природе не склонный к насилию, вдруг его совершает... Его больше нет. Если бы мы даже хотели его разыскать и потребовать объяснений столь безобразного поведения, у нас нет такой возможности... В Москве девять миллионов жителей, из них Шуриков тысяч сто! Совершенно пустой номер!

Нам никогда не удастся выяснить, почему он совершил этот поступок, а вот наладить сон совершенно необходимо. И это в наших силах. Я считаю, что неплохо было бы поехать в санаторий. Об этом можно похлопотать. Вы похудели. Потеря веса в вашем положении очень нежелательна. Мне кажется, надо еще раз проверить щитовидку. Я набросаю на днях новый план, и мы заживем по новому расписанию. Проблема эта не представляется мне очень серьезной, и я думаю, что вместе мы ее сможем разрешить...

Ничего этого доктор Жучилин не думал: положение казалось ему очень серьезным, но он полагал, что сделает последнюю попытку вывести Светлану из надвигающегося кризиса минимальными средствами.

Светлана со своей стороны тоже приняла решение: в сумочке лежала квитанция, о существовании которой она и слова не сказала доктору, и после всего сказанного-пересказанного она готова была пойти по указанному в квитанции адресу. Слова «солнечный удар» очень ее вдохновили.

Оба они — и врач, и пациент — были собой довольны: каждому из них обман вполне удался...

Спать Светлана в ту ночь так и не ложилась. Она пришла домой под утро. Соседи спали, и она зашла в коммунальную ванную, долго отмывала ее чистящей пастой с едким, дыхание останавливающим запахом, потом налила полную ванну воды и легла. Обычно она брезговала этой коммунальной ванной с потрескавшейся, как слоновья кожа, поверхностью, но теперь она думала о том, что это ее ванна, что это ее покойная бабушка жила в этой квартире с самого одиннадцатого года, и дедушка жил здесь, и отец здесь родился, и вся эта квартира принадлежала ей по праву рождения, а все эти теперешние соседи, пришлые захватчики, подселенцы, вчерашняя деревенщина, — никто из них даже не подозревает, что она и есть настоящая хозяйка... И горько-сладкая обида, любимая обида нахлынула на Светлану...

Все было белейше-белое — и трусики, и лифчик, и блузка. Кривая жемчужина висела на серебряной цепочке: золотая давно была продана. Жемчужина была не совсем бела, скорее, серовата. Но она была старинная, совершенно подлинная, хотя и умершая. Светлане показалось, что она сможет поесть. Сварила яйцо. Съела половину. Сварила кофе. Выпила полчашки. Она чувствовала великую ответственность дня.

«Будем реагировать на события адекватным образом», — напомнила она себе и в половине восьмого утра вышла из дома. Она дошла до Краснопресненского метро, доехала быстро до «Белорусской», потом долго искала Новолесную улицу, еще дольше искала дом. Семерка оказалась все-таки единицей, потому что домов на улице было не так много, и нумерация до семидесятых не доходила... В четверть девятого она сидела на лавочке, держа в поле зрения единственный подъезд нового кирпичного дома.

Она просидела три часа. У нее было чувство глубокой уверенности, что она не ошиблась, что молодой человек непременно живет в этом доме. На исходе третьего часа она вошла в подъезд и остановилась перед шеренгой почтовых ящиков, размещенных между первым и вторым этажами. На некоторых были наклеены бумажки с именами жильцов, на других фамилии были написаны карандашом прямо на жести крашеных зеленых ящиков. На некоторых стояли только номера квартир. Она искала фамилию Корнилов или Корнеев. Под номером «52» была приклеена бумажка, на которой старинным прекрасным почерком было написано «Корн». Это было даже лучше, чем «Корнилов»...

Вполне удовлетворенная, Светлана вернулась домой. Она знала, что молодой человек почти в ее руках.

Никакой стратегии у Светланы разработано не было. До начала сентября она ходила через день к подъезду, к восьми часам утра, просиживала на лавочке ровно три часа и в одиннадцать уходила. Она была уверена, что Шурик рано или поздно появится, и, как терпеливый охотник в засаде, сидела сосредоточенно и неподвижно, не упуская из поля зрения выходящих жильцов. Некоторых она уже знала в лицо. Кто-то ей нравился, кого-то она успела возненавидеть: самым симпатичным был очкарик с портфелем и с газетами, только что вынутыми из почтового ящика, одну из которых он непременно ронял возле подъезда, особое отвращение вызывала толстая девица на тумбообразных ногах, которую иногда ждала машина.

Однажды, вернувшись домой после очередного дежурства, пришедшегося на дождливый день, Светлана заболела. Началась сильная ангина, каких давно не было. Болезнь пришлась кстати, она давала передышку в утомительной охоте, и Светлана старательно лечилась: полоскала горло разными полосканиями, смазывала воспаленный зев раствором йода в глицерине и пила невредные таблетки — антибиотики она отрицала, но вообще-то лечить себя очень любила. Ангина тянулась почти две недели и закончилась вместе с хорошей погодой.

В первый же день, когда она определила себя здоровой, собрала в две коробки расцветшие за время болезни цветы и отвезла в артель — бог знает в какую даль — к Коптевскому рынку. Получила деньги за прошлый месяц и поняла, что нужно срочно купить плащ: в старом голубом ни на какое свидание она пойти не могла.

Покупка плаща была делом непростым во всех отношениях. Впрочем, как и любая другая покупка. Светлана относилась к той породе людей, которая всегда точно знала, что именно ей нужно. Поэтому плащ, который родился в ее воображении — цвета беж, с капюшоном, прорезными карманами и на роговых пуговицах в придачу, — можно было искать до конца жизни.

Теперь каждое утро вместо поездки на «Белорусскую» Светлана отправлялась по магазинам. Она была дотошна и целеустремленна, и к концу второй недели убедилась, что плащ, рожденный в ее воображении, может быть только сшит. И тогда она решилась: шить. Это сменило поле ее поиска — теперь она должна была обследовать магазины тканей. В первом же, буквально рядом с домом, повезло — купила прекрасную ткань плащовку чехословацкого производства. Проблемы построения плаща росли как снежный ком: а подкладка? А пуговицы? А бортовка? И все эти трудности были желанными, и чем более сложно выполнимыми, тем оно и лучше — Шурик, таким образом, отодвигался на задний план, томился там вдали на маленьком огне. А главное направление — плащ...

Жучилин несколько раз звонил, обеспокоенный: по его рассуждению, Светлана должна была бы сейчас в нем особенно нуждаться и цепляться за него, как всегда это происходило в критических точках. Но, как ни странно, этого не происходило. Она говорила с ним по телефону даже несколько небрежно. Сообщила, что очень занята сейчас пошивкой плаща... А сон наладился...

«Все-таки тряпки — какой мощный терапевтический стимул для женщины! Надо это обдумать», — заметил для себя Жучилин. У него было множество идей, и одна из них касалась глубокого различия в проявлениях одних и тех же психических расстройств у мужчин и женщин. Подумав, решил, что в ближайшее время очередная суицидная попытка маловероятна...

Пока Светлана преодолевала препятствия по построению плаща, некоего прообраза известной шинели, наступила зима. Плащ был готов, висел в шкафу на деревянных плечиках, укутанный в старую простыню. На дворе лежал снег, о новом зимнем пальто и речи быть не могло — все финансовые мощности исчерпались. Вопрос с Шуриком снова стоял крупным планом.

Поехала к тетушке на Преображенку. Года два тому назад тетушка предложила ей старую каракулевую шубу, от которой Светлана тогда отказалась: мех был красивый, но требовалась большая реставрация. Тетушка была на нее в обиде, и Светлана купила дорогой торт и выбрала из нескольких маленьких шляпных букетов собственного изготовления самый розовый: как намек на тетушкину старческую страсть молодиться.

Помирилась с тетушкой, даже немного подольстилась. Пожаловалась на холод, напомнила о каракулевой шубе. Тетушка покачала головой:

— Надо было сразу брать, я ту шубу Витиной жене подарила.

Но тут же в ее длинноносом лице засквозило нечто загадочное... Светлана даже не успела расстроиться, потому что поняла, что сейчас ей тетушка предложит что-то другое. И она предложила! Боже! Что это было! Огромная оленья шкура. Дивного орехового цвета. С волнующим звериным запахом. Светлана ахнула и поцеловала тетушку.

— Николаю Ивановичу с Севера привезли. Бери, не жалко. Только так уж сильно не радуйся. Шкура эта летняя, видишь, лезет... Долго ты ее не проносишь. Я хотела на диван ее положить, да на нее как сядешь, весь зад в волосах. Бери, для тебя не жалко...

Чтобы не утерять окончательно Шурика из виду, Светлана сделала несколько разведывательных вылазок. Наконец ей повезло, и она увидела, как Шурик под руку вывел из подъезда маленькую даму в сером берете и повел куда-то вокруг дома, не по главной дорожке. Когда Светлана, переждав минуту, пошла за ними, они бесследно исчезли. Шурик провожал маму на театральные занятия, и они скрылись за маленькой дверью, ведущей в подвал.

В другой раз она увидела сцену прощания двора со своим комиссаром: умер Михаил Абрамович, и весь дом вышел к автобусу, который увез в крематорий возле Донского монастыря бледного рыцаря марксизма. Шурик нес гроб вместе с дворником и двумя партийными мужами в шляпах от подъезда к автобусу. Потом он вывел из подъезда давешнюю милую даму, которая на этот раз была в черном берете и с букетом белых хризантем. Он почтительнейшим образом подсадил даму в автобус, а потом втащил в него всех остальных старух и стариков, провожающих гроб. Затем сел в похоронный автобус сам.

В этот день Светлана узнала у лифтерши телефон домоуправления, позвонила туда якобы с почты и выведала телефон квартиры номер пятьдесят два.

Только с третьей попытки Светлане удалось взять настоящий след. Как-то под вечер — Светлана отказалась от утренних дежурств — он торопливо выскочил из подъезда, один, с папочкой под мышкой, и понесся к троллейбусной остановке. Но троллейбус только-только отошел, и он, постояв немного около остановки и дав тем самым Светлане справиться с волнением и собраться с вниманием, зашагал к «Белорусской» пешком. Она шла чуть позади, он ее не замечал.

Момент был подходящий для того, чтобы с ним заговорить, но Светлана вдруг испугалась до испарины и поняла, что пока не готова. А также поняла, что теперь ей предстоит самое трудное — так подойти к Шурику, чтобы не уронить своего женского достоинства: она не из тех, кто бегает за мужчинами... До сих пор Светлана не задумывалась, что ему скажет, когда наконец увидит. Перебирала какие-то никчемные слова, и ничего не подходило.

Она чуть отстала, но не теряла его из виду. Спустилась в метро. Успела сесть в один с ним вагон, успела выйти за ним на «Пушкинской», не потеряла его в толчее многолюдной станции...

Даже опытным сотрудникам наружного наблюдения не всегда удается таким идеальным образом «довести» клиента, как это удалось Светлане с первого же раза. Она выследила конец его маршрута — подъезд того самого могучего сталинского дома у Никитских Ворот, на углу улицы Качалова, где в магазине «Ткани» она покупала замечательную плащовку. Кто бы мог подумать! Взволнованная, не стала ждать, когда он выйдет, и побежала домой. До дома было от силы десять минут ходу.

Дома выпила горячего чаю, отогрелась и принялась за шубу. Не может же она предстать перед ним в старом пальто... Работа с шубой продвигалась очень медленно. Мездра была толстой и плохо обработанной, и Светлана, раскроив шкуру, теперь соединяла части кроя плотными лентами. Работа эта была ручная, кропотливая, к тому же и тяжелая. Но, как всякая ручная работа, давала время для размышления. И Светлана, забегая вперед, выстраивала замки девичьих грез... В сущности, недошитая шуба сдерживала ее нетерпение да и тайный страх: а вдруг ничего не получится?

В тот вечер, когда шуба была готова, она решила позвонить Шурику. Это было все же проще, чем подойти на улице. Продумала все варианты, не исключая и самый плохой: что он вообще не вспомнит, с кем говорит... Все взвесила, предусмотрела. Позвонила в десять часов вечера. К телефону подошла женщина. Наверняка эта милая дама его мать... Светлана повесила трубку и решила, что будет звонить каждый день в это время.

Через несколько дней трубку поднял Шурик, и она сказала легким и веселым голосом, как будто это была не она, а совсем другая девушка:

— Здравствуйте, Шурик! Вам привет от мамонта, зуб которого причинил вам неприятность!

И Шурик сразу же вспомнил злополучного мамонта — ноготь на большом пальце сходил больше трех месяцев, и забыть это было трудно. Он засмеялся и даже не спросил, откуда она взяла его телефон. Обрадовался, заулыбался в трубку.

— Ну как же, как же! Помню вашего мамонта!

— И он вас не забыл! Вот недавно напомнил мне о вас. Вытирала пыль с пианино, он мне и напомнил... Приглашает вас в гости!

Это было чудо, как весело и легко прошел разговор, и в гости Светлана его пригласила, нисколько не уронив достоинства, и он сразу же согласился. Только долго выбирал день — не в субботу, не в воскресенье, не в понедельник. В среду — хорошо? Только адрес дайте, я помню, что рядом с почтой, а номер квартиры забыл...

Это было неподалеку от Валерии, во вторник он собирался в редакцию, забрать работу для Валерии, а в среду отвезти ей. Он пришел к Светлане к семи, как договаривались.

В середине стола стоял зуб мамонта, обложенный искусственными цветами, и была всякая закуска в сильном уксусе, который Шурик терпеть не мог, а Светлана, напротив, поливала им всю еду, которая без уксуса казалась ей безвкусной. И стояла бутылка водки, которую Светлана терпеть не могла, а Шурик — напротив... И они болтали весело, как будто были давно и невинно знакомы, и ничего такого между ними не происходило, и никакой истерики, и никакого бурного секса на узком диванчике. Светлана в белой блузке с синими жилками на висках и на длинной шее была как будто старой школьной подругой, только говорила она возвышенно — о судьбе и прочих материях, немного слишком возвышенно, но, с другой стороны, и знакомо: Веруся тоже любила говорить о возвышенном.

В половине десятого Шурик посмотрел на часы, ахнул и засобирался:

— Мне надо к приятельнице зайти. Здесь, неподалеку. Работу занести.

И быстро ушел. Светлана рухнула на диван и залилась слезами — от пережитого напряжения. Все прошло хорошо. Как это правильно было, что она не подошла к нему на улице, и что бы сказала? Все очень-очень хорошо. Только любовного свидания не получилось. С одной стороны — хорошо, он испытывает к ней уважение, с другой — как-то обидно... И что теперь дальше? Он и телефона ее не взял...

Когда она проплакалась, стали роиться новые планы: можно было, например, купить билеты в консерваторию, или пригласить в театр, но это было неправильно. Приглашать должен мужчина. Самым правильным было о чем-то попросить... Какое-нибудь чисто мужское дело — починить что-нибудь или мебель переставить... А если чинить не умеет и сразу откажет? Надо, чтобы было простое и отказать неудобно. И еще ее почему-то радовало, что она знает о нем что-то такое, о чем он и не догадывается: его адрес, дом, маму, даже подъезд, куда он ходит относить работу.

Оленья шуба давно была готова. Но вдруг оказалось, что шуба ничего не решает. Светлана подумала немного и придумала. Распустила голубую шапку и связала из шерсти шарфик. Он был к лицу. Всю неделю убирала комнату, поменяла занавески — повесила старые, которые еще при бабушке висели, чем-то они были милее. И постирала в холодной воде старинную азиатскую тряпку, которую бабушка называла игривым словом «сюзане», и повесила в виде портьеры перед дверью — от соседских глаз. А когда все в доме устроила красиво, легла с вечера в постель и сказала себе: завтра у меня опять начнется ангина. И ангина началась.

Утром она умылась, надела белый свитерок и повязала голубой новый шарф. А потом позвонила Шурику и нежно спросила, не может ли он ей помочь: она заболела ангиной и лекарства купить некому. И легла в постель.

И лучше выдумать она не могла: покупка лекарства была делом священным. Лекарство маме, лекарство Матильде, лекарство Валерии... Просьба эта показалась ему столь естественной, что, наскоро позавтракав, он приехал к Светлане — выполнить привычное поручение. Кальцекс он купил по дороге.

Светочка была такая милая, такая жалкая, в комнате пахло какими-то жалостными духами вроде жасминовых, и немного уксусом, и голубая шерсть лезла в рот, когда она прижала его все еще кудрявую, но уже слегка облинявшую на макушке голову к своей слабой груди. А он всем телом почувствовал, что вся она собрана из тонких кривых косточек, из каких-то куриных хрящиков, и жалость, мощная жалость сильного существа к такому слабому сработала как лучшее возбуждающее средство. Тем более что он сразу же понял, какое именно лекарство ей нужно. Вынутая из свитерочка, шарфика и маечек, она оказалась еще более жалостной в своей голубоватой гусиной коже, трогательно безгрудая, с белесыми куриными перышками между ног...

Впрочем, кальцекс он не забыл положить на стол. Выполнив лечебную процедуру, он еще сходил в аптеку за полосканием и принес ей три лимона из прекрасного гастронома на площади Восстания. И не забыл купить там же, в отделе кулинарии, печеночный паштет для мамы. Вера его очень любила. И еще он узнал этим утром, что Светлана ест лимоны с кожурой, любит хорошо заваренный цейлонский чай, антибиотиков вообще не признает, а при ангине принимает исключительно кальцекс.

«Он совсем другой, он не подлец, как Сережка Гнездовский, и не предатель, как Асламазян, он никогда бы со мной так не обошелся... Он другой... — думала она и шептала: — другой, другой...»

Вечером пришел к Светлане Жучилин — навестил пациентку по-приятельски. Она заварила ему крепкий цейлонский чай, который на самом деле никогда не пила, поставила на стол вазочку с вареньем, печенье и тонкими ломтиками нарезанный лимон. Горло ее было завязано шарфиком.

— Вторая ангина подряд, — пожаловалась Светлана. Она была расслаблена, никакого напряжения. Глазки сияли...

— Ну как сон? — спросил доктор.

— Совершенно наладился, — ответила Светлана.

«Великая сила плацебо», — радовался Жучилин. Он дал Светлане в прошлый раз вместо снотворного таблетки глюконата кальция. Светлана, впрочем, их не принимала.

А может, здесь сыграли свою роль ангины? Занятно все-таки. Это почти правило: соматические заболевания в каком-то смысле разгружают психику. И вспомнил еще один недавний случай, когда, заболев тяжелым гриппом, один из его пациентов замечательно вышел из глубокой депрессии...

В тот вечер все были собой довольны: Светлана, заполучившая, как ей казалось, мужчину, выгодно отличавшегося от тех подонков, которые встречались в ее жизни прежде, доктор Жучилин, уверенный, что в очередной раз вывел пациентку из опасного состояния, и Шурик, которому удалось порадовать маму печеночным паштетом. И девушке Светлане он принес лекарства и оказал половое уважение, на которое она так трогательно напрашивалась...

Шурик не умел строить планы дальше сегодняшнего вечера. Предчувствия и прогнозы были исключительно в Верочкином ведении. Бабушки, которая была всех их проницательней, давно уже не было, и ему, бедняге, даже в голову не пришло, какой крест он на себя взваливает, подавая незамысловатое утешение невзрачной нервной девушке.

42

Выйдя из Светланиного подъезда, Шурик тут же и выбросил это мелкое приключение из головы. Печальнейшая асимметрия человеческих отношений: пока Светлана бессчетно проигрывала весь сеанс Шурикова посещения от первой минуты до последней, как будто намереваясь навеки закрепить в памяти все его движения, дать каждому произнесенному слову многообразные толкования, заспиртовать это свидание навек, Шурик продолжал жить в мире, в котором она полностью отсутствовала.

Светлана четыре дня не выходила из дома: ждала Шурикова звонка. При этом она совершенно точно помнила, что номера телефона он не брал. На пятый день вышла из дому: страх, что она может пропустить его звонок, заставил ее бежать бегом в магазин и в аптеку.

— Мне не звонили? — спросила она толстого соседа, который, старая свинья, ответил саркастически:

— Как же, звонили. Телефон оборвали...

По истечении недели уверенность, что Шурик непременно сегодня позвонит, сменилась такой же полной уверенностью, что он не позвонит никогда. На плечиках в шкафу, окутанные старыми простынями, висели образцовый плащ с капюшоном на клетчатой подкладке и новая оленья шуба, вернее сказать, длинный жакет. Светлана была во всеоружии: и первое слово так удачно сказано, и любовное свидание состоялось — то первое, под знаком зуба, она не считала. И вот теперь все повисло бесполезно и никчемно, как эти красивые вещи в шкафу...

Через неделю, день в день, она набрала Шуриков номер. Услышала голос старой дамы и повесила трубку. На другой день подошел Шурик. У нее перехватило горло, и она не произнесла ни слова. Да и что было говорить? Двое суток не спала, не ела, сидела ночами над шелковыми цветами. Понимала, что надо пойти к Жучилину, но все откладывала визит.

На третий день, ближе к вечеру, надела шубу и пошла к Жучилину. Однако обнаружила себя на «Белорусской». Подошла к Шурикову дому. Постояла. Не ждала его. Просто постояла. А потом вернулась домой. Каждый день она собиралась к Жучилину, а попадала к этому дому. Наконец увидела, как он вышел из подъезда. Пошла следом. Очень ловко. Проводила до Красных Ворот. Почувствовала ужасную усталость и вернулась домой. Еще через день тайно проводила до «Сокола». Там Шурик вышел из метро и свернул к Балтийским переулкам.

За две недели изучила расписание его жизни: он выходил из дому не раньше четырех. Однажды провожала его в театр, куда он сам провожал маму. Теперь она знала многие его маршруты — «Сокол», улица Качалова. Знала, в каких библиотеках он занимается. Она определила номер квартиры на Качалова, где Шурик дважды за эти две недели оставался так поздно, что она уходила, не дождавшись...

Еще ни разу она не попалась ему на глаза. В ней проснулся азарт сыщика, Светлана знала почти все его явки, кроме Матильдиной, поскольку Матильда в это время жила в Вышнем Волочке. Тогда она и завела книжечку, где отмечала все Шуриковы передвижения.

К Жучилину Светлана все не шла, хотя подспудно понимала, что навестить его пора. Потом встретила случайно на улице его жену. Нина Ивановна затащила ее в гости. Жучилин, поговорив с ней пять минут, предложил немедленную госпитализацию.

Она неожиданно согласилась: очень уж устала от своей филерской деятельности.

У Жучилина в отделении была шестиместная женская палата, куда он укладывал, по мере возможности, своих любимых пациентов. Обычно там собиралась публика интеллигентная, маниакально-депрессивная, не в самом остром состоянии. В этой палате Жучилин иногда проводил групповые психотерапевтические занятия. Именно в этой палате Светлана лежала в прошлый свой заход, и он снова поместил ее к своим избранницам. Здесь Светлана познакомилась с сорокалетней востоковедкой Славой, опытной самоубийцей с восемью удачными с медицинской точки зрения суицидальными попытками.

Подружились. Слава читала ей свои переводы из персидских поэтов, Светлана вышивала на кусочке ткани размером со спичечную коробку букет сирени, делая какие-то особо выпуклые стежки, так что крохотная сирень чуть не выпадала с ткани, и восхищалась стихами.

— Еще немного, и начнет пахнуть, — восхищалась Слава в свою очередь рукодельным талантом новой приятельницы.

На второй неделе общения начались исповедальные разговоры, и Слава догадалась, что герой Светланиного романа, переводчик Шурик, живущий со своей мамой на Новолесной улице, приходится сыном Вере Александровне Корн, старинной подруге ее матери. Обе они обрадовались такому исключительному стечению обстоятельств.

Слава знала Шурика с детства, помнила его замечательную бабушку, которая учила ее в детстве французскому языку, рассказала Светлане все, что знала об этой чудесной семье. Кира, мать Славы, была особенно дорога Вере, тем что была единственным человеком, помнившим Шурикова отца, рокового Левандовского.

Жучилин продержал Светлану в отделении шесть недель. Вывел из обострения. Слава выписалась неделей раньше: преследовавшие ее гнусные голоса, толкающие к самоубийству, оставили ее в покое.

Почти сроднившиеся пациентки доктора Жучилина встречались изредка в кафе «Прага», съедали там по шоколадно-масляному пирожному, выпивали кофе. Светлана подарила Славе свою сирень, вставленную в рамку, Слава — сборник переводов с персидского, в котором было четыре переведенных ею стихотворения. Но другой подарок, который Слава сделала своей новой подруге, был совершенно сказочный: Слава пригласила ее на день рождения своей матери. Приглашенных было немного: брат матери, отставной военный с женой, племянница и две подруги. Одна из этих подруг — Вера Корн. Обычно Веру сопровождал Шурик. Это было именно то, о чем мечтала Светлана: встретить Шурика не на улице, якобы случайно, а на званом вечере, в уважаемом доме, невзначай... Просто позвонить по телефону она не могла: женская гордость. А встретив его вот так, в приличном доме, она сможет забросить какой-нибудь правильный крючок.

Она перебрала десятки вариантов, пока не придумала крючка удовлетворительного: достала через свою знакомую, работающую в аптеке, описание нового французского лекарства. Это было как раз то, что нужно. Теперь она знала, для чего пригласит его к себе в дом — перевести аннотацию...

Встретились за столом у Киры Васильевны. Шурик сразу же узнал Светлану, хотя прошло больше полугода с той последней, ангинной встречи. Он познакомил ее с мамой, вспомнил о зубе мамонта, уроненном ему на ногу именно этой милой Светланой. Они сидели за столом рядом, и он ухаживал за обеими. Наливал вино, передавал блюдо с рыбой...

Их прежнее знакомство, с этим чертовым зубом, было неправильным, как движение не с той ноги. Идиотское, случайное, просто-напросто уличное знакомство. Ангинное свидание повисло в воздухе по непонятной причине. Сейчас все их знакомство как будто заново переписывали: в уважаемом доме, за достойным столом, в присутствии матери, и теперь все должно было пойти совсем по-другому. Светлана принадлежала этому кругу: дружила с дочерью подруги его матери. Ее бабушка, между прочим, тоже окончила гимназию, как и бабушка Шурика. В городе Киеве. И дедушка. И мама работала на культурной работе, заведовала клубом. И папа был военный...

Светлана ненавидела мать: та ушла из семьи к отцовскому начальнику, оставив ее с отцом и забрав младшего брата. Отец через несколько лет застрелился, и она попала к бабушке, с которой отношения были дурными: они мешали друг другу, но не могли друг без друга обходиться. Но теперь покойная бабушка, зловредная скупая старуха, вызвала в Светлане чувство благодарности, она словно бы служила ей службу — вводила ее в круг приличных людей... Светлане казалось, что она производит на всех благоприятное впечатление, и всем любезно улыбалась, а Шурику сказала:

— Я была довольно долго больна и не смогла вам позвонить и поблагодарить за лекарство. Но теперь у меня снова возникла необходимость. Видите ли, мне прислали из Франции лекарство, но аннотация по-французски. Вы не могли бы мне ее перевести...

— Конечно, Светлана. Мне приходилось переводить фармакологические тексты. Надеюсь, я справлюсь.

И тогда Светлана вынула из сумочки заранее заготовленную записочку с телефоном:

— Позвоните мне, и мы договоримся...

Эта лекарственная стратегия, используемая уже не в первый раз, опять хорошо сработала. Шурик позвонил. Пришел. Перевел. Выпил чаю. И ей опять пришлось его несколько подталкивать...

«Все дело в том, что он ужасно застенчив» — так решила Светлана. И когда она это поняла, ей стало легче: она звонила ему сама и приглашала, и он приходил. Отказывал редко и всегда по уважительным причинам: работа срочная или маме нездоровится... И Вера Александровна всегда передавала ей привет.

43

Зима восемьдесят первого года запомнилась Вере болями, причиняемыми выросшей на ноге косточкой, и трогательной перепиской с Марией. Девочка писала довольно мелкими печатными буквами и делала на удивление мало ошибок. Еще более удивительным было философическое содержание детских писем:

«Здравствуйте Вера Александровна почему я спрашиваю а ты отвечаеш а больше никто никогда не отвечает почему зимой холодно и зачем в ийце желтый желток я люблю тебя и шурика все люди другие скажи я глупая или умная?»

В отчестве Мария долго путалась, пропускала и вставляла буквы, но в конце концов справилась. Слова «глупая или умная» написаны были крупнее всего прочего, знаки препинания отсутствовали, кроме большого, круто изогнутого вопросительного знака в конце, разрисованного цветными карандашами.

Вера долго думала над каждым письмом, писала ответы на обороте хорошей открытки. Не с кошечками и цветами, а с репродукциями знаменитых картин великих художников. И собирала посылки с играми и книжками. Посылала Шурика на почту, он отправлял.

Всю зиму Шурик водил мать на физиотерапию, где производили процедуру над ее растущей косточкой, а вечерами натирал ногу гомеопатической мазью оподельдоком и еще одной, за которой он ездил к известному травнику из бабушкиной записной книжки.

Впрочем, косточка не мешала занятиям Веры с девочками: болела она исключительно в вечернее и ночное время. Иногда она просыпалась от боли — не такой уж сильной, но нудной и отгоняющей сон. Но, в общем, жизнь Веры, в отличие от большинства пожилых людей, существующих как бы под горку, по инерции, без всякого вкуса, наоборот, стала меняться в неожиданном направлении, как будто пошла в горку. Глупая затея покойного Мармелада обернулась так, что творческая энергия, прежде оживающая в ней от соприкосновения с чужим искусством скорее как отзвук похороненных возможностей, теперь нашла настоящее русло. Оказалось, что в ней дремало материнское педагогическое дарование, подавленное изобилием вокруг нее крупных чужих талантов, и небольшие ее способности пробудились лишь к концу жизни в присутствии нескольких бессмысленных девочек, послушно дышащих под ее руководством.

По ночам, когда ноющая косточка мешала сну, она лежала и мечтала, как настанет лето и Стовба привезет

Марию и они будут жить на даче. И не забыть сказать Шурику, чтобы в начале марта он поехал к дачной хозяйке Ольге Ивановне, и пусть наймет те прежние комнаты, в которых жили при Елизавете Ивановне. И мысли ее устремлялись по несвойственной ей хозяйственной колее: что хорошо бы будущим летом сделать заготовки на зиму, как мама делала, — земляничное варенье, и чернику, перетертую с сахаром, и абрикосовое варенье. Надо спросить у Ирины, умеет ли она варить абрикосовое варенье с ядрышками, как мама варила... И еще она обдумывала предложение, которое должна была сделать Лене Стовбе таким образом, чтобы она не могла отказать. И конечно, главное, чтобы Шурик был ей помощником... Впрочем, в Шурике она была уверена: в ее планах сыну отводилась значительная роль.

Вера постоянно обсуждала с Шуриком письма Марии. Завязались самостоятельные отношения между шестилетней девочкой и пожилой дамой. Они существовали как будто совершенно отдельно, независимо от Шурика или Стовбы. А между тем дела у Стовбы шли далеко не блестяще, о чем, разумеется, Вера Александровна знать не могла. К тому времени, как Стовбе удалось добыть необходимое для развода свидетельство, острая необходимость в нем отпала: она получила известие, что фиктивный брак не состоится, потому что подлый американец, предназначенный в мужья, исчез, как только Энрике дал ему некоторую сумму денег. Срочности в разводе теперь не было, условились, что Стовба пришлет необходимые документы, Шурик сам подаст на развод, а она приедет прямо к назначенному дню.

Подготовившись к важному разговору, но одновременно и не испытывая ни малейших сомнений, что Шурик ее одобрит, она сказала ему, что хочет пригласить Марию на лето на дачу. Шурик отозвался довольно равнодушно, даже разочаровав Веру безразличием к возможному приезду чудесной девочки.

— Веруся, я не против, но, мне кажется, это будет тебе утомительно. Но как хочешь. Я в этом году не смогу особо много бывать на даче, а все-таки для тебя лишняя нагрузка.

Вера Александровна списалась со Стовбой и получила несколько неопределенное согласие.

Стовба все равно собиралась приезжать в Москву для развода — хотя срочности теперь уже никакой не было, но Стовба понимала, что рано или поздно от бессмысленного теперь брака следует освободиться. С дочкой она еще никогда не расставалась, предложение показалось ей странным, но Мария неожиданно обрадовалась. Предстояло последнее предшкольное лето, и хотя Ростов был городом южным, с большой рекой, но индустриальным и пыльным. Летом Стовбе отпуска никогда не давали, и она решилась отпустить дочку. Но не на все лето, а на один месяц.

В конце мая, когда Шурик был уже почти готов к переезду на дачу, то есть по длиннейшему списку, составленному когда-то рукой Елизаветы Ивановны, собирал в ящики необходимые припасы и вещи — от сахарной пудры до ночного горшка, — Стовба привезла Марию. Приехала Ирина Владимировна, и Шурик торжественно перевез всех на дачу. Заявление о разводе было подано, и назначен день — на конец августа. У Стовбы возникло ощущение, что она сделала еще один шаг навстречу Энрике.

Стовба провела на даче с дочкой два дня. Ей там очень понравилось: и природа, и тишина, и удивительная благовоспитанность дома, в который она попала.

«Прямо дворянское гнездо», — грустно подумала она.

Марии тоже очень понравилось на даче, к тому же она все время висела на Вере Александровне, и Стовба, растившая ребенка без помощников и соучастников, с некоторой болезненностью ощутила, что дочка ее слишком тянется к Вере Александровне, но объяснила это отсутствием в жизни ребенка настоящей бабушки. Сама она, как и Шурик, воспитана была бабушкой и любила ее больше всех своих домашних...

Уезжала она со сложным чувством: ей казалось, что Мария чересчур легко ее отпускает. С Верой Александровной договорились, что она приедет через месяц, и тогда они вместе решат, заберет ли она Марию в Ростов или оставит до конца лета. Лена, за всю жизнь не оставлявшая дочку более чем на несколько часов, вдруг решилась расстаться с ней на такой долгий срок. Одновременно с тревогой она испытывала некоторое освобождение, временный отпуск от материнства, которое она несла бессменно, неразделенно и единолично почти семь лет. Чувство незаконной свободы...

Когда через три дня после переезда Шурик приехал на дачу с двумя пузатыми сумками продуктов, он обнаружил, что его мама и девочка стали друг для друга Верусей и Мурзиком — навсегда.

Мария встретила Шурика с живейшей радостью, прыгала от нетерпения около него, подскакивала как мячик, норовя повиснуть на шее. Он поставил сумки на пол и, обернувшись неожиданно, схватил ее поперек тела и бросил на диван. Она счастливо взвизгнула, пружинисто подскочила. Началась счастливая возня. Шурик взвалил ее себе на шею, она размашисто болтала руками и ногами, он кружил ее со странным чувством, что в его жизни уже было что-то точно такое... Лилька! Это Лильку он кружил и бросал, это она любила вот так повисеть на нем, дрыгая ногами в остроносых ботиночках...

— Ах ты, Мурзятина! — закричал Шурик и сбросил ее на диван.

Девочка спрыгнула на пол, кинулась к сумке и живенько ее распотрошила. Достала маленький картонный пакет вишневого сока, добытый через Валерию из каких-то таинственных распределителей. Шурик отлепил приклеенную к боку соломинку и вставил ее в картонку:

— Пей!

Мария сосала через соломинку финский синтетический сок, а когда он, хлюпнув, кончился, закатила глаза к небу и сказала мечтательно:

— Когда я вырасту, вот клянусь, ничего другого в рот не возьму!

И она стала пристально изучать картонку, чтобы в будущем не спутать ее ни с какой другой.

Потом Шурик собрался с девочкой на пруд. Неожиданно с ними пошла и Вера. Она сидела на берегу, пока они брызгались в холодной воде. Всю дорогу до дома Мария ехала у Шурика на спине и все погоняла его:

— Ты моя лошадка! Скорей! Скорей!

И Шурик несся вприпрыжку. Позади них шла Вера, получая удовольствие от неожиданной комбинации: их было не двое, а трое. Потом Шурик с Марией доскакали до дома, и Вера сказала:

— Детки, мойте руки!

И это их сразу уравняло.

Две недели Вера провела с Мурзиком. Ирина Владимировна кружила вокруг них на известном расстоянии — ей дозволялось только постирать детское бельишко. Все прочие заботы — кормление, гуляние, укладывание спать — Вера Александровна полностью взяла на себя. Это была именно та часть забот, которая когда-то, в Шуриковом детстве, выпадала на долю Елизаветы Ивановны или нанятой.

Вера запоздало открывала для себя упущенные радости материнства: утренний сладкий зевок не вполне проснувшегося дитяти и взрыв энергии, происходящий в момент, когда тонкие босые ноги касались пола, и молочные усы после завтрака, которые Мария отирала кулачком, и ее бурные прыжки с объятиями после расставания на пятнадцать минут. Шурик в пять лет был добродушным и немного замедленным увальнем, а эта смуглая птичка щебетала, скакала, радовалась безостановочно, а Вера Александровна ходила за ней по пятам, боясь пропустить улыбку, слово, поворот головы.

Вера готовила Марию к школе, занималась с ней то чтением, то письмом, то всякого рода физическими упражнениями — растяжкой, ритмикой, всей той чепухой, которой училась когда-то в студии... А то просто сидели втроем с Ириной и чистили вишню: Ирина ловко выковыривала косточки шпилькой, Мурзик — специальной машинкой, а Вера — маленькой вилочкой... Мурзика завешивали кухонными полотенцами, но вишневый сок брызгал ей то на сарафан, то на смуглую щеку, то в глаз, и она вскакивала, трясла головой, а Ирина неслась за кипяченой водой, чтобы промыть глаз как следует.

Однажды Вера поставила на стол вазу с желтыми калужницами, и они вдвоем сели рисовать. Рисунок у Марии не получался, она сердилась, фыркала, но Вера помогла ей немного, рисунок выправился, и тогда Мария взяла красный карандаш и вывела внизу крупно «Мария Корн».

Вера смутилась: как это следовало понимать? Немного помявшись, взяла тетрадь, в которой они писали упражнения, и попросила, чтобы Мария подписала ее.

И девочка второй раз написала: «Мария Корн». Задавать вопросов ребенку Вера не стала. С величайшим нетерпением ожидала она теперь Шурикова приезда. Забродило нелепое подозрение: а вдруг? Вопреки здравому смыслу она стала искать черты сходства между сыном и Мурзиком — находила во множестве! Вспыхнувшая любовь искала поводов для обоснования, и в душе она совершенно уверилась, что девочка носит их фамилию неслучайно.

Шурик давно уже ждал разоблачения, он понимал, что запоздал с признанием о нелепой женитьбе, но не находил в себе сил начать этот разговор. К тому же он надеялся, что вот-вот их со Стовбой разведут, она заберет дочку в Ростов или на Кубу, или куда там она задумает, и история эта закончится, не обеспокоив Веруси.

Шурик сразу, как приехал, исполнил ритуальный танец с Марией на плечах и, бросив визжащую Марию на диван, почувствовал, что с Верой что-то происходит. Он молчал и ждал.

Уложили Марию, отправили спать Ирину Владимировну, сели на терраске под абажуром вдвоем. Вопрос был задан с необычной для Веры прямотой:

— Шурик, скажи, почему Мария носит нашу фамилию? Она твоя дочь?

Шурик взмок, уличенный. Он сидел красный, как на экзамене по химии, когда сказать ему было совершенно нечего, и недоумевал: как могло ей прийти такое в голову? Ей же говорили, кто отец девочки!

— Прости, Веруся, я должен был тебе давно рассказать...

И Шурик запоздало открыл матери тайну его фиктивной женитьбы, рассказал и про поездку в Сибирь к рождению Марии.

Вера изумилась. Расстроилась. Еще более растрогалась. Она и сама была матерью-одиночкой, но социальную рану в большой степени компенсировала умная, властная и интеллигентная Елизавета Ивановна.

Собственно, она не узнала ничего нового про жизнь Стовбы, но теперь, зная, как благородно повел себя Шурик, она еще глубже сочувствовала Лене Стовбе, и ей действительно очень бы хотелось, чтобы Мария была ее дочкой, внучкой, да все равно кем — лишь бы она осталась в доме. И впервые в жизни она жалела, что родилась у нее не дочка, а сын... Зато Шурик — чудесный. Такой благородный... Расписался с девочкой, когда она попала в беду, записал на себя ребенка, и даже ей, Вере, ни слова не сказал, чтобы не расстроить... Как это на него похоже...

Стараясь придать рассказу форму юмористическую, Шурик вспоминал огромную, как лабиринт, обкомовскую квартиру, в которой блуждал по ночам в поисках уборной, и старичков, хлипеньких бабушку с дедушкой, бодро выпивающих и крепко закусывающих гигантскими пирожками, каждый из которых в любом нормальном доме сошел бы за полнометражный пирог...

— А Лена, оказывается, совсем не так проста, Шурик. Я, со слов Али, как-то иначе ее себе представляла... — заметила Вера.

— Конечно, Стовба с характером человек. Но видела бы ты ее отца! — Он рассказал, как его возили по огромным сибирским заводам, но не заводы ему показывали, а его предъявляли заводскому начальству как живое доказательство полной благопристойности в семье первого человека края.

— А уж отец — вообще! Ты, мамочка, и представить себе не можешь, какие там нравы... Ленку беременную и на порог не пустили бы, если б я с ней не расписался...

— Да, да... — кивала Вера, — бедная девочка...

И непонятно было, кого именно она почитает бедной девочкой: Лену или ее дочь. Но картина от этого сообщения все-таки изменилась: забрезжила тень семьи — мать, отец, ребенок. То есть Лена, Шурик, Мария... Возникала лишняя фигура невидимки-отца. Но его как бы и не было...

— Скажи, Шурик, а что знает Мария о своем отце? — следуя своим недоосознанным мыслечувствам, спросила Вера.

— Я не знаю, — честно ответил Шурик. — Это надо у Стовбы спросить, что она ей говорила.

Шурика действительно совершенно не интересовало, что думает по поводу своего отца Мария.

Накануне приезда Стовбы Мария сама открыла Вере Александровне свою великую тайну — что отец ее настоящий кубинец, очень красивый и хороший, но это секрет от всех... Мария порылась в круглой жестяной коробке, где хранила девчачьи драгоценности, и вытащила фотографию человека образцовой красоты, но иной расы. Он был в белой рубашке с распахнутым воротом, и голова была надета на длинную, но вовсе не тонкую шею, как горшок на шест забора, — казалось, могла бы повернуться в любую сторону, хоть вокруг себя, а рот был весь вперед, но без жадности.

Это значило, что сблизились они до последнего предела: оказывается, мама рассказала Марии об отце уже давно, но до сих пор девочка никому ни слова не говорила и фотографию никому не показывала...

В конце июня приехала Стовба. Шурик привез ее на дачу. Встреча была столь бурной, что и представить себе трудно. Мария ходила вокруг матери колесом, лазала по ней, как обезьянка, ни на минуту ее от себя не отпускала и в завершение всего отказалась ложиться спать без матери — уснула у Лены под боком.

Вера Александровна смотрела на этот взрыв чувств не то чтобы неодобрительно, но ей казалось, что такую бурю эмоций надо бы немного пригасить, но и не возбуждать. Потому сама она была сдержанна, говорила даже тише, чем обыкновенно, а к вечеру вообще неважно себя почувствовала и легла раньше обычного. Мария ворвалась к ней в комнату для вечернего поцелуя. Чмокнув в щеку, скороговоркой спросила:

— Ты завтра с нами на пруд пойдешь?

И Вера слегка ранилась о местоимение: с нами, с ними, а я — уже отдельно...

— Посмотрим, Мурзик. У нас ведь еще дело есть — показать маме, как ты стала замечательно читать и писать!

Девочка вскочила:

— Я совсем забыла! Я сейчас покажу!

Шурик наутро уехал к своему переводу, а Стовба провела на даче два дня. О дальнейшем пребывании Марии на даче Вера не заговаривала. Не решалась. Она боялась, что не очень правильно сказанное слово приведет к тому, что Лена заберет дочку. Молчала. На третий день Стовба за завтраком сказала:

— У вас на даче так здорово, Вера Александровна. Лучше, чем на Кавказе, честно. Никуда б не уезжала. Спасибо вам большое. Мы с Марией завтра уезжаем. Может, приедем еще, если пригласите, — хихикнула она.

И не успела Вера Александровна произнести заранее заготовленную фразу, как раздался громкий рев Марии:

— Мамочка! Ну еще немного! Побудем еще немножко здесь. Веруся, ну пригласи же нас еще побыть!

И от матери она прыгала к Вере, от Веры — к матери, дергала их за руки, просила. Такой поддержки Вера даже не ожидала. Она выждала немного, потом попросила Ирину сварить еще полкофейника кофе, поправила прическу. Стовба сидела в полной растерянности. Мария, ерзая у нее на коленях, шептала в ухо:

— Ну, пожалуйста, пожалуйста!

— Дорогие мои! Вы знаете, я буду очень рада. Леночка, а может быть, вы действительно остались бы здесь пожить? Было бы замечательно. У нас чудные соседи, они приезжают только на субботу-воскресенье, и я уверена, они уступили бы нам одну из своих комнат или, по крайней мере, террасу на будние дни.

Стовбе пора было уезжать. Стовба твердо решила забрать Марию в Ростов. Ей обещали — почти наверняка — путевку в хороший пионерский лагерь в Алупке на август. Но действительно, может быть, следовало бы оставить Марию здесь еще на месяц.

— Ну, мамочка! Останемся! Останемся навсегда!

Вера Александровна, видя растерянное лицо Стовбы, поняла, что шансы ее поднимаются.

— Ну, хорошо, хорошо... — сдалась Стовба. — Ты понимаешь, Мария, мне-то на работу нужно. Так что я должна ехать. К тому же, Вера Александровна, вы ведь, наверное, от Марии и так устали. Вам ведь от нее отдохнуть надо.

— Знаете, Лена, если бы вы обе смогли остаться, я была бы очень рада. Но если вы оставите у нас Марию, мы уж ее не обидим! Она у нас девочка любимая...

Мария перебралась с материнских колен на Верины и обратно, и снова к Вере. И дело сладилось — Марию оставили до конца лета.

Лето было чудесное, как будто на заказ: нежный июнь, сильный июль с жарой и послеобеденными густыми дождями, медлительный, неохотно отпускающий тепло август. Вера ловила себя на мысли, что делается все более похожей на покойную мать. Не внешне, конечно, — Елизавета Ивановна всегда была крупной, грузной женщиной, с лицом выразительным, но скорее некрасивым, в то время как Вере досталась тонкая внешность, к старости все более благородная, а именно внутренне — состоянием душевной радости, в котором всегда пребывала Елизавета Ивановна.

То ли Вера с годами примирилась со своей неудачливостью, то ли ее преодолела, но все чаще она замирала от незнакомого прежде счастья просто так, неизвестно от чего: от пролетевшей птицы, от вида земляничного куста в густом цвету и с зелеными ягодами на макушке, от шебуршания Мурзика за завтраком, когда та старалась незаметно раскрошить хлеб, чтобы отнести его цыплятам, — Ирина Владимировна не разрешала кормить птицу хлебом — только зерном... Вера улыбалась сама себе, удивляясь постоянно хорошему настроению.

«Это Мурзик так на меня действует, — думала она и тут же шла в своих мыслях дальше: — Только теперь я поняла, почему мама так любила работать с детьми, — от них идет такая свежая радость...» У Веры давно уже зародился серьезный план, собственно, она все подготовила, надо было только привлечь на свою сторону Шурика. Впрочем, на него она всегда могла полностью положиться. Но поговорить с ним было необходимо.

Они сидели на терраске. Мария уже спала. Неяркая лампа в самодельном абажуре низко висела над столом. Несмотря на сильную дневную жару, вечером стало прохладно, и Вера накинула на плечи кофту. В доме наступило особое состояние — детский сон, казалось, сгущал и без того плотный воздух, невидимым облучением наполнял все ближнее пространство, рождал глубокий покой...

Шурик по природе своей был довольно невнимательный, упускал детали, не замечал подробностей, если это не касалось матери. Зато в отношении к матери он достиг великой изощренности: чувствовал малейшую перемену в настроении, обращал свое рассеянное внимание на деталь одежды, цвет лица, жест и невысказанное желание. Теперь он понял, что она хочет сказать ему что-то важное.

— Ну, как у тебя с работой? — спросила Вера, но это было явно не то, что ее беспокоило.

Шурик ощутил в ее вопросе отсутствие живого интереса ко всем подробностям его жизни, и он ответил бегло:

— Хорошо, мамочка. Перевод, правда, оказался сложнее, чем я предполагал.

В начале мая, предвидя летнее затишье, он взялся за перевод учебника по биохимии, начатый другим автором и катастрофически заваленный.

В том, как Вера сидела, как симметрично сложила перед собой руки и подчеркнуто выпрямилась, Шурик почуял торжественность, предшествующую важному разговору.

— Надо кое-что обсудить. — Мать смотрела на Шурика загадочно.

— Ну? — спросил слегка заинтригованный Шурик.

— Как тебе Мурзик? — с непонятным вызовом поставила Вера свой вопрос.

— Чудесная девочка, — вяло отозвался Шурик. Вера внесла поправку:

— Уникальная! Девочка уникальная, Шурик! Мы должны сделать все, что в наших силах, для этого ребенка.

— Веруся, но что в наших силах? Ты с ней занимаешься, готовишь ее к школе, что еще ты можешь для нее сделать?

Вера улыбнулась своей мягкой улыбкой, потрепала Шурика по руке. И объяснила ему, что именно теперь, когда она провела столько времени с девочкой, она совершенно уверена, что девочка должна жить в Москве, идти в московскую школу, и только здесь они смогут помочь развиваться ее несомненному таланту.

Итак, Вера хотела, чтобы девочка после лета окончательно переехала в Москву и пошла бы в первый класс в московскую школу.

Происходило нечто совершенно для Шурика непонятное. Ему отчетливо не понравилась эта идея, но у него не было привычки к сопротивлению. И потому он прибег к аргументу внешнему:

— Мам, Стовба в жизни не согласится. Ты с ней говорила или это просто твое соображение?

— У меня есть особый аргумент! — сказала Вера и сделала загадочное лицо. Шурик не привык перечить, но все же спросил, какой же такой убийственный аргумент она приготовила для Стовбы...

Вера торжествующе засмеялась:

— Языки, Шурик! Мурзику необходимы языки! Кто там, в Ростове-на-Дону, может дать девочке образование? Лена же неглупая женщина! Ты будешь заниматься с Мурзиком английским и испанским!

— Мам! Ты что? Я преподаю только французский! Испанский я не могу. Одно дело — реферат написать и совсем другое — язык преподавать. Я и сам никогда испанский не учил!

— Вот и прекрасно! У тебя будет стимул! Я же знаю твои способности! — горделиво и одновременно чуть льстиво произнесла Вера.

— Да я не против, только мне кажется, что не согласится Стовба ни за что на свете!

Вид у Веры был разочарованный — она рассчитывала на Шуриков энтузиазм и была несколько уязвлена его равнодушием...

В конце августа, в самый день развода, приехала сумрачная Стовба прямо в загс. Их развели за пять минут. Хотели сразу же ехать на дачу, но в честь этого события Стовба купила бутылку шампанского, и распить ее было решено в московской квартире. Потом Шурик откупорил бутылку грузинского коньяку Гииной поставки.

Стовба сильно нервничала — она не была ни болтливой, ни простодушной, но все же за коньяком раскололась: с американскими документами у Энрике все затягивалось, но объявился его старший брат, полуполяк Ян, который вник во все их проблемы и предложил хитрый план, по которому он едет в Польшу, она, Стовба, по организованному заранее приглашению тоже приезжает туда, и они женятся, и тогда она сможет въехать в Штаты как жена Яна, а уж дальше они как-нибудь разберутся... И все это должно произойти в ноябре. И совершенно неизвестно, даст ли ей местный ОВИР разрешение на поездку в эту сраную Польшу...

— Вот так. Ты понимаешь, все опять откладывается и затягивается, — резко сказала Стовба. — Так можно всю жизнь прождать!

— Может, к лучшему... — попытался Шурик ее утешить.

— Что к лучшему? — угрожающе посмотрела на Шурика Стовба. — Что? Ехать надо на месяц, с Марией меня точно не выпустят, ты понимаешь, какие проблемы возникают?

Шурик разлил остатки коньяка по рюмкам — как-то незаметно они все выпили и даже не особенно опьянели.

— Кстати, мама хотела с тобой поговорить... Собственно, с Марией никаких проблем нет. Мама хотела, чтобы Мария пошла в школу в Москве, чтобы языкам ее учить... Ты бы ее у нас оставила, она бы первое полугодие у нас пожила, поучилась бы в школе, а потом ты бы ее забрала. Ты же знаешь, мама ее обожает. Я бы считал... Да?

Стовба отвернулась, и непонятно было, какое там выражение лица она показывает стене.

«Зачем я все это делаю, — мелькнула у Шурика мысль, — Веруся с ног собьется...» И он замолчал, удивляясь мусорному вороху сочувствия к Стовбе, страха за маму, новой ответственности, которую на себя берет, и беспокойства, и глупого желания разрешить совершенно от него далекие проблемы...

Стовба же вдруг метнулась к нему, едва не перевернув недопитую рюмку, обхватила его за шею, уткнулась жесткими очками в ключицу. Щеткой торчащие волосы кололи его подбородок. Стовба плакала. Шурик недоумевал: в таких случаях обычно он знал, как себя вести.

А тут он растерялся. Хотя семь лет тому назад у Стовбы дома тоже непредсказуемое дело было — романтическая любовь, казалось бы...

— Я сумасшедшая, да? Ты думаешь, я сумасшедшая? Идиотка я! Семь лет, безумие какое-то, ничего не могу с собой поделать...

— Да я ничего такого не думаю, Лен... — промямлил он.

Она плюхнулась на Шурикову холостяцкую кушетку, засмеялась пьяным загадочным смехом:

— А не надо много думать, Шурик. Мы отмечаем наш развод! У тебя есть какие-нибудь возражения?

Особых возражений не было. На этот раз Стовба вовсе не делала вид, что рядом с ней ее романтический возлюбленный, все было хорошо и просто, и уж точно без тех сложностей, которые бывают при общении с беременными.

Утром поехали на дачу. Надо было готовиться к переезду. Привычный годичный ритм, отливы и приливы: переезд с дачи, Новый год с елкой, бабушкино Рождество, переезд на дачу...

А еще через пару дней, тридцатого августа, Вера Александровна пошла в Шурикову школу и записала Марию в первый класс. По той самой метрике, которой не хватало для развода.

Ирина Владимировна шила форму в ночь накануне первого сентября, потому что купленное заранее коричневое школьное платье висело в шкафу в Ростове-на-Дону, а купить форму в магазине в этот последний горячий день было уже невозможно. Зато портфель и все школьные принадлежности лежали у Веры в шкафу. На той самой полке, где Елизавета Ивановна держала запас подарков на все случаи жизни.

Счастье Марии, когда она стояла в школьном дворе в толпе девочек в бантах, в букетах, в белых передниках, было неописуемо. От нетерпения она играла, как жеребенок, худыми ногами в белых носочках, подрагивал бант на ее медовой голове, время от времени она обкусывала кудрявые лепестки розовых махровых астр.

Стовба держала ее за руку, а Вера, легко положив руку на ее плечо, была почти так же счастлива, как Мария. Шурик, для полного комплекта, стоял позади, слегка понурившись и неопределенно улыбаясь.

Директриса, несмотря на величие дня, уделила им минуту. Поздоровалась с Шуриком, погладила Марию по голове и сказала:

— Ах ты, диковинка какая. А я и не знала, Вера Александровна, какая у Шурика славная дочка... Особенная девочка!

Мария улыбнулась директрисе, и та удивилась непривычной дерзости улыбки: она улыбалась не так, как должен был улыбаться ребенок взрослому, а как равный равному, как один участник праздника — другому.

«Избаловали ребенка», — смутно мелькнуло у опытной директрисы.

Вера Александровна, что-то почуяв, впервые дрогнула: а как примут маленькую мулатку одноклассники, учителя? Она с тревогой посмотрела на окружающих. Но никто особого внимания на Марию не обращал: у каждого был свой единственный ребенок, первоклассник с портфелем, такой же взволнованный, как Мария. Но она была другая, с каким-то, как казалось Вере, уничижающим всех прочих детей необъяснимым качеством.

«Новая раса, — озарило Веру, — это просто новая раса людей со смешанной кровью, про которых писали в фантастических романах, они во всем должны превзойти прежних людей — и в красоте, и в таланте. Просто потому, что они в этом мире возникли последними, когда все другие устоявшиеся народы успели износить свою генетику и состариться, а эти вобрали в себя все лучшее от прежних. И если вложить сюда культуру, то это будет совершенство. Да, да, она здесь вроде Аэлиты, марсианка...»

После ужина Шурик убежал по каким-то делам. Марию, совершенно обессиленную волнениями первого школьного дня, довели до постели и обнаружили, что она заснула по дороге из ванной в комнату.

Потом Вера с Леной долго сидели на кухне. Сначала Стовба сидела как на собрании. Слегка постукивала твердыми ногтями по краю стола. И по лицу ее нельзя было судить, о чем она думает.

— Вы не беспокойтесь, Леночка. Мурзику будет с нами хорошо. Это очень важно для ребенка — первая школа, первая учительница.

Стовба все постукивала по столу. Потом сняла очки, поставила руку перед глазами ширмочкой и замерла, ни слова не говоря. Потом из-под руки потянулись большие медленные слезы. Достала носовой платок, вытерла щеки:

— Я дурной человек, Вера Александровна. И выросла среди дурных людей. Но я не дура. Жизнь моя так складывается, что не дает быть дурой. Я не знаю, как дальше сложится. Может, мы с Марией через три месяца уедем. А может, еще три года это протянется. Таких людей, как вы, я просто не встречала. Шурик, он мне так помог в трудную минуту, а ведь я его дураком считала. Я только с годами поняла, что вы другой породы, вы благородные люди...

Вера изумилась: Шурика — дураком? Но ничего не сказала. Стовба высморкалась. Лицо ее было строгим.

— А я просто не знала, что такие люди бывают. Семья моя ужасная. И отец, и мать... Только бабушка на человека похожа. Они же меня выгнали с четырехмесячным ребенком. Отец выгнал. Они уроды. И я была бы уродом, если б не вся эта история с Марией. Я живу ужасно. Работаю... как вам это объяснить? Левый цех, работают на себя. Я у них бухгалтер. Если все это накроется, меня могут посадить. Но иначе я бы просто не выжила. Снимаю квартиру. При Марии няню держала все эти годы.

«Боже мой! Двойная бухгалтерия! Все эти шахер-махер, которые так ловко проделывала бывшая начальница Фаина Ивановна, проделывает Лена», — испугалась Вера Александровна.

— Леночка, так надо срочно оттуда уходить! Переедете в Москву, уж куда-куда, а в бухгалтерию я вас определенно устрою! — немедленно предложила она.

Стовба махнула рукой:

— Да вы что? Даже и думать нечего! Я там так повязана, что мне от них только на край света бежать.

Лена вздохнула:

— Нет, я вам все должна рассказать. Это еще не все. А то вы про меня будете слишком хорошо думать. Еще я сплю с моим начальником. Изредка, правда. Отказать не могу. Слишком от него завишу. Он страшный человек. Но очень умный и хитрый. Теперь вроде все.

«Зачем она мне это рассказывает?» — подумала Вера. И тут же поняла: Лена Стовба была по-своему честным человеком... Бедная девочка...

Вера встала, погладила Ленины светлые волосы:

— Все будет хорошо, Леночка. Вот увидишь.

Стовба уткнулась лицом в бок Веры, а Вера все гладила ее по голове, а Стовба плакала и плакала.

Расставались они как близкие люди: теперь между ними была общая тайна — Вера знала про Лену то, что ни один человек, даже Шурик, не знал. И она чувствовала себя теперь не вполне Верой, но отчасти и Елизаветой Ивановной. Она на минуту оказалась старшей, взрослой.

Она почувствовала, что Лена уступила ей на время свою девочку и не будет стоять между ними. И еще: между ней и Мурзиком не будет стоять и Елизавета Ивановна, и свое собственное неполноценное материнство, частично отнятое матерью, она сможет прожить теперь заново во всей полноте. Все сложилось. Все срослось и прижилось.

44

К ноябрьским праздникам у Жени Розенцвейга назрела свадьба — следствие удачного летнего отдыха в Гурзуфе с Аллой Кушак, студенткой третьего курса Менделеевского института. Шурик познакомился с Жениной невестой незадолго до их путешествия, превратившегося в предсвадебное, и она показалась Шурику очень симпатичной. Она была похожа на скрипичный ключ: вытянутая вверх головка Нефертити с пучком из рыжих паклевидных волос, длинная шея и длинная талия, и все это тонкое сооружение установлено было на большой круглой заднице, из-под которой торчали две кривые ножки. Именно так Шурик описал Женину невесту матери, и она улыбнулась такому смешному сравнению.

Сам же факт серьезной женитьбы очень тронул Шурика. Все было по-настоящему, по-взрослому, и нисколько не напоминало его фиктивную женитьбу на Стовбе.

Женька сиял неземным светом и сообщил Шурику чуть ли не в день приезда из Гурзуфа, что Алла беременна.

«И чего они так радуются», — удивлялся Шурик, помнивший счастливую Валерию, когда той удалось забеременеть, и несчастную Стовбу, залетевшую от первого же прикосновения Энрике...

Шурик несколько раз заходил в дом к Розенцвейгам — невеста уже переехала в Женин дом, и Шурик оказался свидетелем радостного еврейского хоровода вокруг беременной невесты. Особенные коленца выкидывала Женина бабушка: она поминутно входила в комнату и предлагала Аллочке то сливы, то сливки, то кусок пирога. Алла отказывалась, и бабушка обиженно выходила, и тут же снова входила с очередным предложением.

— Меня тошнит все время, хочется только апельсинов, — тонким детским голосом жаловалась Алла, и Женя несся на кухню узнать, есть ли дома апельсин... Апельсина не было. Потом приходил с работы Женин отец и приносил два апельсина.

Женина мама направила свою энергию в медицинскую сторону, и Аллу водили то на анализы, то к каким-то светилам для проверки и поддержания ее новенькой беременности.

Задуман был свадебный пир на весь мир. Сняли столовую возле станции метро «Семеновская» и заблаговременно развернули закупку продуктов. Даже Шурик принял посильное участие: Валерия уступила ему из своего инвалидного пайка две баночки красной икры. Купил Шурик и свадебный подарок — большого плюшевого медведя с бантом на месте шеи.

— Ты сошел с ума! Ужасно пошлый подарок! — осадила Шурика Веруся. И пошлый подарок достался Мурзику. Шурик купил другой, уже не пошлый — роскошный том Рембрандта. С этим толстенным томом он и пришел на еврейскую свадьбу. Народу была тьма: по списку сто человек, но, кажется, каждый второй из списка привел еще родственника или знакомого. Стульев не хватало. Не хватало также посуды. Зато был оркестр и массовик-затейник под псевдонимом «тамада».

Еды же было приготовлено на полк солдат. Нанятая столовая поставила со своей стороны все лучшее из своего меню: винегрет, картофельную запеканку с грибами, яблоки «в шкляре» и почему-то поминальные блины. Еврейская кухня тоже была представлена своими лучшими изделиями — фаршированной рыбой, форшмаком и куропродуктами в виде паштетов, фаршированных шеек и прочесноченных куриных четвертей, не говоря о прочих штруделях и маковниках. Салат оливье, осетрина и копченая свиная колбаса были советской составляющей брачного пира. Остаток денег, которые семья Розенцвейгов давно копила на покупку автомобиля «Москвич», был потрачен на водку. Вино было совсем дешево и даже в счет не шло...

Шурик не был избалован таким изобилием пищи. Хозяйство у них в доме, когда отсутствовала Ирина Владимировна, велось скромное. При виде всей это роскоши у Шурика открылся вдруг невиданный аппетит, и он ел безостановочно три часа, отрываясь только на то, чтобы выпить. Тамада молол несусветную чушь, но его никто не слышал, потому что перекричать стоголосый галдеж не мог даже этот тренированный на проведении больших праздников матерый профессионал разговорного жанра. Оркестр, как ни старался, тоже не мог победить свадебного гула. К концу третьего часа Шурик почувствовал, что несколько переел. Начались танцы, принимать участие в которых он уже не мог.

Однако пришлось. Милая Аллочка в длинном удачном платье, подчеркивающем ее все еще исключительно узкую талию и совершенно скрывающем проклюнувшийся животик и необъятный зад, подвела к Шурику маленькую девочку, свою двоюродную сестру Жанну, которая оказалась вполне взрослой карлицей, очень миловидной и при ближайшем рассмотрении не вполне даже и молодой.

— Жанночка очень любит танцевать, но стесняется, — простодушно представила Алла свою нестандартную родственницу. Шурик обреченно выполз из-за стола.

Вся Жанна кончалась чуть выше его брючного ремня. Она определенно была меньше, чем крупная первоклассница Мария. Танцевала же она очень лихо. Шурик едва за ней поспевал, а когда непротанцовывался, то подхватывал ее на руки, и она хохотала детским голосишком.

Свадьба шла на убыль. Уже собирали со столов привезенные из дому вазочки и миски. Жанна крутилась вокруг него как заводная, Шурику же было необходимо немедленно выйти. Он решил тихонько улизнуть, не прощаясь с новобрачными, — надо было в уборную. С животом был явный непорядок.

«Теперь — в гардероб», — скомандовал себе Шурик. Но на выходе из уборной его поджидала Жанна в шубе и в кукольной шляпке.

— Вы на метро? — спросила она.

— Да, — правдиво ответил Шурик.

— И мне на метро. До «Белорусской».

Шурик преждевременно обрадовался: по пути.

На станции «Белорусская» оказалось, что Жанна едет в Немчиновку, на электричке.

— Родители живут в Москве, а я предпочитаю круглый год жить на даче. Они всегда беспокоятся, как я вечерами добираюсь. Но ведь вы меня проводите?

С тех пор как в доме появилась Мария, мама меньше беспокоилась о Шурике. Но он помнил, что не успел ей позвонить.

— До Немчиновки всего двадцать минут, — жалобно произнесла Жанна, почувствовав заминку.

Она щебетала всю дорогу нервно и тоненько. Говорила что-то о музыке, и Шурик понял, что она музыкант.

— На каком же инструменте вы играете? — проявил он наконец интерес к ее щебетанию.

— На всех! — засмеялась она, и в ее смехе звучали вызов и двусмысленность.

Вышли на платформу. Было холодно, земля была окаменелой от мороза, но снег еще не лег, хотя сверху падала колючая крошка. Дом был совсем близко от станции. Шурик остановился у калитки, намереваясь попрощаться и ехать обратно. Жанна засмеялась хитрым смехом:

— А следующая электричка в половине шестого... Вам придется переночевать у меня.

Шурик мрачно промолчал.

— Вы не пожалеете, — многозначительно пообещала малютка.

Сильно болел живот и определенно тянуло в уборную. Он опять промолчал. Жалел он только об одном — что не дома...

Жанна просунула руку в варежке под низко подвешенный крючок и пошла по дорожке к крыльцу, сунула ключ в скважину. Заскрежетал металл. Ключ крутился в замке, не зацепляя язычка, она подергала его, но обратно он не вылезал. Шурик взялся за ключ, но он вертелся с насмешливым дребезжанием. Шурик рванул его и вытащил погнувшийся штырек — бородка осталась внутри.

— Ну вот, — сказал он огорченно.

— Придется вынуть стекло на террасе. Это несложно, — посоветовала Жанна и повела его влево от крыльца.

— Простите, Жанна, а где у вас уборная? — сдался благовоспитанный Шурик.

Жанна показала рукой в сторону деревянной будки.

— Простите, я на минуту...

В будке была кромешная тьма, Шурик едва успел вскочить на деревянный стульчак. Свадебная кормежка рванулась наружу. Нащупал на гвозде стопку резаных газет. Немного отлегло, хотя в животе что-то глухо урчало и булькало.

«Господи, как же мне плохо, — подумал Шурик. — И как же теперь хорошо Женьке с Аллой...»

— Это стекло можно вынуть, надо вот тут гвоздики отогнуть.

Шурик молча взялся за работу. Гвоздики отогнулись, но стекло не вынималось. Шурик надавил покрепче. Стекло хрустнуло, и правая рука его пробила стекло. Острый осколок прорезал руку между большим и указательным пальцами. Сильно брызнула кровь...

— Ах! — воскликнула Жанна и достала из игрушечной сумочки маленький белый платок. Шурик стянул левой рукой мохеровый шарф и замотал руку. Жанна ловко вытащила разбитое стекло.

— Ничего-ничего, у меня там есть аптечка! — утешила она Шурика. — Вы только меня подсадите.

Она сняла шубу и пролезла в освободившееся от стекла окно.

— Я сейчас открою заднюю дверь, там замка нет, только крюк наброшен. Обойдите дом слева... — крикнула уже изнутри. — Только шубу мне просуньте.

Шурик сунул ей шубу и обошел дом. Она открыла ему заднюю дверь. Зажимая руку, вошел. Она зажгла свет, и Шурик увидел, что весь шарф уже пропитан кровью...

— Сейчас, сейчас все сделаем! — тараторила Жанна очень деловито. Она не выглядела растерянной... — Небольшой форс-мажор! Бывает! Начнем с руки, потом займемся печкой, а потом все будет очень хорошо...

Она исчезла, потом пришла с ворохом бинтов и с полотенцем. Разложила полотенце на клеенке обеденного стола. Велела Шурику сесть за стол и размотала шарф. Своими крошечными ручками она делала все очень быстро и ловко и все не переставала бубнить. Крепко прибинтовала большой палец к ладони, проложив плотный ватный тампон. Толсто намотала бинт и подняла ему руку вверх.

— Вот так и держите, пока кровь не остановится. В моей комнате печь-голландка, такая быстрая, через час тепло будет. Я тут месяц не была, все выстудилось...

Она проговорилась, но Шурик и не заметил. Жила она на самом деле не на даче, а с родителями в городе, на дачу же привозила любовников. Постоянный ее кавалер, из цирковой труппы, где она и сама работала, был ревнив и обидчив. Он давно уже сделал ей предложение, но она за него не шла. Природа была несправедлива к лилипутам, не только обделяя их размером, но и выпуская на свет гораздо больше мужчин, чем женщин, и брачная конкуренция в их среде была очень острой. Жанна пользовалась большим успехом, к ней даже сватались из-за границы. Но она не теряла надежды выйти замуж за мужчину обычных размеров. Она многим нравилась, некоторые от нее просто с ума сходили. Но замуж почему-то не получалось.

Пока она погромыхивала в соседней комнате поленьями, Шурик сбегал еще раз на двор. Мечта у него была одна — поскорей добраться до дома.

Когда Жанна снова появилась, Шурик спросил у нее, нет ли в ее аптечке чего-нибудь от расстройства желудка. Она немедленно принесла ему какую-то таблетку. Он выпил и стал ждать результата. Жанна предложила ему прилечь в соседней комнате. Там был такой же холод, как на улице. Известный эффект поздней осени, когда при температуре минус три мерзнешь сильнее, чем зимой в тридцатиградусный мороз.

Шурик, не снимая куртки, прилег на низкую тахту. Жанна сверху набросила на него ватное одеяло, полное холода. Гудела печь, гудел живот, холод пробирал до самых больных потрохов. Смертельно хотелось спать.

«Сейчас бы в теплую ванну», — воображал Шурик, но пришлось снова бежать на двор...

В какой-то момент он задремал на несколько минут и проснулся, потому что под боком у него заворочалось что-то теплое. Она была без шубы и прижалась к его животу, как грелка. Это было приятно. Она расстегнула его куртку, влезла в ее распах и задышала горячим дыханием.

«Совсем как котенок», — подумал Шурик. И в нем шевельнулась жалость. Но как-то слабенько. А горячие кошачьи лапки уже теребили его слабенькую жалость. Он сунул руку вниз, и в ладони его оказалась крошечная женская ступня, голая и теплая. И жалость победила...

В пять утра он бежал, оставив спящую Жанну. В половине шестого уже стоял на платформе, ожидая первую электричку. Болел живот, болела рука. В первый раз в жизни он испытывал жалость к себе самому...

Не прошло и часа, как он лежал в горячей ванне, вытянув из воды правую руку в толстом ржавом бинте, и наслаждался теплом, сонным домом и свободой.

«Никуда сегодня из дому не вылезу», — решил он и заснул прямо в ванне.

Проснулся, когда вода остыла, долил горячей и снова заснул. Во второй раз его разбудил стук в дверь: встали Веруся с Мурзиком, хотели умыться. Шурик надел халат, попробовал смотать с руки подмокший бинт, но он прилип, и, завернув руку в полотенце, чтобы мама не заметила его боевой раны, пошел к себе в комнату.

— Как свадьба? Как была невеста? — спросила Вера, которая симпатизировала Жене Розенцвейгу с тех времен, когда он подтягивал Шурика по математике.

— Свадьба отличная, мамочка, но я там объелся, как удав, и, кажется, отравился.

— Боже, что с твоей рукой? — заметила не очень наблюдательная Вера.

Придумывать не было сил.

— Мам, я умираю спать хочу. Я тебе потом все расскажу. Я сейчас посплю, а ты к телефону не подзывай, ладно?

Он щелкнул по макушке Марию, которая уже вертелась возле него. Потом прижал ее к себе. Она была ему почти по грудь. Значит, выше Жанны.

«Какой все-таки бред, бедняга Жанна, — подумал Шурик, натягивая себе на голову одеяло. — Счастливый Женька! Такая милая Алла! Что-то в ней есть давно знакомое, родное... Ну да, она на Лилю Ласкину похожа. Ну конечно, даже и внешне немного похожа, но особенно своей веселостью и правдивостью... Откуда это я взял про правдивость? При чем тут правдивость? Ну да, правдивость жестов, движений... Напишу Лильке письмо. Дорогая Лилька! Дорогая Ласочка...» И заснул, так и не дописав письма, и провалился в сон так глубоко, что, проснувшись, забыл и про Лилю, и про письмо.

45

Телефон действительно звонил каждые пятнадцать минут. Был второй день праздника — восьмое ноября. О Вере Александровне вспомнили ее бывшие сослуживцы. Даже Фаина Ивановна, бывшая начальница, позвонила. Поздравила, спросила про Шурика: не женился ли...

«Как это мило с ее стороны, что не забывает. Все-таки она хоть и шахер-махерша, но есть в ней что-то человеческое», — вынесла милосердное суждение Вера.

Позвонил сын покойного Мармелада, Энгельмарк Михайлович. Удивительное дело, такой малоприятный человек, совсем бросивший своего отца при жизни, после смерти вдруг проявил к нему интерес и, получив в наследство отцовский кооперативный пай, забрал книжные шкафы с книгами и партийным архивом и теперь время от времени звонил и спрашивал у Веры Александровны, не знает ли она кого-то, кто упоминался в записях Михаила Абрамовича. Она всякий раз пыталась объяснить ему, что знала его отца очень поверхностно и лишь в последний год его жизни, но Энгельмарк Михайлович был убежден, что Вера Александровна была связана с ним узами дружбы или любви и посвящена во все партийные тайны Михаила Абрамовича, и время от времени пытался что-то у нее выяснить, даже иногда заходил.

После всех малоинтересных звонков был один приятный: позвонила подруга Кира, и они долго рассказывали друг другу о детях: Кира — о Славочке, Вера — о Мурзике.

А часов с двенадцати начали звонить Шурику бесконечные дамы, некоторые знакомые Вере Александровне по именам, некоторые анонимные.

«Совсем разучились говорить по телефону, — огорчалась Вера Александровна, — не представляются, не здороваются...» Не представлялась и не здоровалась Матильда. Исключительно из чувства неловкости. Хотя их с Шуриком связывали многолетние разнообразные отношения, но ей совсем не хотелось представляться Шуриковой матери.

Звонила также Светлана. Она почти теряла голос от страха перед строгой дамой, Шуриковой матерью. К тому же несчастный опыт ее отношений с мужчинами утвердил ее в мысли, что мать мужа — всегда враг... Мужа, впрочем, у нее никогда не было, но те, которые могли бы стать мужьями, почему-то имели ужасных матерей. В Вере Александровне, такой внешне приятной и воспитанной, она тоже предвидела врага.

Одна только Валерия разговаривала мило и приятно, как интеллигентный человек. С Валерией Шурику, конечно же, повезло. Устроила Шурика на работу, так много для него сделала. Правда, и Шурик ей платит той же монетой. И Вера подробно рассказала Валерии, что Шурик ходил вчера на свадьбу к институтскому товарищу, поздно пришел, к тому же с расстройством желудка и с порезанной рукой, и теперь спит.

— Ну и хорошо, пусть спит. А когда проснется, пусть мне позвонит. У меня тут вопрос возник по переводу. Спасибо, Вера Александровна.

Проснулся Шурик в пять часов, и опять от боли в животе. Пошел в уборную, и тут же мама позвала его к телефону. Звонила Матильда. Едва не плакала. Привезла из Вышнего Волочка любимого и старейшего своего кота Константина — еле живого:

— С котом плохо, он не ест, не пьет, и задние лапы не в порядке, как будто парализовало... Умоляю, Шурик, поезжай за ветеринаром. Ты его уже привозил один раз, Иван Петрович, живет на Преображенке... Я уже созвонилась...

Деваться было некуда:

— Я часа на два выйду по делу, мам.

— А святой час? — завопила Мария.

Святым часом называли вечерние занятия языком: день — английским, день — испанским.

— Вечером, Мурзик. Ладно?

— Мы уже вчера пропустили...

Мария любила эти вечерние часы, когда Шурик с ней занимался, да и Вера следила, чтобы занятия не пропадали. Ну ладно уж, праздники.

И Вера дала Шурику таблетку бесалола с горячим сладким чаем, намотала сверху на безобразный бинт еще один, новый и белый слой, и велела приезжать поскорее.

— А впрочем, как хочешь, мы с Мурзиком идем на балет, и можешь нас не встречать, сами доберемся... — закончила недовольно.

Мурзик все чаще заменяла Шурика в культурных мероприятиях. И вообще, по впечатлению Веры Александровны, вся жизнь Шурика протекала исключительно между хозяйственными заботами и его многочисленными работами, и она время от времени высказывала сожаление, что культурная жизнь столицы, такая интенсивная и интересная, от Шурика в значительной степени ускользает.

46

Шурик долго ловил такси, зато доехал до Преображенки очень быстро. Город был по-праздничному пуст, и оба конца — от дома до Преображенки и оттуда до Масловки — заняли чуть больше часа. Иван Петрович был старенький кошаче-собачий доктор, слегка сумасшедший, как все служители животных. Дом его всегда был полон животными-калеками, а одна старая собака была привязана к самодельной тележке и передвигалась, спустив передние лапы на пол.

Он давно лечил Матильдиных кошек, денег с нее не брал, и весь расход заключался в том, что его надо было привозить и доставлять обратно домой. Общественным транспортом он никогда не пользовался: либо ходил пешком, либо ездил на такси. Он был одинок, людей не любил и кое-как мирился только с такими же страстными, как он сам, любителями животных.

Когда приехали к Матильде, кот был при последнем издыхании. Он хрипло дышал, и морда была вся в жидкой слюне. Иван Петрович сел рядом с несчастным животным, положил руку на черную мокрую голову, закряхтел. Потрогал кошачий живот, велел показать смененную подстилку, недовольно взглянул на черно-бурые разводы.

— Выйдем, — хмуро сказал Матильде и вышел с ней на кухню.

— Ну что, Матильда, прощайтесь со своим котом. Умирает. Могу сделать укол, чтоб не мучился... Но он и так вот-вот отойдет...

Шурик стоял в дверях кухни и восхищался стариком: он вышел в другую комнату, чтоб не смущать пациента ужасным приговором? Поразительно!

— Ох, я уже и сама подумала, что поздно я его привезла... — убитым голосом отозвалась Матильда.

— Нет, это природа. И раньше бы привезла, ничем бы я не помог. Ему лет-то больше десяти, так ведь?

— Двенадцать в январе будет...

— Так он, голубушка, считайте, восьмидесятилетний старик. Как я. Сколько ж можно? Ну, укол хотите сделаю?

— Наверное, надо. Чтоб не мучился...

Иван Петрович стал расстегивать чемоданчик, разложил на белой салфетке шприц, иглу, две ампулы... Потом подошел к коту, покачал головой:

— Все, Матильда. Не надо укола. Помер кот.

Матильда накрыла кота белым полотенцем, заплакала, взяла Шурика за плечо:

— Он никого не любил. Только меня. И тебя принимал. Выпейте с нами рюмочку, Иван Петрович. Водку достань, Шурик.

— Отчего ж не выпить...

Шурик вынул из холодильника бутылку водки. Едва не упустил из руки, обмотанной бинтом. Матильда заметила наконец пухлую повязку.

— Шурик, что с рукой?

Шурик отмахнулся. Животный доктор и внимания не обратил. Сели за стол. Иван Петрович убрал со стола свой инструмент.

Матильда вроде уже и не плакала, но слезы проползали по щекам.

— Да я уже полгода как понимала, что он болеет. И он понимал. Спать стал отдельно. Я зову его к себе, он подойдет, приласкается, головой потрется, и к себе на подушку. Я ему подушку на скамеечке положила, ему на кровать запрыгивать трудно стало. Вот такие дела...

Выпили. Закусили какой-то консервной рыбкой — другой еды в доме не было. Даже хлеба.

— Вроде животное, да? А помянуть хочется, как человека, — тихо сказала Матильда.

Иван Петрович встрепенулся:

— Ой, Матильда! Да что вы говорите! Они впереди нас в Царствие Небесное пойдут! Знаменитый русский философ, запрещенный, конечно, Николай Александрович Бердяев, знаете что сказал, когда его кот помер? На что, говорит, мне Царствие Небесное, если там не будет моего кота Мура? А? Ведь поумнее нас с вами был человек! Так что не сомневайтесь, наши кошечки встречать нас будут! Ах, какой был у меня кот Марсик, в тридцать девятом году помер! Всем котам кот! Красавец, ума палата! Я виноват перед ним, инфекция к нему привязалась. Тогда антибиотиков не было...

Он рассказал про кота Марсика, про кошку Ксантиппу, Матильда — про всех своих прошлых кошек, и выпили еще водки все под ту же рыбку, и немного утешились. А когда Иван Петрович собрался было ехать и Шурик уже встал, чтобы идти за такси, раздался звонок в дверь — пришел сын соседки. Он жил на Преображенке, заехал к матери отдать ей какие-то ключи, не застал ее дома и хотел оставить ключи у Матильды. Это было удачно, потому что Иван Петрович жил чуть ли не в соседнем доме, и парень забрал пьяненького старичка и обещал доставить до порога.

Бедный Константин, завернутый в полотенце, тоже уехал с ветеринаром. У того было тайное место в Сокольническом парке, где хоронил он своих...

А Шурик не уехал. Невозможно было оставить без утешения милую расстроенную Матильду, которая совсем ничего от него не требовала, только дружбы...

Как в школьные времена, ровно в час ночи он вылетел от Матильды и побежал домой — через железнодорожный мостик на Новолесную улицу. Прибежал быстро, через двадцать минут входил в квартиру. Вошел — и вспомнил: с Марией не позанимался, Валерии не позвонил и, что самое главное, совершенно забыл про травника, который приготовил Вере мазь для ноги. И наверняка Светлана звонила. Ей тоже чего-то надо... Расстроился...

47

Вера Александровна на Марию нарадоваться не могла. Шурик был в свое время чудесным и покладистым ребенком, но, пока он рос, она не успела ощутить одной из главных радостей материнства: отзывчивость на воспитание. Это Елизавета Ивановна гордилась, когда ее ученики, и в особенности внук Шурик, начинали проявлять именно те качества, которые она в них растила: внимание к другому человеку, доброжелательность, щедрость и в первую очередь чувство долга... В те годы, когда она и сама состояла на положении выросшего ребенка своей матери, Вера не задумывалась, откуда взялись все те Шуриковы достоинства, которые так рано были в нем заметны. Когда Шурика хвалили соседи или учителя, она отшучивалась: у него хорошая наследственность... Но в этом ли было дело? Сама Елизавета Ивановна, противоречивая материалистка и возвышенная душа, но вместе с тем человек свободно мыслящий, когда речь заходила о наследственности, всегда говорила одну и ту же фразу:

— У Каина и Авеля были одни и те же родители. Почему один был кроткий и добрый, а второй убийца?

Каждый человек есть плод воспитания, но главный воспитатель человека — он сам! А педагог открывает нужные клапаны личности, а ненужные закрывает.

Такова была незамысловатая педагогическая теория замечательного педагога, она бралась самовольно решать, какие клапаны нужны, а какие не очень. Ее теорию можно было бы оспаривать, если бы не ее безукоризненно удачная практика.

Теперь, получив на свои руки Марию, Вера полностью следовала материнской теории. Как натура артистическая, Вера видела, что Мария наделена огромным темпераментом. Энергия в девочке била через край, она в буквальном смысле не могла стоять на месте, с трудом высиживала в классе сорок пять минут, и, чтобы помочь Марии удерживать себя на месте, Вера Александровна придумывала для нее мелкие двигательные упражнения, например, научила ее крутить в руках монету и подарила старый серебряный полтинник для кручения. Когда спустя какое-то время этот «крутильный полтинник» потерялся, было много слез...

Вера научила также Марию мелким и невидимым для окружающих упражнениям для пальцев рук и ног, и, когда долгое сидение за партой становилось непереносимым, Мария разыгрывала свои ножные и ручные партии... С первого же класса Вера стала водить Мурзика в Дом пионеров заниматься гимнастикой и акробатикой, сама занималась с ней музыкой, а в общеобразовательных дисциплинах полностью положилась на природные способности. По чтению девочка была в классе из первых, да и с арифметикой никаких сложностей не было.

«А эти способности к точным наукам у нее от матери, — решила Вера. — Но уж, во всяком случае, не от Шурика».

Это был какой-то странный сбой в голове: она прекрасно знала, что отец Марии какой-то сомнительный кубинский негр, но не могла одновременно не воспринимать ее как дочку Шурика. Шурик занимался с Марией языками: день — английским, день — испанским.

Вера Александровна продолжала занятия в своем театрально-образовательном кружке, но невольно приспосабливала их под интересы Марии. В тот первый год жизни Марии в Москве Вера перестала заниматься со своими ученицами декламацией и этюдами — только движением...

Щитовидка Веры Александровны вела себя очень хорошо, но временами сильно болели ноги, росла косточка около большого пальца, прежние узкие туфли стали неудобны, и появилась новая забота — обувь...

Валерия села на телефон, вызвонила каких-то знакомых из сотой секции ГУМа, из магазина «Березка», и Шурик время от времени возил маму на обувные примерки... Вере Александровне были куплены сапоги фирмы «Саламандра» и черные австрийские туфли «Дорндорф». Качество жизни повышалось...

Семейные расходы возрастали. Шурик много работал и вполне справлялся с возрастающими семейными потребностями. К тому же еще оставался резерв — непроеденное наследство Елизаветы Ивановны.

Незадолго до Нового года приехала Стовба. Мария была совершенно счастлива, хотя нельзя было сказать, что она сильно скучала по матери. Но, когда Лена приехала, Мария на ней повисла и не отпускала ни на минуту. Стовба привезла всем очень хорошие подарки, но была в мрачном настроении, курила и молчала. Даже с Шуриком почти не разговаривала. Когда Шурик спросил ее, удалось ли ей все провернуть в Польше, она фыркнула, рассердилась и говорить на эту тему не стала.

«Наверное, опять у нее облом случился», — решил Шурик. Никакой дружеской поддержки от него на этот раз не потребовалось. Вероятно, оттого, что исповедалась Вере.

Шурик, как обычно, купил елку, а Вера Александровна решила вдруг восстановить рождественский спектакль, который не играли с тех пор, как умерла Елизавета Ивановна. Для Мурзика. Шурик возражал: у него было всего три ученика, и уже поздно было начинать подготовку.

Но на Веру снизошло вдохновение, она предложила поставить спектакль кукольный, и не по-французски, а по-русски. Начали шить кукол. Разложили лоскуты, тесьму, заготовили вату для набивки. Марии дали самое простое и самое ответственное задание — она шила одеяльце, в которое заворачивали маленького пластмассового голыша, изображавшего Младенца Христа. Вера шила Деву Марию, а Стовба в глухом молчании собирала ангелов из кусочков накрахмаленной марли... На Шурика кроме елки было возложено устройство ширмы для представления...

Во всех этих хлопотах Новый год прошел как-то невзрачно. Никакой праздничной еды не было заготовлено, да и подарки, если не считать Стовбиных, розданных заранее, оказались не особенно выразительными: Шурик подарил маме неказистые домашние туфли, Вера Шурику — флакон одеколона «Шипр», который он так никогда и не распечатал, и галстук, который он никогда не надел. Лена получила в подарок шелковый платок из запасов Елизаветы Ивановны и книгу стихов Ахматовой, которую не оценила. Зато Мария получила целую кучу игрушек и книжек, радовалась так бурно, что всех оделила подарочной радостью.

Радость не замедлила смениться большим детским горем. Накануне Рождества, когда все к спектаклю было подготовлено, куклы сшиты и роли выучены, Стовбу срочно вызвали в Ростов: напала какая-то инспекция, и ее бухгалтерское присутствие было необходимо. А Мария надеялась, что мама пробудет до конца каникул. Девочка прорыдала весь вечер, заснула, вцепившись в мать руками. Утром, когда Лена уехала в аэропорт, снова начала рыдать.

Вера успокаивала ее как могла. Наконец, принесла ей в постель сшитых кукол. Эффект был неожиданный: Мария буквально разорвала руками одну из кукол, все разбросала и выла при этом звериным воем. Смуглота ее приобрела неприятный серый оттенок, она икала, вздрагивала. Ее сводили судороги. Вера Александровна кинулась вызывать врача. Педиатр, лечивший еще Шурика, приехать не мог, сам был болен, но расспросил обо всем и велел напоить ребенка валерьянкой.

Немного успокоилась Мария, когда Шурик вернулся из «Внукова», куда провожал Стовбу, и взял ее на руки. Шурик ходил по комнате с довольно увесистой ношей на руках, качал ее и фальшиво пел “My fair Lady” с любимой пластинки. Мария засмеялась — она прекрасно слышала, что он фальшивит, и ей казалось, что он так шутит. Когда он хотел уложить ее в постель, она снова начала плакать. И он таскал ее на руках, пока не сообразил, что у нее высокая температура. Измерили. Было за тридцать девять.

Вера Александровна пришла в полную растерянность: детскими болезнями всегда ведала Елизавета Ивановна. Шурик вызвал скорую помощь.

Приехавшая по вызову докторша долго осматривала Марию. Потом нашла какое-то маленькое пятнышко возле уха и сказала, что, скорее всего, это ветрянка и что скоро должно начаться полное высыпание. В городе, как выяснилось, шла чуть ли не эпидемия. Врач выписала жаропонижающее, велела давать ребенку побольше жидкости, а появляющиеся папулы мазать зеленкой и не давать расчесывать.

Выбитая из колеи Вера, не умевшая взять на себя руководящую роль в лечении, сняла с полки поваренную книгу и пошла на кухню варить клюквенный морс.

Через несколько часов Мария действительно с ног до головы покрылась крупной красной сыпью. Плакала не переставая, то тоненько и тихо, то завывая, как зверек.

Почти сутки Шурик носил Марию на руках. Когда она засыпала и он пытался уложить ее в постель, она, не просыпаясь, начинала скулить. Наконец он лег и положил ее себе под бок. Она обхватила руками его плечо и затихла.

Под утро ей опять стало хуже, начался сильный зуд, и Шурик снова взял ее на руки. Он старался удержать ее руки, расчесывающие папулы.

Немного подействовало строгое замечание Веры:

— Если ты будешь расчесывать болячки, то останешься рябая на всю жизнь. Все лицо будет в оспинах.

— Оспины — это что? — отвлеклась Мария от страданий.

— Такие шрамы останутся по всему лицу, — безжалостно объяснила Вера Александровна.

Мария зарыдала с новой силой. Потом вдруг остановилась и сказала Шурику:

— Чешется ужасно. Давай, ты будешь меня чесать, но осторожненько, чтоб оспины не остались.

Она указывала пальцем, где больше всего чешется, и Шурик нежно почесывал ухо, плечо, спинку...

— И здесь, и здесь, и здесь, — просила Мария, терлась о его руку, а потом, вцепившись в его руку жаркими пальцами, стала водить его рукой по зудящим местам. И перестала наконец хныкать... Только всхлипывала: еще, еще...

Шурик морщился от стыда и страха: понимает ли она, куда его приглашает, бедняжка? Он убирал руку, и она снова скулила, и он снова чесал ее за ухом, в середине спинки, а она тянула его руку под ситцевую рубашку, перемазанную зеленкой, чтобы он коснулся пальцами детской складочки.

Девочку было очень жалко, и проклятая жалость была неразборчива, безнравственна... Нет-нет, только не это, только не это... Неужели и она, такая маленькая, совсем ребенок, а уже женщина и уже ждет от него простейшего утешения...

Он был ужасно измотан этими сутками почти беспрестанной возни с Марией, и от усталости реальность немного искажалась, и он уплывал в какое-то место, где мысли и чувства видоизменялись, и он явственно осознавал бездарность своего существования: он делал вроде бы все то, чего от него ожидали... Но почему все женщины, составляющие его окружение, желали от него только одного — непрерывного сексуального обслуживания? Это прекрасное занятие, но почему ему ни разу в жизни не удалось самому выбрать женщину? Он тоже хотел бы влюбиться в такую девушку, как Алла... как Лиля Ласкина... Почему Женя Розенцвейг, тонкошеий, хлипкий Женя, смог выбрать себе Аллочку? Почему он, Шурик, никогда не выбирая, должен отвечать мускулами своего тела на любую настойчивую просьбу, исходящую от сумасшедшей Светланы, от крошки Жанны, даже от маленькой Марии?

«Может, я этого не хочу? Глупости, в том-то и беда, что хочу... Чего я хочу? Утешить всех их? Только ли утешить? Но почему?»

И ему представлялось, как все они его обступают, узнаваемые, но немного искаженные, как в слегка кривом зеркале: Аля Тогусова со сбитым набок пучком жирных волос, горестная Матильда с мертвым котом на руках, Валерия с ее истерзанными ногами и великолепным мужеством, и худосочная Светлана с искусственными цветами, и крохотная Жанна в кукольной шляпке, и Стовба с суровым лицом, и золотая Мария, которая еще не подросла, но уже занимает свое место в очереди... И позади всех маячила львица Фаина Ивановна в совершенно уже зверином обличье, но обиженная и скулящая, и такая жалость его охватила, что он просто потонул в ней... И еще клубились вдали какие-то незнакомые, заплаканные, несчастливые, даже, пожалуй, несчастные, все сплошь несчастные... С их бедными безутешными раковинами... Бедные женщины... Ужасно бедные женщины... И он сам заплакал.

Он, конечно, уже заразился ветрянкой, и жар был сильнейший, и Вера вызвала Ирину, и та немедленно приехала, несмотря на мороз и зимнюю угрозу промерзания отопительной системы. Еще через сутки Шурик покрылся сыпью. Но к этому времени Мария уже перестала хныкать. Теперь она уже сама мазала Шуриковы папулы зеленкой, и ее женский инстинкт, так рано проснувшийся, устремился по благородному пути заботы о ближнем.

Вера тяжело пережила эту двойную ветрянку. Болезнь Марии при всей ее тяжести была обыкновенным детским заболеванием. Но Шурикова ветрянка глубоко ее потрясла: он заболел впервые за те годы, что они жили без бабушки. Обычно болела она, и Шурикову болезнь, к тому же детскую, она рассматривала как некоторую несправедливость, нарушение ее личного и безоговорочного права на болезнь.

Приехавшая Ирина сразу же произвела ее любимую влажную уборку, сварила большой куриный бульон, и теперь они ухаживали за больными в четыре руки. Вера отдавала Ирине мягкие распоряжения, и все катилось складно и правильно, совсем как при Елизавете Ивановне.

48

Единственный Шуриков друг, оставшийся со школьных лет, Гия Кикнадзе, и единственный институтский, Женя Розенцвейг, были знакомы благодаря Шуриковым дням рождения, куда их обоих неизменно приглашали, но они плохо совмещались. Женя чувствовал в Гии врага: именно такие широкогрудые, на толстых икрастых ногах мальчишки с примитивным чувством юмора и легкие на жестокость доставляли ему с детства множество неприятностей. Он эту породу отлично знал, слегка презирал, немного побаивался и в глубине души завидовал. Завидовал не столько физической силе, сколько стопроцентному довольству жизнью и собой, которое от них исходило.

Но относительно Гии он заблуждался — он не был ни грубым, ни жестоким, в нем даже присутствовала известная кавказская грация и обаяние человека, которому все удается. Отсюда и проистекала Гиина неколебимая уверенность в себе.

Гии Женя тоже не нравился: Гииным простым шуткам с сексуальной подкладочкой он не смеялся, вид держал высокомерный, как будто знал что-то, чего другим не дано... Было еще одно качество, которое подчеркивало их полную противоположность: Женя был идеальный неудачник, Гия — из породы везунчиков. Если Женя падал, то непременно в лужу, если падал Гия, то находил на земле чужой кошелек...

Каждый из них недоумевал, почему это Шурик держит в друзьях такого неподходящего парня. А Шурик любил их обоих, и ему вовсе не надо было ни притворяться, ни подделываться под другого. Он ценил достоинства каждого из них и искренне не замечал недостатков.

С большим удовольствием он ходил в дом Розенцвейгов, где всегда слышал интересные разговоры о политике и об истории, об атомной бомбе, авангардной музыке и подпольной живописи. Здесь он впервые услышал имя Солженицына и получил на тайное и быстрое прочтение «Раковый корпус», который, впрочем, не произвел на него большого впечатления. Он был выращен на французской литературе и более тяготел к Флоберу.

В доме Розенцвейгов ему чудилось присутствие духа и стиля его бабушки: здесь царила та же религия «порядочности» — атеистическая, отрицающая всякую мистику и основой основ утверждающая некий набор скучных и трудноопределимых нравственных качеств. Только у Розенцвейгов все это высказывалось горячо, темпераментно и очень категорично, в то время как хорошее воспитание Елизаветы Ивановны не позволяло ей настаивать на своих ценностях так громогласно.

Семейство Розенцвейгов, как и Елизавета Ивановна, распределяло людей не по национальности, не по социальному происхождению, даже не по образовательному уровню, а именно по этой самой неопределенной «порядочности». Впрочем, если Розенцвейги были по-еврейски озабочены плохим устройством мира, особенно в его советской части, покойная Елизавета Ивановна не питала иллюзий относительно возможности хорошего устройства жизни в иных частях света: в юности она жила в Швейцарии и Франции в разгар социалистических увлечений передового и образованного сословия и убедилась, что несправедливость есть одно из фундаментальных свойств самой жизни и все, что можно сделать, — это по мере сил осуществлять справедливость в доступных каждому рамках... До этой простой идеи простодушные Розенцвейги еще не доросли.

Когда Шурик пытался как-то объяснить Гии, что именно привлекает его в Жене и во всем Женином клане, Гия морщился, отмахивался и говорил с нарочитым кавказским акцентом:

— Слушай, дарагой, не гавари мне про умное, сматри, какая дэвушка идет! Как ты думаешь, даст она мне или не даст?

И Шурик смеялся:

— Гия, да тебе любая даст!

Гия сводил глаза к носу, изображая работу мысли:

— Ты прав, дарагой! Я тоже так думаю.

И оба покатывались от смеха. Так смеяться, как Гия, Женя не умел.

Гия был гений развлечений, и с возрастом это редкое дарование он превратил в профессию и в образ жизни. Сразу после школы он поступил в технический вуз средней руки с единственной достопримечательностью — первоклассным столом для пинг-понга. Возле этого стола Гия проводил все лекционные часы и быстро стал абсолютным чемпионом института. Его пригласили выступить в межвузовских соревнованиях, и в течение года он получил первый спортивный разряд.

Шурику он сказал тогда:

— Ты же знаешь, Шурик, мы, грузины, все поголовно либо князья, либо мастера спорта. А поскольку мой дедушка до сих пор обрезает виноград в Западной Грузии и мне трудно выдавать его за князя, придется мне получить мастера.

Он получил мастера, привинтил значок на синий пиджак и перешел в Институт физкультуры. Это было радикальное решение, тем более что спортивная карьера его совершенно не интересовала — любил-то он развлечения, а не тупой монотонный труд, в котором наградой были сантиметры, килограммы или секунды. Он плохо вписывался в аскетический мир спортсменов, которые если в чем и понимали, то никак не в развлечениях...

Кое-как Гия закончил институт и по знакомству, точнее, за взятку в размере десяти бутылок коньяка, устроился тренером в районный Дом пионеров, где вел сразу три секции — по пинг-понгу, волейболу и баскетболу.

Свободное время он посвящал разнообразным неспортивным играм — питейным, танцевально-музыкальным и, разумеется, любовным. Женщины занимали важное место в его игральных практиках. И ни в одном из этих предметов он не был дилетантом. Алкогольные напитки — от арака до яичного ликера, включая напитки на все остальные буквы алфавита, в особенности вина, — могли бы стать его другой профессией, родись он во Франции, где тонкость вкуса и обоняния, гиперспособность вкусовых рецепторов улавливать оттенки кислоты и сладости и чуткость носа ценились едва ли не выше таланта музыканта. Общаться с Гией на питейном поприще было большим удовольствием для Шурика. Даже пойти вместе в пивной бар...

Гия разыгрывал целое представление из дегустации пива, гонял с важным видом официантов, попутно изображая из себя сына чрезвычайно значительной особы. Из похода в ресторан Гия мог извлечь несметное количество попутных удовольствий, включая беседу с метрдотелем, вызовом повара и каким-нибудь аттракционом вроде найденной в котлете по-киевски хорошо упревшего бумажного рубля... Однажды он в ожидании стерляди приделал с помощью скрепки к живому, но бесплодному, как известная смоковница, пыльному лимону в унылой кадке небольшой веселый лимончик, специально для этой цели принесенный из дома. Гия сам и обратил внимание официанта на произошедшее чудо, и все служащие ресторана, от уборщицы до директора, окружили чудесный лимон, любовались плодом, который почему-то раньше никто не заметил.

Уходя, Гия снял его и положил в карман, хотя Шурик умолял оставить его на дереве.

— Не могу оставить, Шурик. Денег стоит — тридцать копеек, и с чем чай будешь пить?

Шурик никогда не пренебрегал странными предложениями и приглашениями Гии: то ехал с ним в заповедник, то на какую-то выставку, то на бега...

Однажды в субботу, когда Шурик только-только закончил с Марией испанский урок, раздался звонок:

— Шурик, вымой уши, вымой шею и быстро ко мне приезжай. Будут такие девочки, каких только в кино показывают. Понял, да?

Шурик понял. Надел новые джинсы, купленные при комиссионном участии того же Гии, парадную водолазку и отправился. По дороге купил в Елисеевском две бутылки шампанского — красивые девушки всегда пьют шампанское...

Красавиц было четыре. Три из них рядком сидели на диване, четвертая, знакомая Шурику Гиина подружка Рита, манекенщица из ГУМа, расхаживала взад-вперед, качая всеми частями тела.

Гия представил друга:

— Шурик, с виду такой скромный паренек, да? Переводчик знаменитый, со всех языков. Хотите французский, хотите немецкий, хотите английский... Только грузинского не знает. Не хочет, гад. А мог бы...

Что там такое у них было, ни Гия, ни Шурик так и не узнали — то ли обмен опытом, то ли творческая встреча, то ли показ мод всех союзных республик, но девушки представляли собой интернациональный букет: узбечка Аня, оказавшаяся впоследствии Джамилей, литовка Эгле и молдаванка Анжелика.

— Любую выбирай, — шепнул Гия, — товарищи проверенные, политически грамотные и морально устойчивые...

— Неужели и литовский знаете? — спросила бледная блондинка, взмахнув неправдоподобными ресницами, и Шурик выбрал ее.

Вообще-то выбирать он был неспособен: все четыре были рослые, еще и на высоченных каблуках, с тонкими талиями, длинными волосами и одинаково накрашенными лицами. Дети разных народов красовались на диване, перекинув правую ногу на левую, а в левой руке держа сигарету и дружно выпуская дым — сидячий кордебалет. Одеты они тоже были более или менее одинаково. Литовка, если приглядеться, была не такой красавицей, как ее товарки. Личико у нее было длинное, нос с горбинкой, а рот обмазан помадой как-то произвольно, вне всякой связи с тонкими губами. Но чем-то она была особо привлекательна — стервозностью, может быть...

Стол был заставлен вином и фруктами, никакой серьезной еды не было. Шурик поставил шампанское, и девочки оживились. Гия, открывая шампанское, шепнул Шурику:

— Настоящие проститутки любят шампанское...

Шурик посмотрел на девушек с новым интересом: неужели правда? Вот эти красавицы и есть проститутки? А у него-то было ложное представление, что проститутки — пьяные потрепанные девицы возле Белорусского вокзала... А эти... Меняет дело...

Выпили шампанского и поставили музыку. Узбечка танцевала с Гией, Рита вышла в коридор поговорить по телефону. Шурик, поколебавшись, пригласил литовку Эгле. Какое-то сказочное имя. Он обнял ее за спину — она была как выкована из металла. От нее пахло духами, которые тоже наводили на мысли о металле. Янтарь светился на белой шее. Благодаря огромным каблукам она немного возвышалась над Шуриком, и это тоже было непривычно — в нем было сто восемьдесят сантиметров, и никогда такие высокие девушки рядом не стояли. Леденящее душу восхищение захватило Шурика.

— Вы просто королева, настоящая Снежная королева, — шепнул Шурик в ухо, отягощенное полированным янтарем.

Эгле загадочно улыбнулась. Музыка умолкла, Гия разлил остатки шампанского девушкам. Молдаванка попросила коньяку. В комнату вошла Рита, довольно громко сказала узбечке:

— Джамиля, там тебя Рашид по всей Москве ищет.

Джамиля-Аня пожала плечами:

— Какое мое дело? Второй год все ищет... Делать больше нечего.

Молдаванка подлила себе еще коньяку. Пила она, некрасиво запрокидывая голову. Раздался звонок.

— Родители? — удивился Шурик.

— Нет, они в театре. Придут часов в одиннадцать. Это Вадим.

Вошел Вадим, большой и важный. Ландшафт сразу изменился — как будто пришло большое мужское подкрепление. Джамиля и молдаванка оживились, но Вадим сразу же положил глаз на молдаванку.

— Анжелика, твой выход, — скомандовал Гия, и молдаванка, не выпуская стакана, повисла на Вадиме...

В половине одиннадцатого засобирались. Вадим увез куда-то совершенно пьяную Анжелику.

— Девчонки с хатой, — шепнул Гия Шурику. — Я лично устроил, на проспекте Мира. Так что я тебя угощаю. Такси лучше брать на той стороне.

Шурик кивнул. Что он имеет в виду под угощением? Неужели... Джамиля была явно лишняя, но, кажется, никого это не беспокоило.

Шурик взял такси, усадил красоток на заднее сиденье. Таксист, пожилой мужик, смотрел на него с уважением. Шурик сел с ним рядом.

— Одну не сдашь? — тихо спросил шофер.

— Простите, что? — не понял Шурик.

Мужик хмыкнул:

— Куда едем?

Приехали на проспект Мира. Вышли у приличного сталинского дома. Пешком поднялись на второй этаж. Эгле, долго ковыряясь, открыла дверь ключом. Провела Шурика в одну из комнат, вышла. Он осмотрелся. Дом был небогатый, семейный. Стояла двуспальная кровать, шкаф. Дверца приоткрыта, на ней зацеплены плечики с нарядами. Каблукастые туфли, пар пять, аккуратно расставлены у двери.

В глубине квартиры долго шумела вода. Потом донеслись обрывки женского разговора: Джамиля как будто жаловалась, Эгле односложно отвечала. Потом вошла в голубом и прозрачном с ворохом одежды в руках. Пристроила костюм на плечики — сначала юбку, потом жакет. Без улыбки, серьезно.

«Что я здесь делаю?» — спохватился Шурик. Но тут Эгле сказала:

— Ванная и уборная в конце коридора. Полотенце полосатое.

Шурик улыбнулся: мама обычно говорила по вечерам Марии — быстро в уборную, мыться и спать... И все качнулось в смешную сторону.

Послушно выполнил указание, вытерся полосатым полотенцем. На кухне мелькнула Джамиля с чайником. Вернулся в спальню — там Эгле, сменив шпильки на домашние, с помпоном, тапочки, с серьезным лицом набивала узкие туфли газетой. Что-то изменилось в ее лице. Присмотрелся — исчезли роскошные ресницы... Краска смыта с лица. Но брови отчасти остались.

Распахнула пеньюар.

— Поможешь раздеться? — без тени игривости спросила Эгле. И Шурик с удивлением отметил, что не чувствует совершенно ничего. Ни волнения, ни жалости. И даже немного испугался.

Снял с нее нейлоновую упаковку. Она была затянута в грацию, и Шурик понял, что предложение помочь — никакая не женская уловка. Стальная жесткость ее тела происходила от этого белья, которое застегивалось сзади на маленькие крючки. И впрямь здесь нужна была горничная. Он вытащил крючочки, резиновая кожура снялась, и сверкнула тонкая спина, вся в красных рубчиках от крючков и швов. Такая бледная, бедная спина... И сразу нахлынула жалость, и страха не осталось.

У нее были острые ногти, и она водила ими по Шурикову телу, и гладила его около сосков распущенными волосами, и трогала плотными губами. Горела настольная лампочка, и свет нисколько ей не мешал. Наоборот, она разглядывала его с интересом, которого он не замечал в ней в течение вечера. Он почувствовал, что если это осматривание и ощупывание будет длиться, то жалость к ее покрытой рубцами спинке улетучится и он не сможет воспользоваться угощением, которое щедро предложил ему Гия.

И он сократил все эти прохладные изысканности и приступил к незамысловатому процессу. Она была достаточно пьяна и идеально фригидна. Через некоторое время Шурик заметил, что она уже заснула. Он улыбнулся — жалость улетучилась. Он повернул ее на бочок, поправил поудобнее подушку под ее головой и мирно заснул с ней рядом, успев еще раз улыбнуться ее тоненькому сопению, обещающему с годами войти в силу полноценного храпа.

Он проснулся в начале десятого. Эгле спала, не поменяв за всю ночь позы: рука под щекой, тонкие ноги согнуты в коленях. Он заметил, что пальцы на ногах у нее необыкновенно длинные. Ну конечно, эта сказка, которую он читал Мурзику, называлась «Эгле — королева ужей».

Он тихо оделся и, не производя шума, вышел.

«Спасибо Гии, угостил красавицей», — улыбнулся Шурик, вспомнив Валерию, которая радовалась любви всей глубиной души и тела и отзывалась на каждое прикосновение усиливающимся сердцебиением, благодарной влагой тела...

Шел от подъезда к арке и все еще улыбался, когда его остановил рослый азиат в кожаной куртке:

— Ты Джамилю знаешь?

Шурик сбросил улыбку, ответил вежливо, но рассеянно:

— Джамилю? Пожалуй, знаю...

— Хорошо, — оскалился он, и Шурик подумал, что у него лицо, как из альбома Хокусаи, — самурайское, надменное, с плоским, но горбатым носом, — а теперь еще будешь знать Рашида.

Шурик услышал неприятный хруст кости и взлетел в воздух. Второй удар, вдогонку, был смазанным и пришелся на нос. Этот Рашид был левшой, и поэтому первым грамотным ударом он сломал Шурику челюсть с правой стороны. Но это Шурик узнал позже в Институте имени Склифосовского, куда его доставили в бессознательном состоянии. Кроме перелома челюсти и разбитого носа установлено было сотрясение мозга средней тяжести.

49

Если бы Рашид, удовлетворенный местью, повернулся и быстро ушел, оставив на асфальтовой дорожке поверженного Шурика, память об этой истории осталась бы только в виде округлой костной мозоли на челюсти не повинного в приписываемом ему деянии героя. Однако Рашид, оставив лежащего в крови мнимого соперника, ворвался в подъезд, откуда только что вышел в самом приятном расположении Шурик, взлетел на второй этаж и позвонил во все четыре квартиры. Информаторша Рашида, одна из манекенщиц, навещавшая Джамилю в этом доме, не запомнила номера квартиры, но это была сущая мелочь, особенно если принять во внимание, что в одной квартире ему вообще не открыли, во второй старческий голос выспрашивал, кто и к кому, а третью дверь открыла сама Джамиля. Бешеные глаза бывшего любовника ничего хорошего не предвещали, она пыталась захлопнуть дверь, но Рашид уже поставил ногу на порог.

Она испугалась, что он ее сейчас убьет, сразу же закричала «Помогите! Убивают!» во всю силу свежего горла. Он успел ее как следует изметелить, прежде чем наряд милиции, вызванный прохожими к лежащему недвижно Шурику, привлеченный женскими криками — Эгле проснулась, высунулась из своей комнаты и тут же кинулась к окну для голосовой поддержки, — скрутил бушующего Рашида.

Шурика к этому времени уже увезла скорая помощь. По дороге в больницу он пришел в себя и, еле ворочая языком, попросил позвонить домой маме и передать, что с ним все в порядке. Сидевший рядом с ним врач был так растроган сыновним вниманием, что, сдав Шурика в приемный покой, сразу же позвонил Вере Александровне и сообщил о происшествии.

Телефонный звонок из Склифосовского раздался после полудня. Сообщили, что Шурик получил лицевую травму и уже идет операция по поводу перелома челюсти, что сегодня приезжать нет смысла, а завтра утром все можно будет узнать через справочную.

Сначала Вера Александровна пыталась объяснить, что произошла ошибка, что сын ее дома и спит спокойным сном. Но Мария, вполуха слушавшая телефонный разговор, толкнула дверь в Шурикову комнату и крикнула:

— Веруся! Шурика нету! Он не спит!

Любопытная деталь: бывало и прежде, что Шурик не приходил ночевать. Обычно он звонил и предупреждал, хотя было несколько случаев, когда он исчезал без предупреждения. Но в это утро Вера еще не заметила его отсутствия.

Она сидела возле телефона, переваривая сообщение. Мария теребила ее за рукав:

— Веруся! Ну что, что случилось? Где Шурик?

— Он попал в больницу, ему сделали операцию на челюсти. — Вера приложила два пальца к подбородку и почувствовала там какое-то онемение.

— Надо ехать в больницу, — решительно заявила Мария.

— Сказали, чтобы мы приезжали завтра.

— Веруся, а нам его завтра отдадут? А он на носилках или сам ходит? Будем его ложечкой кормить? А можно я буду кормить? А морс ему сварим? — засыпала Мария вопросами.

«Как можно так упасть, чтобы сломать челюсть? — размышляла Вера. — Ногу, руку — это понятно, но челюсть? Нет-нет, они же не говорили, что он упал! Неужели подрался? Ну конечно, подрался!» — И в воображении ее рисовалась картина избиения Шурика хулиганами и что-то связанное непременно с защитой женщины или на худой конец просто слабого...

Вера прижала к себе Марию — та еще клокотала вопросами, но Вера почему-то успокаивалась. Неприятное онемение поднималось от подбородка к верхней челюсти. Вера потерла щеку. Надо было немного погулять с Мурзиком, сделать уроки и как-то дожить до вечера.

— Завтра я отведу тебя в школу и поеду в больницу. А сегодня вечером сварим морс. — Вера поцеловала

Марию в голову, но та дернулась и больно ударила Веру по подбородку:

— Ты что, без меня? Без меня в больницу? — взвыла Мария. И Вера улыбнулась, потирая место ушиба.

— Ладно, ладно, вместе поедем! — согласилась она.

Ночь Вера провела бессонную: боль распространялась по всему лицу, болел подбородок, верхняя скула, отдавало в висок.

Наверное, от удара, доставшегося от Мурзика, предположила Вера. Приняла анальгин, который долго искала в аптечке, где все было разложено по старой бабушкиной системе, поддерживаемой Шуриком. Долгое рысканье в аптечке еще более расстроило ее. Скользнула мысль: надо послать Шурика в аптеку. И тут она почти расплакалась: Шурик в больнице, ему плохо, а она так нравственно распалась, не может собраться с силами, держаться бодро и противостоять... Это было что-то из репертуара Елизаветы Ивановны, и Вера поняла, что вот, настал момент, когда вся ответственность за Шурика и за Мурзика ложится на нее, и она должна взять себя в руки, собраться с силами, держаться бодро и противостоять... На этом месте она расплакалась по-настоящему — половину лица ломило, и даже глаз почти не видел.

Нашелся анальгин, она выпила сразу две таблетки и заснула.

С утра развели долгие и нелепые сборы. Собрали в пакет зубную щетку и пасту, яблоки, носовые платки и конфеты — все то, что никак не могло Шурику понадобиться в течение ближайших недель: Шурику поставили на челюсть металлические скрепки, удерживающие челюсть в неподвижности до тех пор, пока она не срастется. Рот открыть он мог только на размер трубочки для жидкой пищи. Зато забыли взять морс, сваренный с вечера, и тапочки. Впрочем, Шурику дали казенные...

Мария сунула в пакет игрушечного зайца. В справочной больницы сказали, что ему сделали операцию, что лежит он в травматологии, в послеоперационной палате. В отделение Веру Александровну не пустили. Лечащий врач к ней не вышел. Но передачу приняли. Довольно долго ждали от Шурика записки. Наконец принесли. Он просил прощения за глупое происшествие, в которое вляпался и причинил столько хлопот, шутил, что теперь наказан за глупость долгим постом и молчанием, совсем как монах. Просил принести ему две французские книги, лежащие у него на письменном столе, папку с бумагами, писчую бумагу и несколько шариковых ручек.

Домой приехали к вечеру, страшно усталые. У Марии промокли ноги, у Веры опять разболелась, условно говоря, щека. К ужину Мария вышла заплаканная и сказала, что соскучилась по маме. Сама Вера тоже готова была разрыдаться от полной нескладности жизни. Взять себя в руки, собраться с силами, держаться бодро и противостоять, повторила она сама себе.

В десять часов позвонила Светлана. Вместо обычного короткого «нет дома» Вера Александровна подробно описала Светлане все перипетии дня, начиная с утреннего звонка.

— Напрасно вы мне сразу же не позвонили, — очень бодро отозвалась Светлана. — У меня есть знакомые в Склифе, я завтра же туда поеду и все разузнаю.

— Да, это было бы замечательно, — обрадовалась Вера. — Только вот еще ему надо передать книжки, кое-какие бумаги.

— Я заеду и заберу, об этом не беспокойтесь...

Вера Александровна продиктовала Светлане адрес и долго и путано объясняла, как легко найти их дом с Бутырского Вала.

Светлана только улыбалась: настал момент, когда она сможет наконец показать Шурику и его важной матушке, на что она способна.

И ей действительно повезло. Хотя никаких знакомых у нее в Склифе не было — да и на что они нужны, когда операция уже была позади, — на следующее утро, представившись родственницей, она переговорила с Шуриковым хирургом, который показал ей рентгеновский снимок, объяснил, какая именно операция была произведена и каковы перспективы.

— По этой травме мы могли бы быстро выписать его домой, а через шесть-восемь недель сделать повторную операцию, она несложная. Но у него еще сотрясение мозга, поэтому пусть полежит, — сказал хирург.

Затем Светлана зашла в палату, где среди перебинтованных и загипсованных мужиков с трудом узнала Шурика. Он лежал на спине, весь в трубках: одна изо рта, две из носа, и черные синяки под глазами. Картина дополнялась уткой, стоявшей у него на одеяле.

— Боже мой! Кто же тебя так отделал? — воскликнула риторически Светлана.

Но разговаривать Шурик не мог, покрутил пальцами, и она вытащила блокнот и ручку.

Дальнейшие переговоры велись исключительно в письменном виде. Шурик горячо благодарил ее за то, что она пришла. Просил, насколько возможно, отодвинуть посещение мамы. Написал, что его какой-то сумасшедший казах или монгол с кем-то спутал и чуть не убил.

Светлана вынесла утку в уборную, перестелила постель, нашла дежурную сестру и дала ей совершенно правильную сумму денег: не мало и не много — чтоб заходила и проверяла, все ли в порядке. Потом вышла в магазин, купила кефиру, два треугольных пакета сливок и минеральной воды, вернулась в палату. Когда она уже выходила, в палату вошел милиционер в белом халате поверх формы. К Шурику. По поводу вчерашнего избиения. Милиционер задавал Шурику интересные вопросы: знает ли он Джамилю Халилову и какие у него с ней отношения...

Шурик писал милиционеру ответы, но Светлана их не видела, так как милиционер сразу же забирал листки. Однако одних только вопросов оказалось достаточно, чтобы у Светланы сложилась картина, очень похожая на ту, которая рисовалась в воображении Рашида. Во всяком случае, об Эгле милиционер вопросов не задавал, и Шурик не считал нужным вообще упоминать ее имя.

Свое собственное расследование Светлана решила отложить: у нее тоже возникли некоторые вопросы к Шурику. Милиционер, к слову сказать, больше у Шурика не появился — дело об избиении Рашидом Джамили Халиловой и Александра Корна закрыли на следующий день, когда в Москву прилетел отец Рашида, главный кагэбэшник республики, и теперь заботой московских милиционеров было выпутаться самим, потому что Рашидку они в отделении порядком изметелили...

На третий день в палату ворвался Гия:

— Шурик! Мне только что сказали... Ну ты попал, старик! У меня тоже случай был...

И Гия рассказал несколько историй о своих похождениях, когда ему приходилось быть битым. Это было малоутешительно. Потом Гия вытащил из портфеля бутылку коньяка, завернутую в газету, открыл его, согнул конец трубочки от Шурикова рта к горлышку бутылки.

— Мне кажется, неплохая мысль, — взял еще одну трубочку с тумбочки, опустил в бутылку и потянул. — Блестящая, я бы сказал, мысль. А закусывать будешь... нет, не кефиром, конечно... сливками.

За этим приятным занятием застала приятелей Светлана.

Она едва подавила вздох негодования:

— Что это вы здесь делаете?

Гия не давал себя в обиду даже женщинам:

— Мы немножко выпиваем. При сотрясении мозга очень рекомендуется. А вы что здесь делаете?

Шурик мычал что-то невнятное.

— Понял, понял, — съехидничал Гия. — У нее душа хорошая. Это даже заметно. Но когда мужчины выпивают, женщины помалкивают, да?

Светлана была в полной ярости от такого обращения, но сидела не сдаваясь. И Гия ушел, оставив бутылку у Шурика под одеялом, а Светлану в сильном раздражении.

Шурик, насколько это было в его возможностях, оттягивал посещение Веры. Да и Вера была в плохом состоянии: боль, начавшаяся, когда ей сообщили по телефону о неприятности с Шуриком, то нападала, то отступала. Она вызвала врача из платной поликлиники — врач долго ее осматривал и предположил, что у нее воспаление тройничного нерва. Прописал домашний режим, тепло и какое-то мощное лекарство.

Три недели Светлана ходила в Институт Склифосовского как на работу, каждый день давала Вере Александровне отчеты о состоянии здоровья сына.

И даже более того: два раза Светлана по его поручению заезжала к Валерии. Он немного помялся, прежде чем об этом просить, но работа была срочная, пишущей машинки у него не было, и отпечатать рефераты могла только Валерия. Второй раз Светлана зашла к Валерии, чтобы забрать запечатанный конверт и отнести на почту.

Валерия похвалила Светланин плащ. Светлана поведала о том, что шила его сама из плащовки, купленной в этом самом доме. Светлана похвалила антикварную мебель Валерии, сообщив, что терпеть не может современной.

Валерии Светлана показалась милой, но очень невзрачной. Светлана со своей стороны посочувствовала в душе этой полной, чересчур ярко накрашенной инвалидке. А ведь сколько тревожных размышлений принес Светлане этот Шуриков маршрут...

«А при дневном освещении она будет выглядеть просто как матрешка, бедняга», — подумала Светлана.

Соперниц друг в друге они не заподозрили.

В больницу Вера Александровна не ездила. Шли холодные весенние дожди, в зимних сапогах уже было жарко, в туфлях — рано. Подходящей обуви на мокрую погоду у Веры не было. Вот Шурик выпишется, надо будет эту проблему решать. Хорошо бы на каучуке, но не на плоской подошве, а на небольшой танкетке...

Вера писала Шурику длинные чудесные письма. Шурик их сохранил сложенными аккуратной стопочкой, по дням написания. Мария тоже писала, а также рисовала картинки. Главный сюжет был — она с Шуриком на берегу моря.

Светлана заезжала к ним за письмами, по Шуриковой просьбе забирала то словарь, то бритву, то пришедший по почте большой конверт.

Вера Александровна Светлану очень оценила: настоящий друг, и, хотя хорошенькой ее не назовешь, внешность изящная, девушка воспитанная. И, что большая редкость, замечательная рукодельница. Елизавета Ивановна одобрила бы... Светлана была очень внимательна к Вере Александровне: всякий раз, как собиралась к ним, спрашивала, что привезти из города, и привозила из кулинарии ресторана «Прага» много разной еды, так что Вера Александровна забыла спросить у Шурика, в какой кулинарии он покупал картофельные котлетки...

Вскоре Шурика выписали. Вера Александровна расстроилась: он выглядел ужасно. Похудел. Из щеки торчали какие-то металлические штучки. Он еле разговаривал, ничего не ел, а только пил всякие жидкости через трубочку. Зато писал им чудесные смешные записки с картинками. Мария сразу же затребовала, чтобы он не пропускал «священные часы», и даже сказала ему, сколько часов он ей задолжал за время болезни. Подсчитала. Он обещал все отработать.

Удивительное дело, но как только Шурик вернулся из больницы, воспаление тройничного нерва у Веры прошло — как не бывало.

Вскоре с Шурика сняли его железную сбрую, и он, в честь такого праздника, повел всех, включая и Светлану, в ресторан «Якорь» и накормил до отвала вкусной едой.

Светлана праздновала самый большой день своей жизни: это был семейный обед, все люди, которые сидели за соседними столиками, думали, что Шурик ее муж, Вера Александровна как будто свекровь, только вот девочка непонятно чья. Лишняя. Мария со своей стороны тоже нашла обед отличным, но тоже считала, что было в нем кое-что лишнее — Светлана...

Неприятным для Светланы было только одно обстоятельство: Шурик по-прежнему не желал навестить ее дома и вообще не проявлял никаких знаков мужского интереса. Она терпеливо ждала любовного свидания.

Разговор о восточной Джамиле решила не поднимать. Разве что когда-нибудь потом...

Она звонила теперь каждый день, подолгу разговаривала с Верой Александровной про жизнь вообще и про Шурика в частности. В конце разговора просила передать трубку Шурику, и, если его не было дома, Вера непременно отчитывалась, где он сейчас находится. Если это была библиотека, Светлана не ленилась проехаться и проверить. Все-таки впечатление складывалось такое, что другой женщины у него нет... Иногда Вера Александровна говорила, что он сегодня ночевать не приедет, поехал с каким-то сложным переводом к Валерии и, скорее всего, останется ночевать там.

Тем временем опять образовалась весна, и Шурик сказал ей однажды что-то о скором переезде на дачу.

«Положение ужасное», — поняла Светлана. Вера с Марией переедут на дачу, и он ей опять не будет звонить и пропадет окончательно. И это теперь, после всего, что она для него сделала! Снова в мыслях возникла Джамиля, из-за которой его чуть не убили. Может быть, все-таки он встречается с кем-то...

Светлана усилила бдительность. Она снова дежурила возле его подъезда, следовала за ним на небольшом, но точно рассчитанном отдалении — и безрезультатно: ни Джамили, ни какой-либо другой женщины как будто не было. Но беспокойство и непонимание мучили ее, она опять не спала ночами, вертела белые шелковые цветы и мысленно раскладывала их вокруг своей головы... Нет, он не любит ее, но ценит, уважает, испытывает благодарность... Как заставить мужчину полюбить? Неужели надо умереть, чтобы быть оцененной? Ах, если бы можно было сначала себя похоронить, насладившись тем, как все они будут оплакивать ее уход, а потом уже умереть по-настоящему. Лежать, как Офелия, в гробу, в склепе, украшенном цветами, а возлюбленный страдает у гроба, вынимает меч и убивает себя... И ты это видишь, утверждаешься в его вечной и верной любви, и тогда уже спокойно и с удовольствием умираешь... Нет, Шурик, маменькин сын, на это не способен. Если только ради мамочки... И она улыбалась этой мысли, потому что безумие еще не настолько ее захватило, чтобы полностью убить чувство юмора...

Она позвонила ему и попросила срочно прийти. Он давно уже ждал чего-то в этом роде. Он знал, для чего его вызывали. Шел обреченно, с раздражением, направленным исключительно на себя самого.

«Главное, не входить ни в какие объяснения», — решил Шурик.

И он сразу, как только задвинулась ветхая портьера на двери ее комнаты, обнял ее, окунул пальцы в хилую пену тонких волос, она что-то вякнула слабенько и радостно про разрушенную прическу, про смятую блузку. Вид у нее был такой счастливый, что Шурик забыл о своем недавнем раздражении и отработал урок с обычным для здорового молодого мужчины энтузиазмом. Светлана же находилась на верху блаженства и лепетала свое заклинание «ты меня любишь?» все двадцать пять минут, пока Шурик над ней трудился.

Потом Шурик быстро оделся и убежал, сославшись на ужасно-кошмарное количество дел, которые ему сегодня надо переворотить. И хотя Светлана не получила внятного словесного ответа на прямо поставленный вопрос, сам факт близости можно было рассматривать как положительный ответ.

Шурик с легкой совестью сбежал с лестницы: все обошлось, и теперь он действительно понесся в ВИНИТИ за очередной порцией переводов, потом в магазин иностранной книги за новым испанским учебником для Марии, потом в аптеку за лекарством для Матильды. И так далее, и так далее... Приятно было, что первое из намеченных на сегодня дел он уже выполнил и выбросил его из головы.

Голая и совершенно успокоенная Светочка лежала укрытая бабушкиным английским пледом на тахте и ни о чем не думала — наконец-то и ей выпало блаженство покоя. Она поглаживала себя по животу и груди, испытывая гордость и благодарность к себе самой.

Она была совершенно счастлива и даже здорова, и непреодолимая пропасть между женщиной, для которой любовь есть единственный смысл и наполнение жизни, и мужчиной, для которого любви в этом понимании вообще не существует, а составляет один из многих компонентов жизни, на несколько минут затянулась тонкой пленкой.

50

Телефон гида, который водил французскую группу по Москве в дни первой поездки Жоэль в Россию во время Олимпиады, сохранился в старой записной книжке. После той первой поездки она побывала в России еще дважды, но оба раза в Ленинграде. Последний раз она провела там три месяца уже в качестве практикантки. Теперь она приехала в Москву на полгода — для завершения научной работы. Прошло две недели, прежде чем она решилась позвонить Шурику. Она запомнила его не столько потому, что он был милый рослый парень с детским румянцем, очень русский — trés russe, — как дружно решила тогда вся французская группа, сколько из-за его французского языка — безукоризненного языка начала двадцатого века, на котором давно уже не говорил никто, разве что какие-нибудь провинциальные нотариусы, дотягивающие до девяноста...

Жоэль увлеклась русской литературой еще до поездки в Россию и даже пыталась самостоятельно изучать русский язык. Живая Россия очаровала Жоэль, и она, единственная дочь богатого винодела, владельца больших виноградников под Бордо, к большому недовольству отца, поступила в Сорбонну и полностью отошла от семейного дела. Вместо того чтобы заниматься бухгалтерией или работой с клиентами, Жоэль разбирала тексты Толстого. Читая «Войну и мир», она обратила внимание, что французский язык Толстого, огромные диалоги русских аристократов, существующие равноправно в русском тексте, напоминают ей чем-то тот французский, на котором говорил русский гид Шурик. И начинающего филолога заинтересовал этот феномен. Впоследствии она нашла также большое количество фрагментов французских текстов в наследии Пушкина. Именно эта тема — сравнительный анализ французского языка Пушкина и Толстого — была ею выбрана для исследования. Собственно, она ее не выбрала из предлагаемых, а сама предложила своему профессору, и он ее одобрил, найдя очень интересной. Шурик, сам того не ведая, оказался крестным отцом ее научной темы.

Жоэль позвонила бывшему гиду. Работа гида у Шурика тогда не пошла: он не понравился интуристскому начальству, и больше они его не приглашали, так что никаких десятков туристических групп и сотен путешественников не проходило перед его глазами, и он-то прекрасно запомнил француженку из Бордо, открывшую ему глаза на безнадежно устаревшее состояние его французского языка.

Они встретились — возле памятника Пушкину, что было символично.

Поцеловались два раза, как принято у них, но он ткнулся в третий — как принято у нас. И засмеялись — как старые друзья. И, взявшись за руки, пошли гулять по городу. Подошли к старому университету, потом спустились на набережную и как-то случайно, повинуясь давней привычке, Шурик вывел Жоэль сначала к дому Лили, в Чистом переулке, а потом, совершив круг, вышли к церкви Ильи Пророка в Обыденском переулке. Помявшись, зашли в церковь, немного постояли, послушали конец всенощной, потом снова вышли на набережную, через Большой Каменный мост перешли Москву-реку, долго бродили по Замоскворечью. Шурик показал ей дом на Пятницкой, в котором жил когда-то Толстой, и Жоэль все больше влюблялась в город, который казался ей теперь почти родным.

Она была из породы странных иностранцев, которых было немало в те годы, очарованных Россией, особым ее духом открытости и доверительности, а Шурик казался ей каким-то толстовским героем — то ли выросшим Петей Ростовым, то ли молодым Пьером Безуховым.

Шурик же, гуляя по тем переулкам, в которых бродил когда-то с испарившейся из его жизни Лилей Ласкиной, тоже чувствовал себя не собой теперешним, а тем школьником накануне экзаменов в университет, и даже поймал себя на грустном сожалении, что не пошел на дурацкий экзамен по немецкому языку: ведь сдал бы, и все было бы по-другому, лучше, чем сейчас... И может быть, бабушка прожила бы подольше...

Они чудесно болтали обо всем на свете, перескакивая с одной темы на другую, перебивая друг друга, хохоча над ошибками в языке: они все время переходили с языка на язык, потому что Жоэль хотелось говорить по-русски, но слов не хватало. Потом начался дождь, и они укрылись в заброшенном церковном дворе, в полуразрушенной беседке, и целовались, пока дождь не затих. У Шурика было странное чувство повтора — он действительно сидел на этих лавочках десять лет тому назад, но не с Жоэль, а с Лилей, и минутами он как будто проваливался в то выпускное лето с экзаменами, ночными гуляньями, Лилиным отъездом и бабушкиной смертью.

Когда дождь прошел, появились собачники, кто-то спустил большую немецкую овчарку. Оказалось, что Жоэль с детства панически боится собак, и она не могла себя заставить выйти из беседки, и они ждали, пока уведут овчарку. И снова смеялись. И снова целовались.

Метро тем временем закрылось, и Шурик взял такси, чтобы отвезти Жоэль домой, — она жила в аспирантском общежитии на Ленинских горах.

— Там ужасно противная консьержка, — пожаловалась она перед входом в общежитие.

— Ты ее боишься, как той овчарки? — спросил Шурик.

— Откровенно говоря, больше.

— Мы можем поехать ко мне, — предложил Шурик.

Мама с Марией были на даче. Жоэль легко согласилась, и они сели в то же самое такси и поехали через центр, мимо памятника Пушкину, на «Белорусскую».

— Это какое-то особое место, — выглянув в окно, сказала Жоэль. — В Москве куда ни едешь, непременно видишь памятник Пушкину.

Это была чистая правда. Это было сердце города: не исторический Кремль, не Красная площадь, не университет, а именно этот памятник, то со снежным плащом на плечах поэта, то в голубином летнем помете, переставляемый с одной стороны площади на другую, он и был главным местом Москвы. С того дня Жоэль с Шуриком встречались здесь почти ежедневно, кроме тех вечеров, которые он проводил на даче.

Она была женщина-птица: умела быстро и шумно вспорхнуть с места, всегда была голодной, очень быстро наедалась, каждые полчаса тянула Шурика за рукав и говорила: «Шурик, мне нужно “pour la petite”». И они кидались искать общественную уборную — их было в Москве немного, иногда они заходили во двор, отыскивали укромное место, и он загораживал ее, пока она по-птичьи копошилась в кустах. А когда она вылезала из кустов, то немедленно спрашивала Шурика, не знает ли он, где можно попить, — и они заливались смехом.

Она смеялась, раздеваясь, смеялась, вылезая из постели, и хотя ничто так не мешает сексу, как смех, ухитрялась смеяться даже в Шуриковых объятиях. Когда она смеялась, то сильно дурнела: рот широко растягивался, кончик носа опускался вниз, глаза зажмуривались, и она, зная это, смеясь, прятала лицо в руки. Зато сам смех звучал очень заразительно. Шурик говорил ей, что ее можно было бы нанимать для управления театральной публикой на неудачных комедиях: она бы запускала свои смеховые рулады, а публика смеялась бы вслед за ней...

Через две недели Светлана выследила Шурика. Именно на площади Пушкина. Минут десять он стоял у подножия памятника с букетом каких-то синих цветов. С противоположной стороны площади невозможно было разглядеть, что за цветы, хотя Светлане это тоже было важно. Потом подошла небольшая женщина. И даже с другой стороны улицы было видно, что иностранка: стрижка не по-нашему, какими-то прядями, зонт висел за спиной, как ружье у солдата, и клетчатая сумка через плечо, и вообще за версту пахло иностранщиной... Они поцеловались и, взявшись за руки и смеясь, пошли по Тверскому бульвару. Смех был особенно оскорбительным: как будто они смеялись над ней, Светланой...

Светлана было пошла за ними следом, но минут через пять поняла, что сейчас упадет. Села на лавку, переждала, пока парочка скроется. Сидела с полчаса. Потом, еле передвигая ноги, пошла домой. Позвонила Славе, рассказала ей, что случайно встретила Шурика с женщиной, что еще одной измены она не переживет.

— Я сейчас к тебе приеду, — предложила Слава.

Светлана помолчала и отказала:

— Нет, Слава, спасибо. Я должна побыть одна. — Слава была опытной самоубийцей, не менее опытной, чем Светлана. Она приехала на следующий день рано утром. Вызвала слесаря. Взломали дверь. Светлана спала глубоким медикаментозным сном: снотворные таблетки давно уже были заготовлены. Вызвали скорую помощь, промыли жслудок и увезли.

Через два дня, когда Светлана пришла в себя и была переведена в отделение доктора Жучилина, Слава позвонила Шурику и сообщила о происшествии.

— Спасибо, что позвонили, — сказал Шурик.

Слава взвилась:

— Пожалуйста! Кушай на здоровье! Неужели ты не понимаешь, что это на твоей совести! Вы все просто людоеды! Неужели тебе больше нечего сказать? Подонок! Ты настоящий подонок! Ты просто негодяй!

Шурик, выслушав все до конца, сказал:

— Ты права, Слава.

И повесил трубку. Как, куда можно от безумной убежать?

Жоэль накрывала на стол. Вилка слева, нож справа. Стакан для воды. Бокал для вина.

— Скажи, Жоэль, ты бы вышла за меня замуж? — спросил Шурик.

Жоэль засмеялась и спрятала лицо:

— Шурик! Ты меня не спрашивал об этом раньше. Я замужем. И у меня есть сын. Пять лет. Он живет под Бордо, с моими родителями. Я тебя очень люблю, ты знаешь. Я буду здесь еще пять недель! Замужем с тобой! Да? А потом я тебя буду усыновить, да?

И она залилась смехом. Шурику стало тошно. Он уже знал, что завтра утром он поедет к черту на рога в Кащенко отвозить передачу сумасшедшей Светлане, а вечером к Валерии, потому что Надя, которая много лет обслуживала ее, уехала к сестре в Таганрог на целый месяц, а Валерия сама и горшка вынести не может... А вечером надо к маме на дачу, к Марии, которой обещаны корзинка, нитки и еще что-то — у него записано...

51

Удивительным образом срослась у Веры линия судьбы — тридцать лет ее бухгалтерской каторги как в яму упали, и стала она не отставной бухгалтершей, а бывшей актрисой. Театральный кружок в подвале домоуправления вернул ее ко временам Таировской студии, но ее личные артистические амбиции давно выдохлись, и она чувствовала себя счастливой, передавая соседским детям начатки театральной профессии.

С тех пор как в ее доме появилась Мария, ей стало ясно, ради какой тайной цели судьба послала ей в дом назойливого Мармелада, заставившего ее взяться за дело, о котором она, казалось, давно забыла. Не войди она в форму, занимаясь раз в неделю по четвергам со своими ученицами, не смогла бы она принять и воспитать свою вертлявую драгоценность, которую не иначе как провидение великодушно ей доверило. То что в доме ее растет будущая великая знаменитость, она не сомневалась.

За два года, пока Мария ходила в обычную районную школу, у Веры с Леной Стовбой сложились особые, не зависимые от Шурика отношения. Прежняя семейная конфигурация, простая и убийственно ясная — спаянные воедино мать и сын, — преобразовалась в нечто сложное и подвижное. Когда они жили втроем — Вера, Шурик, Мария, — разыгрывались поочередно разные комбинации. Иногда, когда они шли воскресным утром в музей или на выставку и Шурик вел Веру под руку, а Мария то цеплялась за Шурика, то убегала вперед, то прилеплялась к Вере, Вера представляла себя матерью Марии, а Шурика — ее отцом. Шурик видел в Марии скорее младшую сестру, слегка навязанную ему Верусей. Сама же Мария не утруждала себя раздумьями: Веруся и Шурик были ее семьей.

Когда приезжала Лена Стовба, она оказывалась для Марии самой главной — на несколько дней.

Вера делала тонкие подстройки семейного механизма, например, она располагала Стовбу рядом с Шуриком, в пару. Но это было правильно только отчасти, ибо тогда возникала какая-то лишняя валентность, ее собственная, незамкнутая. Был еще такой вариант, при котором Стовба рассматривалась как независимая внесемейная единица со своими отчаянными движениями, маниакальными намерениями и полным отрывом от реального существования, но тогда провисала в воздухе другая, существеннейшая нить — Мария. Как и к кому она была присоединена? Однако именно благодаря маниакальной идее воссоединения с человеком, которого, в сущности, едва знала, Мария и была передана во временное пользование Верусе с Шуриком — для блага обеих сторон...

Лена шепталась с Верой Александровной: теперь уже не Шурику, а именно ей рассказывала Лена обо всех продвижениях навстречу Энрике. Рассказала об окончании нелепой истории, разыгравшейся в Польше. Встреча ее с Яном, братом Энрике, произошла в Варшаве. Оба они попали туда впервые, но у Яна было множество никогда не виданных им родственников, а у Лены — ровным счетом никого. Всю первую неделю он был занят, пьянствовал с обретенной родней. Лена сидела в убогой гостинице, ждала его с утра до вечера, пока, наконец, он, чуть выкарабкавшись из запоя, не заехал за ней и не отвез в американское посольство — жениться.

Оба пребывали в полной уверенности, что им предстоит простая и быстрая формальность. Так бы оно и было, будь Стовба гражданкой Польши. Яну было предложено получить визу в Россию и заключить брак с гражданкой Советского Союза в соответствии с советскими законами. Это была опять отсрочка, проволочка, но, в конце концов, не отказ. Стовба уехала, а Ян остался в Варшаве ждать советской визы. Он ждал ее полтора месяца. Энрике дважды высылал ему деньги, уже присматривал в Майами квартиру побольше. Ян в эти шесть недель времени не терял — влюбился до беспамятства в прекрасную полячку и к моменту, когда пришла советская виза, был уже обвенчан в костеле и оформлен в американском посольстве в качестве мужа совсем другой женщины, а вовсе не ожидающей его приезда Лены Стовбы. Энрике поссорился с братом на всю жизнь, но дела это не меняло.

Вера слушала, замирая всей своей театральной душой, — все было необыкновенно, рискованно, восхитительно. Теперь уже роняла слезы Вера. Любовь, как долгоиграющая пластинка судьбы... И у нее так же было... Годы, потраченные на ожидание... Бедная девочка... Бедный Мурзик...

Вера проводила параллели между своей собственной неудачной женской биографией и Лениной, пыталась провести тонкую мысль о роковом отсутствии гибкости, о других возможностях, которые открыты перед молодой женщиной с ее внешностью и характером, о том, что, быть может, есть на свете другой мужчина, который мог бы заменить... И так далее...

У Стовбы злело лицо и скучнели глаза — она читала мысли Веры Александровны, и свое собственное романтическое несчастье она предпочитала всякому другому варианту. Точно так же, как некогда и сама Вера... Нет, никакого другого мужчины в ее жизни не было!

Гипотетическому другому мужчине, на которого намекала Вера, она тоже время от времени говорила, что положение неопределенное, она стареет, ей хотелось бы видеть его женатым, и о девочке надо подумать.

Послушный Шурик, дыбясь всей своей шкурой, отшучивался:

— Веруся, я уже один раз пробовал, пришлось развестись...

Вера спохватывалась: далеко зашла.

Но важным было на самом деле другое: время от времени Стовба заводила разговор о том, что хочет забрать Марию в Ростов. Этого допустить было никак нельзя, и Вера экстренно принялась за устройство большой судьбы для Мурзика.

Никто, конечно, и представить себе не мог, скольких трудов стоило бывшей скромной бухгалтерше из театрального вспомогательного персонала организовать солидный звонок в балетное училище самой Головкиной.

Наконец настал день, когда за поздним вечерним чаем, единственной трапезой в отсутствие Марии, Вера торжественно объявила Шурику:

— Я тебе не говорила, считая преждевременным... В общем, Мурзика берут в хореографическое училище Большого театра.

Вера держала паузу, ожидая Шурикова восторга, но он не прореагировал нужным образом.

— Софье Николаевне Головкиной звонили... Ты понял?

— Ну да, — кивнул Шурик.

— Нет, ты не понял! — почти рассердилась Вера. — Это лучшая в мире балетная школа. Туда отбирают одну девочку из ста. Я возила Мурзика два раза на предварительные просмотры, и она прошла их очень хорошо.

— Веруся, ну чего же тут удивительного, ты с ней столько занималась!

— Да, Шурик! Я могу сказать, что я стала опытным педагогом за последние годы. Наверное, у меня было больше ста учениц! — Вера немного преувеличивала — к ней в кружок обычно ходили восемь-десять учениц, и общее их количество за все годы никак не превышало пятидесяти. — Более способной ученицы у меня не было. Как она все схватывает! На лету, буквально на лету! Но что я вообще могу им дать — основы ритмики, пластики, театральную азбуку... А в училище приходит совсем другой контингент. Как правило, это дети, которые уже ходили в балетные студии, некоторые уже у станка работали. Часто от балетных родителей. А у Мурзика врожденные дарования. Прекрасная выворотность, прыжок, отличный музыкальный слух. И конечно поразительная внутренняя пластика. Это для меня несомненно. В общем, у нее нашли только один недостаток — рост. Высоковата для балерины. Впрочем, Лавровский, например, всегда любил высоких... Но, во-первых, неизвестно, когда она в росте остановится. Это может произойти и достаточно рано. А во-вторых, сами по себе нагрузки, которые получают там ученицы, тоже тормозят рост. Это известно. Все балерины достаточно мелкие отчасти из-за того, что с самого раннего возраста много работают и ограничивают себя в еде.

— У Мурзика отличный аппетит, — заметил Шурик.

Вера рассердилась:

— У нее сильный характер. Точно как у Лены. Если она что-нибудь от нее унаследовала, так это целеустремленность. В общем, так: ее приняли. Ее надо будет возить туда в этом году каждый день, а в будущем посмотрим... Там есть общежитие для иногородних... Ну, не знаю, мне не хотелось бы отдавать ребенка в интернат. Училище на Фрунзенской. Конечно, это неблизко. Но, с другой стороны, и не так далеко. Мы добирались туда от дома около часа. В конце концов, — в голосе Веры прозвучала едва уловимая тень угрозы, — я и сама могу ее возить.

У Шурика рабочий день давно уже переместился к вечеру: обычно он просыпался довольно поздно, исполнял хозяйственные дела — прачечная, магазин, рынок, — за работу принимался во второй половине дня и сидел часов до пяти утра... Возить Марию в школу придется, конечно же, ему, и это должно сильно поменять жизнь.

— А Стовба? Ты ей уже сообщила?

Лицо Веры омрачилось:

— Шурик, ну как ты думаешь, она же не враг своему ребенку. Это же как выиграть миллион!

— Нет, я только хотел сказать, что вдруг она уедет, и на что тогда эта школа? Коту под хвост!

— Мурзик может стать настоящей звездой. Как Уланова. Как Плисецкая. Как Алисия Алонсо. Поверь моему слову.

Шурик вздохнул и поверил: а что ему оставалось делать?

В конце августа приехала Стовба, и счастливая Мария в первую же минуту рассказала матери, что ее приняли в хореографическое училище Большого театра.

Вера собиралась Стовбу предварительно подготовить к этому сообщению, но Лена нисколько не возражала, а даже обрадовалась.

Взяли Марию сразу в первый класс, без подготовительного, и сразу же поставили к станку. Первые недели она была в полном шоке — молчала, ни слова не говорила ни Шурику, ни Верусе... От балетной учебы она ожидала совсем другого...

Мария за минувший год посмотрела с Верой весь звездный балетный репертуар — и «Лебединое», и «Красный мак», и «Золушку»... И примерила на себя сольные партии. Да, да... это ей подходило. Она совсем уж была готова танцевать в белой пачке на сцене Большого театра... Но ее поставили лицом к стене, обе руки на станок, и по полтора часа без перерыва на скучный счет она все тянула ножки, пяточки, укрепляла позвоночник.

Только это, и ничего другого. Никакого вольного кружения под музыку, никакой телесной импровизации, которые предлагала Вера.

Лишь через полгода разрешили повернуться боком, справа, слева... и опять все то же самое — тянем ножки, пяточки... Плечи вниз, подбородок вверх! Прямая линия! Прямая линия!

Классы вела преподавательница из бывших балерин, но осевшая, полная, похожая лицом на старую бульдожку. Еще была воспитательница, которая называлась инструктор. Она водила девочек на уроки, всем руководила. Звали ее Вера Александровна, что Марии очень не нравилось, даже оскорбляло: какая еще Вера Александровна, есть у нее уже своя любимая Веруся... А эта была молодая, но лицо в морщинах, ходила как балерина, по первой позиции, носочками в разные стороны, и голову держала по-балетному, запрокинув затылок. Но танцевать-то не танцевала! Девочки говорили, что она ушла из балета после травмы, потому и злая. Все знали, что большего несчастья, чем потерять балет, нет на свете...

Эта фальшивая Вера Александровна всюду их водила, даже в столовую, торопила одеваться, раздеваться, и голос у нее был высокий, визгливый. Всех девочек она не любила, Марии же казалось, что ее — особенно. И замечаний, казалось Марии, она получает больше других: что вертится, когда надо стоять смирно, что ест она слишком быстро, что не сделала положенный книксен, последнее от императорских времен сохранившееся правило — приветствовать преподавателей пружинным легким движением с приседанием.

Уставала Мария ужасно. И было скучно. Но молчала — Вере ни слова. И Шурику — ни слова. Они выходили из дому в половине восьмого, и всю дорогу она медленно просыпалась. Только около самой школы подпрыгивала, обхватывала Шуриковы плечи, целовала его в небритую щеку и убегала. Шурик тащился домой, досыпать.

В школе у Марии подружки не заводились. Девочки уже проучились год в подготовительном классе, сдружились. Она была новенькой, всех выше, и ножку выше всех поднимала. И поставили очень скоро Марию к среднему станку, куда всегда ставят самых лучших... Она еще не знала, что лучших не любят. К тому же большинство девочек были старше, многие жили в училище, в интернате, у них уже завелись компании, куда Марию не принимали.

В конце первого года разрешили встать на пальцы... И опять — батман, тондю, плие... И опять — лучше всех... Но себе Мария не нравилась. Класс был малорослый, все девочки, как будто специально подобранные, были светловолосыми, белокожими, и она страдала, что на других не похожа, а в особенности страдала от размера своей обуви — тридцать седьмого. Однажды в раздевалке они долго потешались над ее огромными балетными туфлями и даже немного поиграли ими в футбол.

Назавтра она отказалась идти в школу:

— Я не хочу больше заниматься балетом. Я буду ходить в обычную школу, без балета.

Вера оставила ее дома. Позавтракали вдвоем, отпустив Шурика досыпать. Завтрак накрыли в бабушкиной комнате, а не на кухне, как обычно. Чашки Вера достала красивые, и самую золотую поставила перед Марией.

До того дня за неделю Вера с Шуриком были на собрании. Шурик был взят не просто как сопровождающее лицо, но и в качестве родителя. Вера Александровна испытала смутно-приятное чувство: как будто Мария их с Шуриком дочка, и она все два часа забавлялась этой мыслью.

Преподавательница балетного класса Марию очень хвалила, учителя по общеобразовательным дисциплинам тоже были ею довольны, только инструкторша-тезка отзывалась о Марии с неприязнью: замкнута, резка, с одноклассницами плохой контакт.

«Завидуют, завидуют», — сразу же поставила диагноз Вера. Актерский мир она знала. И не стала допытываться у девочки, что же такое произошло в школе, отчего она не хочет больше туда ходить. И за особенным завтраком в бабушкиной комнате Вера сказала важные, но не вполне правдивые слова:

— Мурзик мой дорогой! Когда я была девочкой, чуть постарше тебя, я училась в театральной студии. И хотя мне очень нравились занятия, я оттуда ушла. Потому что ко мне плохо относились. Теперь я знаю, что девочки мне завидовали. Это очень плохое качество. Но так бывает очень часто. Если ты хочешь стать балериной, это надо перетерпеть. Пройдет немного времени, и ты поймешь, что из-за этого нельзя огорчаться. Потому что большинство девочек, которые к тебе плохо относятся, никогда балеринами не станут: их отчислят до окончания училища. А тебя не отчислят, потому что ты очень талантливая. Ты будешь танцевать сольные партии, а они — в лучшем случае танцевать в кордебалете. Поэтому ты отдохни несколько дней, хочешь, пойдем с тобой на каток, в музей — куда захочешь! А потом снова пойдешь на занятия. Потому что нельзя сдаваться из-за такой ерунды. Ты меня поняла?

Тут Мария, как маленькая, влезла к Верусе на руки и заплакала, и проплакалась, и рассказала про то, как играли в футбол ее розовыми туфлями, и теперь они страшно грязные... И что размер у нее тридцать седьмой, а у девочек тридцать третий...

Три дня они развлекались. Ходили в Уголок Дурова — смотрели на говорящего ворона, потом на репетицию в театр, где раньше Вера Александровна работала, тоже было замечательно, и купили в магазине ВТО новые балетки, и еще Вера Александровна подарила ей повязку на волосы, заграничную, из эластичной ткани такого яростного розово-красного цвета, какого в природе не бывает.

Потом Шурик снова повел Марию в школу. Она была собранна, готова к отпору, и подбородок гордо смотрел вверх не только у балетного станка. Она готовилась к нападению. Жгучая красная повязка, лицо, посреди зимы имеющее оттенок свежего южного загара, подчеркивали вызов.

Спустя несколько дней в девчачьей раздевалке произошла драка. Инструкторша вбежала, когда в середине раздевалки, между шкафчиками, бился комок из тонких рук и ног и над всем этим стоял оглушительный визг. Инструкторша взвизгнула еще оглушительней, комок распался, последней на ноги встала Мария, серо-коричневая, в разорванном купальнике. Кроме ее купальника пострадали еще один нос и одна рука: нос был разбит, а рука укушена. Как засвидетельствовали — Марией.

Девочки единогласно и почти хором сообщили, что Мария набросилась на них как бешеная, а они даже знать не знают, по какой такой причине. Про то, что девочки отняли у нее новые туфли и стали гонять их по раздевалке, Мария не сказала. Веру Александровну вызвала в школу инструкторша и начала ее ругать, как будто это она подралась с девочками в раздевалке. Вера терпеливо выслушала, а потом со своей стороны сказала, что девочку травят одноклассницы и она усматривает в этом проявление расизма, не свойственного советскому человеку.

— Я бы сказала, что здесь какая-то педагогическая недоработка, — кротко закончила Вера Александровна-бабушка.

Вера Александровна-инспекторша вдруг испугалась: ей и в голову не пришла такая острая трактовка конфликта.

«Только расизма мне не хватало», — испугалась инструкторша. Вера Александровна миролюбиво, но подловато улыбнулась.

— Что вы! Вы просто не знаете нашего контингента, у нас дочка самого Сукарно училась, и дочь гвинейского посла, и из Алжира одна девочка, миллионера дочь, так что вы за расизм не беспокойтесь — никакого расизма. Но с девочками я поговорю...

И сама задумалась: действительно, в бумагах ничего такого нет, а вдруг внучка какого-нибудь Лумумбы или Мобуты?

У инструкторши отношения с начальством были сложные, зато к ней хорошо относилась сама Головкина, и потому педагогический коллектив был расколот на две партии — болеющих за и болеющих против. Поскольку в педагогическом коллективе Вера-инструктор была не единственной неудачницей, а было еще несколько десятков несостоявшихся балерин с кривыми биографиями, неверными мужьями и еще более неверными любовниками, обстановка была весьма нервной, и только страх перед великой начальницей и престиж места сдерживали воспаленные страсти. Здесь никому ничего не прощали.

Дальше все пошло именно так, как того хотела Веруся. Вверх по начальству не донесли, решили все по-домашнему. Марию пожурили, но и девочек пожурили тоже.

Шурик был, естественно, вовлечен во все перипетии балетной жизни, которая постепенно заняла центральное место в доме.

Теперь, когда Стовба приезжала из Ростова, Шурик уступал Лене свою комнату, переселялся в бабушкину, Марии ставили раскладушку у Веры, но раскладушка обыкновенно пустовала: Мария укладывалась матери под бок, наслаждаясь ее близостью. Вечерами Стовба ходила с Марией на балетные спектакли, и Лена осваивала роль матери балерины. Когда смотрели «Дон Кихота», Мария сидела, сцепив руки, как замороженная, а после окончания спектакля сказала матери:

— Вот увидишь, моя Китри будет лучше.

Роль Китри была ее самая большая мечта. Стовба смирилась: девочка в руках Веры действительно становилась балериной.

Временами Лена приходила в отчаяние: планы Энрике рушились один за другим. Он уже получил американское гражданство и просил Лену встретиться в какой-нибудь социалистической стране, куда можно выехать из России по туристической путевке, но Лена боялась, что если это обнаружится, то тогда уж никогда ей из России не выехать. Энрике хотел приехать в Россию сам, но этого приезда Лена боялась больше всего, она была уверена, что его посадят: у него была паршивая предыстория, теперь он был еще и американец.

Изредка, сложными путями, они обменивались письмами и фотографиями. Энрике разглядывал фотографии дочки, восхищался сходством с его покойной матерью. Сам Энрике заматерел и растолстел, Лена похудела и лицом лишь отдаленно напоминала ту белокурую матрешку, в которую до безумия влюбился Энрике десять лет тому назад. Но было в их характерах нечто общее, что, видимо, когда-то их и соединило: если б не фотографии, они бы не узнали друг друга, встретившись на улице, но препятствия разжигали страсть до безумия.

Приехав в очередной раз, Лена рассказала Шурику о новой возможности отъезда, на этот раз совсем уж головоломной, к тому же рассчитанной еще на несколько лет ожидания и гнусный обман. Именно о гнусном обмане Лена Шурику и поведала как-то ночью, на кухне, когда Мария и Вера крепко спали.

В Ростове-на-Дону в сельскохозяйственном институте на третьем курсе учился виноградарству некий прокоммунистический испанец, которого занесло к донским казакам каким-то дурным ветром. Он был из детей тех испанских детей, которых взрастила советская власть, и, как обычно это происходит с дважды перемещенными людьми, он был сбит со всякого толку. Этот самый Альварес уже в двенадцатилетнем возрасте вернулся в Испанию из Москвы, а теперь снова приехал на бывшую родину получать образование, которое в Испании дается каждому крестьянскому парню, причем без отрыва от виноградника. Ему было двадцать пять, то есть он был несколько моложе Лены, собой он был сильно неказист, в Лену влюблен до поноса. Шутки никакой в этом не было, потому что всякий раз, когда они встречались в доме у Лениной приятельницы, его действительно одолевала желудочная слабость.

— Ну вот, — докуривая пачку, меланхолично объясняла Лена, — мигну глазом и выйду за него замуж. Через два года он закончит институт. Ну, через два с половиной поеду с ним в Испанию, а оттуда уж — раз! — и куда угодно. Энрике приедет и все уладит.

— А он тебя не убьет? Или один испанец другого? — трезво поинтересовался Шурик.

— Да нет, конечно. Мы с Энрике не романтики, мы маньяки. Нам просто надо увидеть друг друга. Поженимся, а может, через три дня разведемся. Я теперь уже ничего не понимаю. — Лицо ее злело, глаза темнели.

— Ну а как же этот, Альварес? — не удержался Шурик, увлеченный сюжетом.

— Да вот о чем я тебе и говорю, что на него мне наплевать с высокой горы. Я и сама понимаю, что нехорошо. Вроде обман. Но и не совсем — я спать с ним буду. Он ведь этого очень хочет, я же тебе говорю, он в меня влюблен до поноса. А мне, Шурик, если не с Энрике, то совершенно все равно с кем. Хочешь, с тобой?

— Да поздно уже, мне вставать скоро, Мурзика в школу везти, — честно ответил Шурик, и тогда Лена рассердилась:

— Подумаешь, дело большое! Я и сама могу ее в школу отвезти.

Шурик подумал, что судьба у него такая. В его комнате спала Мария. Бабушкина, где ему было постелено, была смежная с комнатой Веруси.

Лена сбросила окурки в помойное ведро, открыла форточку, вытерла чистый стол и пошла в ванную. Оглянулась, и Шурик понял, что его приглашают.

Лена давно не делала вид, как раньше, что перепутала. Открыла кран и, пока вода наполняла ванну, страшно бесстыдно разделась: медленными длинными движениями и улыбаясь совершенно не своей улыбкой... В остальном все было здорово, но совершенно обыкновенно. Вода, к слову сказать, была лишней, потому что когда ложились, то она переливалась через край, а когда стояли, то все равно хотелось лечь.

И в школу Марию отвел, как обычно, Шурик, потому что Лена спала крепким сном и он пожалел ее будить.

И теперь, если новый план Стовбы исполнится, еще полных три года, не считая, конечно, зимних, весенних и летних каникул, Шурику предстояло водить Марию в школу и, разумеется, забирать. Впрочем, иногда забирала сама Вера.

Нагрузка у Марии с каждым годом возрастала, были репетиции, концерты, ежегодные экзамены, к которым готовились с напряжением всех семейных сил. Ее африканский темперамент в сочетании с жестокой дрессурой тела выработали в ней могучий характер. Вера Александровна знала, что, даже если не получится из нее балерины, она не потеряется среди тысяч сверстниц и добьется в жизни всего, чего захочет. В училище Мария подавала большие надежды, ее знала сама Головкина и кивала снисходительно, когда в коридоре девочка замирала перед ней в книксене.

Утренний книксен делала Мария перед Верой, прежде чем поцеловать ее в щеку. И каждый раз Вера размякала.

Нет, неправа была мама: мальчики — одно, а девочки — совсем другое. Она как будто оправдывалась перед покойной матерью за то, что родного Шурика в его детстве меньше любила, чем чужую Марию...

52

Чем большую власть приобретала немощь над тучнеющим телом Валерии, тем сильнее она сопротивлялась и дух бойца возрастал в ней. Она уже несколько лет не покидала дома, и даже в пределах двадцати четырех квадратных метров — большая, прекрасная комната! — двигаться ей становилось все труднее. Ноги давно сдались, но, пока держали руки, она кое-как добиралась до отгороженной ширмами импровизированной уборной — кресла с вырезанным в сиденье отверстием и стоящим под ним ведром. Здесь же прижился фаянсовый умывальный кувшин и умывальная миска с синими потрескавшимися цветами — Валерия хранила благообразную пристойность дома.

С послеоперационного времени Валерия держала двух прислуг: утреннюю — Надюшу, пожилую женщину, бывшую дворничиху, приносившую простые продукты и помогавшую с туалетом, и вечернюю — Маргариту Алексеевну, медсестру, вызываемую по необходимости. Шурик благодаря ловкому дирижированию ни разу не встретился ни с одной из них: Валерии было важно, чтоб он считал ее самостоятельной... Но при этом ей хотелось, чтобы он все-таки нес ответственность, понимал, как она от него зависит...

А на самом деле и не так уж она от него зависела! Самостоятельность определяется исключительно деньгами, которые она зарабатывала, — уверилась Валерия и работала много, быстро и с удовольствием. В то время как Шурик расширял поле деятельности за счет освоения технического перевода, Валерия, умевшая с помощью телефонной трубки совершать чудеса общения с самыми разными людьми — от заведующей продовольственным магазином до секретаря редакции, — почти монополизировала женские журналы по части переводов с польского статей о моде, косметике и прочей дамской красоте жизни.

Широкая и безалаберная, потерявшая так или иначе почти все семейное наследство, она решительно поменяла свое отношение к деньгам: прежде она понимала их как эквивалент удовольствий, которые могла себе позволить, теперь — как гарантию независимости. И в первую очередь от Шурика. Он занимал огромное место в ее жизни, но, в сущности, не занимал, а заменял того идеального, воображаемого мужчину, которого она была достойна, но который в жизни ее не случился.

Талант переводчика, интуитивное умение выбрать точное слово и поставить его в правильное место, был лишь частью главного дарования Валерии — безошибочно размещать вокруг себя все элементы жизни: и людей, и предметы...

Ходить в обыкновенном смысле она не могла уже давно, но, опираясь на спинку подставленного кресла, на костыли, она подтягивалась на своих мощных руках и передвигалась, волоча за собой бесчувственные ноги, и преодолевала несколько метров до туалета. Наступил момент, когда ослабели руки, и она уже больше не могла оторвать от постели отяжелевшего тела, и тогда ей пришлось предпринять переустройство мира: она сделала полную перестановку. Руками Шурика, конечно.

Теперь она лежала в окружении трех столов: справа туалетный, с кремами и лаками, примочками и лекарствами, слева придвинутый вплотную к кровати письменный стол с пишущей машинкой, переводами, словарями, но также вязаньем, пасьянсными картами и телефоном, а на самой кровати, прямо над животом, располагался третий стол — легкий, складной, ею самой придуманный, сконструированный и выполненный на заказ смекалистым столяром. Возле туалетного столика стояла тем же столяром сработанная этажерка с дверками внизу, куда поместились унизительные предметы ежедневной необходимости.

В замкнутом комнатном существовании время делалось текучим и аморфным, день легко превращался в ночь, завтрак — в ужин, и Валерия старалась отбивать бесформенное время, как только возможно: принудительно-строгим режимом, телефонными звонками в заведенное время, радионовостями, телевизионными передачами — все по местам, по часам, по дням недели. И подруги были расставлены по дням недели. Впрочем, для Шурика было сделано исключение: он один мог забежать к ней помимо вторника в любое время дня и ночи...

За время долголетней болезни она не растеряла своих подруг, их даже прибавилось. Как, откуда брались? Подрастала дочка у приятельницы, и вот она уже забегала к Валерии с польским журналом — перевести про неизвестного в России Сальвадора Дали или про новый фасон юбки... Приходила обиженная жизнью маникюрша и оседала при доме подругой и почитательницей. К ней приходили за дружбой бывшие соученицы и сослуживцы, однопалатницы по больничным лежаниям, случайные попутчицы, подхваченные в те времена, когда она могла еще выезжать в санатории, и бывшие ее врачи, и давние любовники...

Легкие на ногу, подвижные и мускулистые женщины страдали от одиночества, а Валерия распределяла в записной книжечке визиты таким образом, чтоб один на другой не наползал... Для многих — мучительная тайна, а для Валерии — разгаданная загадка: надо всегда что-то предлагать, давать, дарить, в конце концов, обещать. Шоколадку, варежки, улыбку, печенье, комплимент, заколку, дружеское прикосновение.

Доброжелательность в ней была искренняя, неподдельная, но доля корысти здесь была подмешана, только вычислить ее было невозможно: она была с детства завоевательница людей, ей нравилось быть всеми любимой. Но с годами поняла, что это значит быть нужной. И она старалась, трудилась, выслушивала исповеди, ободряла, утешала, призывала к мужеству. И постоянно дарила подарки. В дальних глубинах души она торжествовала свое преимущество перед подругами: почти все они были одинокие либо матери-одиночки, а если уж состояли в браке, то непременно в тяжелом, безрадостном... А у Валерии был тайный козырь, которым она никогда не била наотмашь, а только изредка слегка его показывала — мельком, невзначай, полунамеком: Шурик.

Он приходил. Посетители отменялись. Из полумрака комнаты глядела с тахты густо накрашенная одутловатая женщина с синими, синим же подведенными, глазами, с густыми, всегда хорошо уложенными волосами, в последнем из оставшихся у нее кимоно табачного цвета с розово-лиловыми хризантемами. Густо пахло духами. Она улыбалась с подушек, подставляла щеку. Усаживала на тахту. Заваривала чай — густо. Откладывала в сторону, на рабочий стол, принесенные Шуриком переводы. Разворачивала копченую осетрину, нарезанную ловкой рукой продавщицы Елисеевского магазина, нюхала:

— Свежайшая!

— А я тебе знаешь еще чего принес? Угадай!

— Из сладкого или из соленого? — живо спрашивала она.

— Из соленого, — поддерживал игру Шурик.

— На какую букву? — продолжала она.

— На букву «М»...

— Миноги?

Он качал головой.

— Маслины?

И он доставал из портфеля еще один пергаментный сверток.

Во всем она была дисциплинированна, только аппетита к вкусной еде не могла преодолеть. В чем и каялась перед Господом. А за Шурика никогда не каялась. Только радовалась, что он здесь. И всегда во всей готовности. Стоит ей только маленькую подушечку положить рядом со своей, большой, и отвести уголок одеяла...

Она всегда была чистюля и любила не только чистоту, но и сам процесс — мытья ли, стирки, уборки. И конечно, ухода за своим телом: с удовольствием чистила ногти, подщипывала лишние волоски, накладывала на лицо маски — то огуречные, то молочные... Надо ли говорить, как тщательно она мылась перед приходом Шурика. Но какой-то запах, почти неуловимый, болезненный, скорее тоскливый, чем противный, исходил от покрытой швами половины тела, укрытой кружевными нижними юбками, которые она не снимала с тех пор, как слегла. И от этого запаха у Шурика сжималось что-то в душе, видно, то место, в котором гнездится жалость, и она разливалась, как желчь, и в нем уже ничего не оставалось, кроме этой жалости, и, пока он путался в нижних юбках, укрывающих холодные и неподвижные ноги Валерии, она проворно отыскивала на стене пупочку выключателя и гасила стеклянный тюльпан у себя над головой...

А далее все шло по-накатанному: до утра Шурик обычно не оставался, среди ночи собирался домой, к маме. Перед уходом, на последнем всплеске жалости и нежности, подкладывал под Валерию судно, обмывал ее, с навыком больничной няньки, из цветастого кувшина, промокал старым нежным полотенцем и уходил.

Валерия снимала с головы бархатный обруч или помявшийся бант, или заколку, расчесывала освобожденные волосы, брала с туалетного столика ручное зеркало, стирала с лица краску и тушь, и так уже полустершиеся, накладывала крем. Чтоб не стать смердящей кучей... За этот туалетный час настроение из счастливого и даже несколько воздушного опускалось до нижней точки. Она возвращала зеркало на место и с туалетного столика, не глядя, брала распятие слоновой кости, то самое, подаренное Беатой в детские еще годы. Прижимала его ко рту, ко лбу, закрывала глаза и удерживала пальцы на тонких кукольных ножках, пробитых гвоздем.

Это должен был быть большой гвоздь — чтобы пробить обе стопы. Не короче того штифта, что вбили ей в бедро, уничтожив, в конце концов, сустав.

«Как Тебе повезло, — в тысячный раз говорила она Ему, — ты с гвоздем трех часов не прожил! И все. А если бы гангрена или паралич, или ампутация, и потом еще тридцать лет лежать на гнилом тряпье... Думаешь, лучше? И девочки нет у меня... Прости меня... Ведь я Тебя простила. Оставь мне Шурика до смерти. Хорошо? Пожалуйста...»

Она все гладила тонкие костяные ножки Спасителя и засыпала, не выпуская из рук распятия.

53

Пока Мария возрастала в балетном искусстве, обозначалась в училище как будущая звезда, пока Вера, сидя на годовых и промежуточных выступлениях учениц и сжимая Шурикову руку, кормила надеждами свое когда-то похороненное и теперь воскресшее тщеславие, родители девочки боролись за свое воссоединение. Энрике совершил еще одну неудачную попытку прислать Лене фиктивного жениха, Лена совершила решительный шаг. Промурыжив два года сельскохозяйственного испанца, она вышла за него замуж. От Марии замужество матери пока держали в секрете. Но в конце концов срок учебы испанского мужа закончился, и, к большому горю Веры, Лена Стовба засобиралась. Вере почему-то казалось, что ей удастся уговорить Лену оставить Марию до тех пор, пока дела ее окончательно не решатся:

— Зачем травмировать ребенка? Неизвестно, сколько времени займет воссоединение с Энрике, к тому же ты не знаешь условий, куда везешь Марию. Сможет ли она там заниматься? Устроишься, определишься, приедешь за дочкой...

Но тут Стовба оказалась тверда как скала. Шурик, отец ребенка, дал разрешение на выезд. Альварес уехал вперед, Лена ждала последних бумажек для выезда. Были куплены билеты на самолет в Мадрид через Париж. Энрике собирался встретить их в аэропорту. Стовба сообщила Альваресу, что взяла билеты, но числа как будто перепутала — неделей позже. За эту неделю все должно было решиться, и теперь решать уже будет не она, а сам Энрике.

Марии сообщили об отъезде за два дня, и два дня она рыдала не переставая. Ей было почти двенадцать лет, и внешне она была совсем уже девушка, своих одноклассниц обогнала уже не на сколько-то там сантиметров, а на целую эпоху жизни: у нее начались менструации, выросла маленькая грудь с большими сосками.

Ее ожидала карьера, которая могла теперь рухнуть. Она не хотела расставаться с балетом. Она не хотела расставаться с Верусей. Она не хотела расставаться с Шуриком. Ко всему прочему, никто не говорил ей, куда именно они едут.

— Мы едем на встречу с папой, — говорила Лена.

Мария кивала и продолжала плакать. Накануне отъезда к вечеру у нее проявились все обычные признаки начинающейся болезни: она хныкала, сидела на стуле, сгорбившись, и терла покрасневшие глаза. Вера отправила ее в постель. Перед сном Мария позвала Шурика.

— Дай сладенького, — попросила она.

Это была их общая тайна последних двух лет: Мария имела природную склонность к полноте, и, несмотря на огромные траты энергии в классах, она все время сидела на диете, даже слегка голодала. Хлеба и сахара не было в ее рационе, и Вера тщательно следила за ее питанием. Но время от времени она просила Шурика «сорваться», и тогда они шли в кафе «Шоколадница», и Шурик покупал ей столько сладкого, сколько она могла съесть. Пирожные с кремом, взбитые сливки с шоколадным порошком, горячий шоколад, сладкий и густой, как глицерин. Она съедала сладости, выскребая блюдце и облизывая ложку или вилочку, целовала Шурика липкими губами. Потом садились в метро на Октябрьской площади, и она, сраженная сахарным ударом, всегда засыпала, привалившись к Шурикову плечу, и спала крепким сном, так что ему приходилось будить ее на «Белорусской».

— Дай сладенького, — попросила Мария, и он обрадовался, что в ящике его стола лежит плитка редкого шоколада, подаренная матерью ученика в честь какого-то праздника.

Он принес шоколад, распечатал плитку, отломил кусок.

— Покорми, — попросила Мария, и он положил ей в широко открытый рот шоколадный квадрат. Изнанка губ была воспаленно-розовой, контрастировала с темными губами. Она слегка цапнула Шурика за палец, сморщила лицо, заплакала.

— Не реви, — попросил он.

— Поцелуй меня. — Мария села в кровати, обхватила его за шею.

Он поцеловал ее в голову.

— Я тебя ненавижу, — сказала Мария, схватила плитку шоколада и швырнула ее от себя.

«Как хорошо, что они уезжают, а то бы она до меня в конце концов добралась...» Он давно уже знал, что Мария принадлежит к числу женщин, желающих получить от него любовный паек. Он провозился с ней много часов, учил языкам, гулял, возил в школу, и он любил девочку, но в глубине души знал, что, подрастая, она предъявит на него женские права, и теперь ее отъезд был для него не столько потерей милого и любимого существа, сколько избавлением от назревающей неприятности.

Вера сглатывала слезы и паковала в маленький чемоданчик четыре пары балетных туфель тридцать девятого размера, четыре купальника, хитон и сшитую в мастерских Большого театра пачку.

«Какая сильная женщина, добилась своего... — размышляла Вера. — Я никогда не смогла бы вот так...»

Восхищение смешано было с раздражением и горечью: она ничем не хочет пожертвовать для Марии... как я в свое время всем пожертвовала для Шурика...

Что-то сместилось в памяти, и она давно сжилась с мыслью, что она действительно пожертвовала ради сына артистической карьерой, а позорное отчисление из Таировской студии за профнепригодность вытеснилось как совершенно незначительное. Теперь она переживала, что не смогла убедить Лену оставить дочку еще на несколько лет, пока не укрепится ее дарование, не сформируется из нее новая Уланова.

Тяжелое предчувствие, что она никогда больше не увидит Мурзика, что закончилась счастливая полоса ее жизни, а дальше ожидает ее скучная и нетворческая старость, не давало ей заснуть. Еще было немного обидно, что Шурик, верный Шурик как будто не понимает, какая это потеря для нее: сколько сил, надежд, труда было вложено в ребенка, и теперь все может пропасть совершенно! Неизвестно где, с кем, в какой стране окажется девочка и сколько времени пройдет, прежде чем она снова встанет к станку! Катастрофа! Полная катастрофа! А Шурик — как ни в чем не бывало!

Вера долго ворочалась с боку на бок, потом встала, подошла к спящей Марии. Девочка лежала, свернувшись калачиком, но как будто сгорбившись, и сжатыми кулачками по-боксерски прикрывала рот и подбородок. Мария спала на месте Елизаветы Ивановны, а для Лены была поставлена здесь же раскладушка. Но Лены не было.

«Неужели? — изумилась Вера Александровна своей догадке... — Может, она просто еще не ложилась?»

Вера накинула халат и вышла в кухню — там горел свет, но никого не было. В ванной, в уборной тоже никого не было и тоже горел свет.

«Курят у Шурика», — решила Вера и, механически коснувшись выключателей, подошла к кухонному окну и обмерла: и природа, и погода давно уже покинули город, только на даче еще существовал дождь, ветер, суточное перемещение света и теней, но в эту минуту она поняла, что все это есть и в городе, и за окном происходила настоящая драма — шла мартовская оттепель, сильнейший ветер гнал быстрые прозрачные облака, и их движение шло от края до края неба, но особенно ясно это было заметно на фоне яркой, почти полной луны, и Вера почувствовала себя как в театре на грандиозном спектакле, полностью захватывающем остротой сюжета и красотой постановки... голые ветви деревьев, как отлаженный кордебалет, рвались то в одну сторону, то в другую, потому что низовой ветер завивался и махрился порывами, зато поверху он несся единым сплошным потоком, слева направо, в то время как луна медленно съезжала в противоположном направлении, и соседняя крыша с двумя омертвевшими трубами была единственной точкой покоя и опоры во всей движущейся и колышащейся картине...

«Боже, как это величественно», — подумала Вера Александровна и целиком отдалась переживанию, как это происходило с ней на хороших концертах и на лучших спектаклях. С тонким оттенком любования самой собой, способной к этому возвышенному переживанию...

Скрипнула дверь. Она обернулась: в темноте коридора мелькнула белизной стройная спина. Лена прошмыгнула к ванной комнате.

«Как... как это возможно?» — Потрясенная Вера прислонилась к подоконнику. Надо немедленно уйти, чтобы они не узнали, что она оказалась свидетельницей этого... этого...

Раздался звук льющейся воды... Вера прокралась по коридору к себе в комнату и, не снимая халата, легла в постель.

Ее тряс озноб.

Боже, как это безобразно... Значит, у них с Шуриком всегда были какие-то отношения? Но почему, почему она не осталась с нами ради Марии? Что это? Родительский эгоизм? Полная неспособность к жертве? Столько лет мечтать о встрече с любимым человеком, и вот так... Она силилась понять, но не могла. Любовь — трагическое и высокое чувство, и это шмыганье в коридоре... А Шурик, Шурик... Какой фиктивный брак, если... Ни одна мысль не додумывалась до конца, только обрывки возмущенного чувства, оскорбление, брезгливость, страх и горе потери клубились и завивались в душе... Заплакала она не сразу — только собравшись с силами. И плакала до утра.

В «Шереметьево» Вера не поехала. Простилась с Марией возле лифта. Напоследок Мария горячо прошептала на ухо Вере:

— Я тебе не сказала самого главного: я вырасту и приеду, а ты сделай так, чтоб Шурик не женился ни на ком, я сама на нем женюсь.

Шурик был доволен, что мама не едет в аэропорт:

— Конечно, Веруся, лучше оставайся дома. Для Марии еще одно прощание будет дополнительной травмой.

На самом деле от травмы он берег маму. И уберег: по пути в «Шереметьево» сломалось такси, шофер долго ковырялся в железных потрохах машины. Лена, проклиная свое невезение, вышла из машины и вытянула руку навстречу потоку машин. Ни одна сволочь не останавливалась. Все гибло. Десятилетием вынашиваемый план срывался из-за какой-то гнусной железки. Следом за матерью выскочила из машины Мария, запрыгала, замахала руками и закричала:

— И не поедем! И никуда не поедем!

Стовба побелела лицом и глазами, сбила с Марии шапку и стала яростно хлестать ее по лицу. Шурик, выйдя из столбняка, оттащил Марию к машине. Лена ринулась за ними. Ярость ее перекинулась на Шурика. Она трясла его за воротник и кричала:

— Бездарь! Тряпка! Маменькин сынок! Ну сделай же что-нибудь!

Мария висела на его правой руке, левой он вяло отражал нападение.

«Скорее бы кончился весь этот бред, как в плохом кино... Какое счастье, что мама не поехала... Кошмарная баба... Ведьма сумасшедшая... Бедный наш Мурзик...»

Остановилась потрепанная машина. Шофер такси подошел к водителю, перекинулись несколькими словами. Лена сообразила, что судьба над ней смилостивилась и на рейс они не опоздают. Шофер перекладывал чемоданы из багажника в багажник, Шурик вытирал Марии расквашенный нос.

За двадцать минут доехали до аэропорта. Без единого слова. Шурик выволок Стовбин чемодан. Мария несла свой маленький, собранный Верусей. Шурик время от времени подтирал Марии нос. Стовба шла впереди, не оглядываясь, с большой спортивной сумкой. Как хорошо, что никогда больше не надо будет ее утешать...

Шурик тащил огромный чемодан, в свободную руку вцепилась Мария. Посадка уже была объявлена, возле стойки остановились. Стовба разжала сведенные губы:

— Прости. Я сорвалась. Спасибо за все.

— Да ладно, — махнул рукой Шурик.

Мария прижалась губами к Шурикову уху:

— Скажи Верусе, что я еще приеду... И жди меня. Да?

Они ушли в проход. Мария долго оглядывалась и махала рукой.

Потом Шурик долго ехал в автобусе до аэровокзала. Настроение у него было самое поганое. Ему хотелось скорее домой, к маме. Он с удовольствием думал о том, что они будут опять вдвоем, что он не будет больше вставать в семь утра, тащиться с сонной Марией в троллейбусах и метро... Он чувствовал себя разбитым и невыспавшимся.

«Надо будет Верусю в санаторий отправить», — думал он, засыпая на заднем сиденье в набитом автобусе.

Мария и Лена Стовба летели в Париж. Всю дорогу они целовались.

Зимнее пальто Мария разрешила с себя снять, но шапку — ни в какую. Это зимнее пальто и шапку из черной цигейки, купленные в «Детском мире», Мария решится выбросить только через пять лет. Тогда же она напишет свое последнее письмо в Москву с сообщением о том, что ее приняли в нью-йоркскую балетную труппу. С тех пор следы Марии и ее родителей окончательно затеряются...

54

Отсутствие Марии имело стереоскопический эффект: оно углублялось упрятанным позади него отсутствием Елизаветы Ивановны. Точно так же, как десятилетием раньше Вера натыкалась на осиротевшие вещи матери, теперь она вынимала из укромных углов завалявшуюся заколку, головную повязку или старый носок Марии и тут же замечала, что мамин чернильный прибор (а на самом деле корновский, отцовский) из слоистого серого мрамора с почерневшими бронзовыми нашлепками все еще стоит на письменном столе, над которым прежде возвышалась крупная фигура матери, в воспоминаниях все более походившей на Екатерину Великую, а кресло, в котором Мария любила устраивать кукольное гнездо, прежде служило вместилищем большого тела Елизаветы Ивановны. Теперь уже не один, а два призрака населяли квартиру. Печальная и подавленная, Вера сидела в кресле перед выключенным телевизором, уставившись в экран пугающе-стоячим взглядом.

Шурик предвидел, что мама будет тяжело переживать отъезд Марии, но не ожидал такой катастрофической реакции. Она очень изменилась и в отношении к самому Шурику: избегала обычных вечерних чаепитий, не затевала привычных разговоров о Михаиле Чехове или Гордоне Крэге. Ни о чем не спрашивала, ничего не поручала. Наконец Шурик заподозрил, что перемена эта связана не только с потерей Марии, но есть и какая-то иная причина странного между ними охлаждения.

Причина действительно была: Вера все не могла избавиться от потрясения, связанного с подсмотренным ночным эпизодом. Она пыталась найти объяснение этому чудовищно непристойному поведению, но все более запутывалась: если Шурик любит Лену, то почему же она уехала... если Шурик ее не любит, почему она оказалась у него в комнате, голой... а если она его не любит, то почему она, накануне отъезда к любимому человеку... если она его, несмотря ни на что, любит, зачем они затеяли развод и лишили Марию великой будущности...

Шурик, после пятилетней школьной каторги вернувшийся к своему привычному рабочему режиму, вставал теперь как раз к тому времени, когда должен был забирать Марию из училища.

Он варил себе геркулес — пять минут после закипания, по рецепту бабушки, — когда вошла мама и села на свое обычное место. Сложила перед собой руки и сказала тихо, еле слышно:

— Ты все-таки должен мне все объяснить...

Шурик не сразу понял, каких именно объяснений ждет от него Вера. А когда понял, застыл над кашей со слегка вытаращенными глазами. С детства сохранилась у него эта привычка — таращить круглые глаза в минуты непонимания.

— Что объяснить?

— Мне непонятен характер твоих взаимоотношений с Леной. Я бы не задавала тебе этот вопрос, если бы не Мария. Скажи мне, ты любил Лену? — Вера смотрела на него строго и требовательно, и на ум ему пришло обкомовское семейство Стовбы. Он поежился — объяснить что-либо матери было трудно. Он и сам себе не смог бы ничего объяснить.

— Веруся, да какие такие особенные взаимоотношения? Никаких таких взаимоотношений не было. Ты Марию в доме поселила, а она, то есть Лена, и приезжала из-за нее. Я-то здесь ни при чем, — промямлил Шурик.

— Нет-нет, Шурик. Ты меня как будто не понимаешь. Я не так стара, и в моей жизни тоже было многое... Ты же знаешь, с твоим отцом нас связывало двадцать лет... — Она замялась, подыскивая правильное слово, и нашла его, правильное, но незамысловатое — двадцать лет любви...

— Мамочка, ну что ты сравниваешь? — изумился Шурик. — Ничего такого, даже похожего, не было у меня со Стовбой. Ты же помнишь всю историю. Тогда Аля Тогусова попросила, Ленка беременна была, этот Энрике... Ничего у меня с ней не было...

Вера в этот момент испытывала стыд за своего сына: он ей лгал. Она опустила взгляд в стол и сказала хмуро:

— Неправда, Шурик. Я знаю, что у вас были отношения...

— Да что ты, мамочка? О чем ты? Какие отношения? Это так, просто так, совсем ничего не значит.

О, бездна непонимания! Горечь разочарования! Стыд ошибки! Шурик, дорогой мальчик, близкий, созвучный, тонкий! Ты ли это? Вера взвилась:

— Как? Что ты говоришь, Шурик? Высшее таинство любви ничего не значит?

— Ну, Веруся, я совсем не про то, я совсем про другое... — заблеял Шурик, остро ощущая полную потерю лица... Чертова Стовба! И ведь он как чувствовал, уж так не хотелось... Но ее так колотило от предотъездного страха, что как еще было успокоить...

— Это ужасный цинизм, Шурик. Ужасный цинизм. — Вера смотрела поверх Шурика, поверх грубого материального мира, и лицо у нее было такое одухотворенное, такое красивое, что у Шурика просто дух перехватило: как это он мог ее так оскорбить своими дурацкими словами? И ведь всю жизнь он так старался, чтобы в их доме, вблизи Верочки, ничего такого не происходило... Такая непростительная глупость!

— Плотские отношения имеют свое оправдание в духовных, а иначе человек ничем не отличается от животного. Неужели ты этого не понимаешь, Шурик? — Она оперлась локтем о стол и обхватила пальцами подбородок.

— Понимаю, понимаю, мамочка, — заторопился Шурик. — Но и ты пойми, что духовные отношения, любовь и все такое — это же редкость, это не для всех, а обыкновенные люди, у них все практическое... Это не цинизм, а простая жизнь. Это ты человек необыкновенный, бабушка была необыкновенная, а другие по большей части живут практической жизнью и понятия не имеют о том, о чем ты говоришь...

— Ах, какой это лепет, — огорченно отозвалась Вера, но драматизм спал, и разговор приобретал удовлетворительное направление. Острота обиды смягчилась, возвращалось обычное равновесие...

В глубине души Вера считала себя человеком не совсем обыкновенным, и от Шурика получила подтверждение. Но ведь и Шурик был тоже не совсем обыкновенным, и она его обнадежила:

— Ты еще все поймешь. Встретишь настоящую любовь, и тогда поймешь...

Конфликт был почти исчерпан, у Веры осталась легкая тень разочарования в Шурике, но, с другой стороны, его слабости рождали снисхождение к нему и его бедному поколению, лишенному высоких понятий. Зато Шурик утроил рвение в трудах по благоустройству жизни мамы — купил новый телевизор, новый прекрасный проигрыватель и фен для волос. Он чувствовал, что с отъездом Марии какая-то особая энергия, сообщаемая маленькой мулаткой, ушла, и Вера погружается в меланхолию, ослабевает ее интерес к жизни: все чаще она пропускала премьеры, постепенно отказалась от театрального кружка. Ее покинуло вдохновение, и с отъезда Марии до конца учебного года, когда занятия студии прекращались на каникулы, она всего несколько раз заставила себя спуститься в подвал. В следующем сезоне занятия уже не возобновились, последнее общественное деяние покойного Мармелада, таким образом, увяло.

55

Настоящая любовь, которую Вера Александровна пророчила Шурику, просвистела мимо и попала не в Шурика, а в его друга Женю. Хотя, казалось бы, она его уже однажды посетила в виде Аллочки. Но рассчитывать в таком деле ни на высший смысл, ни на обыкновенную логику, ни тем более на справедливость не приходилось. Шурик давно уже заметил, что в крохотной двухкомнатной квартире Жени и Аллы, построенной усилиями двух небогатых семейств, стало как-то неуютно, слишком уж молчаливо и напряженно. Женя защитил диссертацию, допоздна сидел на работе с центрифугами и расчетами, поздно приходил домой и немедленно ложился спать, пренебрегая не только женой и дочерью, но и ужином. Жило молодое семейство в далеком районе Отрадное, без телефона, и все чаще Шурик, навещая их в субботне-воскресные вечера, заставал дома грустную Аллу с веселой Катей. И никакого Жени.

Женя сам внес ясность: позвонил Шурику, предложил встретиться в центре и за столиком обшарпанного кафе на Сретенке сообщил о настоящей любви, которая обрушилась на него прямо на рабочем месте. В несколько иной лексике, чем свойственна была Вере Александровне, он изложил Шурику приблизительно ту же идею, которую исповедала его мама: о высоком чувстве, основанном на духовной близости и общности интересов. Про духовную близость словами не расскажешь. Но что касается общности интересов, то она лежала в области лакокрасочного производства: избранница Жени была одновременно заведующей лаборатории и руководительницей его диссертации. Новая технология изготовления акриловых красителей убедительно доказала, что его первая настоящая любовь к Аллочке была недостаточно настоящей.

Шурик сочувственно слушал друга, но не совсем понимал существо предъявленной ему драмы: почему одна любовь должна препятствовать другой? Алла такая милая, заботливая, а маленькая Катя вообще прелесть... Ну появилась еще какая-то химичка, значит, надо так организовать жизнь, чтобы одно другому не мешало. Кому нужны эти мудовые рыдания?

— Ты понимаешь, Шурик, она даже не в моем вкусе, — развивал свою мысль Женя.

— Кто? — не понял Шурик. — В каком вкусе?

— Да я говорю, что Алла вообще не в моем вкусе. Мне всегда нравились девушки рослые, спортивные. Ну вроде Стовбы, а Алла со своей задницей и кудельками...

— Жень, да ты что? — изумился Шурик. — Ты о каком вкусе вообще?

— Ну, понимаешь, у каждого человека есть определенный секс-тип. Ну, кому-то нравятся полные блондинки или, наоборот, худые брюнетки. У нас в лаборатории есть один мужик, у него первая жена была бурятка, а вторая — кореянка. Его на восточных женщин тянет, — разъяснил Женя несложное построение.

Добродушный Шурик неожиданно обозлился:

— Жень! А не сошел ли ты с ума? Просто полную чушь несешь. Ты, когда в Алку влюбился, еще ни про какой секс-тип не слыхал, да? Влюбился, женился, родили ребенка. И вдруг здрасте, какой-то секс-тип объявился! Ну завел себе бабу и трахайся потихоньку, Алка-то чем виновата? Подумаешь, большое дело, переспал с одной, потом с другой. Аллу-то жалко, она переживает... Чем она виновата, что у тебя секс-тип обнаружился?

Женя только морщился и разочарованно качал головой:

— Ну ты, Шурик, просто совсем не понимаешь. Я с ней не то что спать, я с ней даже разговаривать не могу. Что ни скажет, все глупость. Просто пустое место. Ну не люблю я ее. Я люблю другую женщину. А с Алкой я все равно разведусь. Не буду я с ней жить. Я познакомлю тебя с Инной Васильевной, и ты все поймешь.

Женя разлил остатки вина по рюмкам. Выпил. Выпил и Шурик.

— Может, еще? — спросил Женя.

Вино закончилось, а разговор еще нет.

— Давай, — согласился Шурик.

Старый официант с кислым лицом принес еще бутылку саперави.

— Тебе хорошо, Шурик, у тебя любовниц дюжина, и ты никого не любишь. Тебе все равно. А я просто так не могу, — объяснил свою интересную особенность Женя.

Шурик опечалился:

— Вот и мама моя говорит, что я циничный. Наверное, я и вправду циничный. Только мне Аллочку твою жалко...

— Ну вот ты и жалей ее, — передернулся Женя. — Ей только того и надо, чтобы ее жалели. На лице — мировая скорбь, чуть что — в слезы... Ты понимаешь, Шурик, Инна Васильевна такой человек, которого пожалеть просто невозможно. Инна, она сама кого хочешь пожалеет.

Шурик посмотрел на Женю: он был худ, голубовато-бледен. Рыжие кудряшки надо лбом частично вытерлись, образовалась ворсистая залысина. На подбородке паслась стайка юношеских прыщиков, обычно высыпающих на местах порезов после бритья. Пиджак и галстук, которые он привык носить, придавали ему вид командированного из провинции в столицу мелкого чиновника. К тому же по голубому галстуку расплывалось красно-бурое пятно расплесканного саперави... Шурик хотел спросить: она и тебя пожалела? Но удержался... Женю ему тоже было жалко.

В следующий раз они встретились через два месяца, на пятилетии Кати. К этому времени Женя уже переехал от Аллы к своему секс-типу, и бумаги на развод были поданы. За раздвинутым столом сидели в полном комплекте Катины бабушки и дедушки, объединенные общим горем предстоящего развода, две Аллиных подруги и Шурик. Алла сновала от кухни к столу, а Женя, посидев с гостями минут пятнадцать, удалился и ковырялся в книгах.

Героиня дня была ошарашена горой подарков, которые на нее обрушились, и озабочена тем, как все одновременно удержать в руках. В конце концов Шурик снял с диванной подушки наволочку, собрал все игрушки в мешок, сунул Кате в руки, а саму Катю взвалил себе на плечи. Девочка визжала, дрыгала ногами и ни за что не хотела слезать на пол. Так Шурик и продержал ее у себя на шее до самого ухода ко сну. Потом Катя начала рыдать и требовать, чтобы Шурик укладывал ее спать, и он сидел с ней рядом в маленькой комнате.

Женя, забрав очередную порцию книг, ушел первым, постепенно разошлись и прочие родственники. Шурику несколько раз казалось, что Катя уснула, но всякий раз, когда он делал движение к выходу, Катя открывала глаза и твердо говорила: «Не уходи...»

Два раза заглядывала Аллочка. Она уже проводила своих подруг, вымыла посуду и переоделась — сняла туфли на шпильках и розовую кофточку и надела домашние тапочки и голубую майку. Когда Шурику удалось выскользнуть от уснувшей Кати, он попал в объятия ожидавшей его Аллочки. То есть поначалу никаких объятий не было, а были горькие жалобы и горячие просьбы объяснить, как могло произойти такое крушение жизни и что теперь ей делать. Шурик сочувственно молчал, но, кажется, от него ничего более и не требовалось. Просьбы сменялись жалобами, глаза наливались слезами, слезы высыхали и снова капали. Время уже подходило к часу, и это означало, что выбраться из этого отдаленного ото всего на свете места до утра будет невозможно, потому что автобусы уже отъездились, а поймать такси шансов было столько же, сколько схватить в здешних новостройках Жар-птицу.

Аллочка тем временем плакала все горше и перемещалась все ближе, пока не оказалась-таки в дружеских объятиях Шурика. Монолог ее не прекращался, и Шурик все не мог взять в толк, каких именно действий ждет от него заплаканная женщина. Торопиться уже не было никакого смысла, и он целомудренно поглаживал пружинистый взбитый пучок, предоставив Аллочке сделать внятное волеизъявление. Она еще минут двадцать жаловалась, но как-то все более сумбурно и в конце концов расстегнула вторую сверху пуговицу Шуриковой рубашки. У нее были горячие маленькие руки с яркими прикосновениями, большой рот, полный сладкой слюны, и тонкая, как горло кувшина, талия... Шурик давно уже знал, что у каждой женщины есть вот такие особые черты... Аллочка, как выяснилось, обладала еще одной совершенно уникальной особенностью: ни на минуту она не прервала монолога, начатого еще вечером. Об этом Шурик подумал, когда рано утром выходил из Аллочкиного подъезда...

«Милая девочка, — думал Шурик, ожидая автобуса, — напрасно Женька ее бросил. И Катька такая славная. Надо будет к ним хоть изредка заезжать...»

56

У Валерии, как в свое время у Елизаветы Ивановны, была заветная записная книжечка, в которой собрались нужные на все случаи жизни люди. Книжечка любила сама собой распахиваться на букве «В» — врачи. Исписано там было несколько страниц. Главным в последнее время оказался кардиолог Геннадий Иванович Трофимов, зацепленный в знакомство лет двадцать тому назад, когда сердце Валерии работало на полную мощь. Геннадий Иванович заходил в гости раз-два в год, на большие Валериины праздники — католическое Рождество с огромной индейкой, выбираемой под размер духовки, и в день рождения Валерии, который она справляла исключительно сладко — пекла торты со взбитыми кремами и свежими фруктами. Пока на ногах держалась.

От индейки она до последнего времени не отказывалась — Шурик под ее руководством запихивал в нее пряный фарш и шесть часов бегал из комнаты в кухню, прокалывая, прикрывая и открывая указанные ему части индейкиного тела. А торты Валерия стала заказывать в ресторанах: после долгих переговоров с администраторами и поварами ей привозили шедевр, и гости каждый раз удивлялись, как это ей, не выходя из дома, удается достичь таких исключительных результатов.

Геннадий Иванович как раз не относился к поклонникам ресторанных изделий и, хотя был сладкоежкой и непременно съедал все предлагаемые образцы, каждый раз напоминал о тех незабвенных тортах, которые пекла Валерия собственноручно.

В последний день рождения Геннадий Иванович пришел поздно, тортов даже не попробовал, пересидел всех гостей, а когда гости ушли, велел Валерии раздеться и внимательно ее выслушал. Щупал руки, ноги, хмурил лоб. Через два дня пришел с чемоданчиком-кардиографом, долго рассматривал голубоватые ленты, выплюнутые железной машиной, и сказал Валерии, что положит ее недели на три к себе в отделение, потому что сердце ее работает в тяжелых условиях и надо его немного поддержать.

Валерия, полдетства пролежавшая в больницах, испытавшая тяжелое потрясение от последней операции, наотрез отказалась. Геннадий Иванович настаивал. Больница, в которой он работал, была даже не старая, а старинная, с торжественными лестницами, огромной высоты потолками и палатами на двадцать человек. Геннадий Иванович обещал поместить Валерию в отдельную палату и приставить к ней индивидуальный пост.

— У меня в этой палате Святослав Рихтер лежал, и Аркадий Райкин лежал, а ты капризничаешь!

Валерия согласилась: предложение было, вообще говоря, роскошным, а она роскошь любила. К тому же Рихтер с Райкиным ведь не лыком шиты, в плохое место не пойдут...

Собиралась Валерия в больницу полных три дня, как в давние времена на курорт: домработница Надюша снесла в срочную чистку кимоно, отбелила шерстяные носочки, постирала и натянула на раму тонкую дырчатую шаль. В одну коробочку собрала Валерия косметику, в другую — лекарства, книги Шурик разложил стопочками в соответствии со списком, который Валерия долго и вдумчиво составляла. Шурику пришлось даже съездить в Библиотеку иностранной литературы и взять там американские детективы на польском языке и какие-то довоенные польские стихи, которые Валерия еще в юности задумала переводить.

Шурик в эти же дни пытался с помощью наемной силы починить «запорожец», который уже два года мирно ржавел во дворе, но достиг малоудовлетворительного результата: машина заводилась, фырчала, но с места не двигалась...

В очередной понедельник Шурик снес и погрузил в такси сначала две коробки нужных для комфорта и роскоши вещей, а потом и саму Валерию.

В приемном покое ее ждали, сразу посадили в кресло и повезли в отделение, Шурик в казенных тапочках, спадающих с ног, шел с коробками позади. Все правила были так явно и даже демонстративно нарушены, что сестрички шептались: кто это? Чья-то жена или мать? Ответить на этот вопрос никто не мог: известно было, что звонил сам Трофимов и просил без формальностей...

Валерия устроилась на высокой кровати, развернув ее так, чтобы лежать лицом к окну: за окном просыпался после зимы старый усадебный сад.

— Смотри, Шурик, какой вид из окна. Я отсюда и уходить не захочу...

Шурик переставил тумбочку Валерии под правую руку, поставил две коробочки, чтобы она могла разобрать свои пузырьки и баночки, поцеловал ее в щеку и обещал приехать к вечеру. Постоянный пропуск ему выдали сразу же — имя Трофимова само по себе действовало не хуже пропуска.

— И пожалуйста, ничего не таскай, пока я не попрошу, — крикнула Валерия Шурику вслед. Он обернулся:

— Может, соку или минералки?

— Ну хорошо, минералки, — согласилась Валерия.

По понедельникам в отделении проводили конференцию, не менее полутора часов шел обход, так что только после двенадцати открылась дверь и палата заполнилась множеством белых халатов. Часть врачей осталась в коридоре.

— Вот, коллеги, Валерия Адамовна, моя старинная приятельница. Валерия Адамовна, познакомьтесь, моя коллега Татьяна Евгеньевна Колобова, мы двадцать пять лет работаем вместе. Она ваш палатный врач... Так, ну, анализы, обследование полное... это все мы проведем, а потом будем решать, чем мы можем помочь... — Геннадий Иванович говорил важным голосом, а под конец склонился к Валерии и подмигнул ей. И тоска, которая вдруг навалилась на нее от этой медицинской казенщины, сразу развеялась, и Татьяна Евгеньевна со второго взгляда показалась славной, хотя с первого — хорек хорьком...

В коридоре врачи скучковались, но обсуждать пока что было нечего. Татьяна Евгеньевна записала себе про капельницу. Геннадий Иванович махнул рукой, и все двинулись за ним в следующую палату...

А вокруг Валерии сразу же забила ключом больничная жизнь: пришла из лаборатории девушка, взяла у нее кровь из пальца и из вены, оставила бутылочку для мочи. Потом повезли на кресле в рентгеновский кабинет, сделали снимки тазобедренных суставов, смотрели все органы, куда только могли достать, и Валерии было очень приятно это врачебное внимание. В руках у нее была косметичка, а в ней заграничные шоколадки и подарочная косметика, и она дарила эти мелочи врачам и сестрам, и все искренне радовались и улыбались, а она хвалила себя, что заранее запасла целую кучу сувениров и теперь выглядит как человек, а не как бедная родственница. К тому же произошла приятная неожиданность: на одном из кабинетов было написано «И. М. Миронайте», и действительно, эта самая врач оказалась родом из Вильно и даже состояла в отдаленном родстве с покойной Беатой, и они тут же уговорились, что Инга Михайловна Миронайте зайдет к ней в палату и они обменяются воспоминаниями давних лет... Все здесь, в больнице, складывалось удачно, все были приветливы и внимательны...

Ужин принесли в палату: жареная рыба и картофельное пюре. Рыбу Валерия съела, пюре не стала. Чай был никудышный, и она решила дождаться Шурика, он бы вскипятил воду кипятильником, заварил хороший чай со слонами...

Вскоре пришла медсестра Нонна, тоже милая девушка, с красиво уложенными волосами, и Валерия сразу решила, что подарит ей замечательную французскую заколку для волос. Нонна принесла штатив — ставить капельницу. Она была опытная сестра, ловко попала в вену, открыла вентиль и вышла, сказав, что скоро вернется. Капли редко падали вниз, и Валерия сначала их считала, потом задремала. Шурик обещал прийти к восьми и должен был вот-вот появиться. Задержала его минеральная вода — Валерия пила только боржоми, но на «Белорусской» в магазинах воды не было, и пришлось ехать в центр. В четверть девятого он с двумя бутылками боржоми поднимался по парадной больничной лестнице, прыгая через ступени. Он добежал до палаты...

В это мгновение Валерия очнулась от приятного полусна, распахнула глаза и произнесла в недоумении:

— Ой, я куда-то уплываю...

Шурик открыл дверь именно в этот момент, и ему показалось, что Валерия ему что-то говорит.

— Привет, Лерик! — бодро произнес Шурик, но Валерия ему ничего не ответила. Она смотрела в его сторону расширенными глазами, а малиново-розовые губы сложены были небольшой буквой «О».

Он так никогда и не узнал, видела она его в последнюю свою минуту или увидела что-то иное, гораздо более удивительное...

57

Откуда-то появились трое литовцев — две безвозрастные, но по-деревенски румяные женщины и розовый тонкокожий старичок с пластмассовыми зубами.

Пришли, когда Шурик сидел один в комнате Валерии, через двое суток после ее смерти, тупо смотрел на ее прикроватный столик, уставленный флакончиками разноцветного лака и тюбиками с кремами, и ждал подругу Валерии Соню по прозвищу Чингисхан, чтобы найти один документ, без которого похороны стали бы еще более сложными: это была бумага из кладбищенской конторы на владение могильным участком, где похоронен был отец Валерии.

И вот вместо ожидаемой Сони пришли незнакомые трое, почти иностранцы, потому что по-русски говорил только старичок, и он назвал свое имя тихо и неразборчиво, потом указал на женщин: это Филомена и Иоанна.

— Вы друг Валерии, она мне про вас говорила, — сказал старичок, подсасывая слабо посаженные зубы. И тогда Шурик догадался, что старичок этот — католический священник, к которому Валерия когда-то ездила в Литву, в лесные глубинные края, где он поселился после десяти лет лагерей.

«Доменик», — вспомнил Шурик имя патера. Сидел как литовский националист. И еще Валерия говорила, что он очень образованный человек, учился в Ватикане, потом еще миссионерствовал где-то на Востоке, чуть ли не в Индокитае, говорит по-китайски и по-малайски, в Литву же вернулся незадолго до войны...

— Проходите, пожалуйста... Как же вы узнали?

Он улыбнулся:

— Самое трудное — последние двенадцать километров, пешком до хутора. Позвонить из Москвы в Вильнюс — всего три минуты. Одна наша литовка позвонила. Те звонили в Шяуляй и так дале...

Говорил он медленно, подыскивая слова, и тем временем снял крестьянскую тужурку, вязаную кофту, помог раздеться спутницам, открыл саквояж и вынул из него что-то белое в целлофановом пакете. Он двигался очень осознанно и устремленно, Шурик — замедленно и растерянно.

— Мы приехали для прощания. Эта дверь имеет замок, да? Мы будем служить мессу для прощания с Валерией. Да?

— А можно прямо дома? — удивился Шурик.

— Можно везде. В тюрьме, в камере, на лесоповале можно. В красном уголке с Лениным один раз было можно. — И он засмеялся и поднял вверх ладони, и посмотрел в потолок. — Что нам мешает?

Снова зачирикал звонок, проведенный когда-то Шуриком прямо в комнату.

— Это подруга Валерии, — предупредил Шурик и пошел открывать.

Литовки, которые все молчали, что-то зашептали патеру, но он сделал неопределенный жест, и они замолчали. Вошли Шурик с Соней.

— Это Соня, подруга Валерии. Доменик... — Шурик замялся... — Как правильно сказать — отец Доменик?

— Лучше сказать «брат». Брат Доменик... — Улыбался он хорошо, очень по-дружески.

— Так вы Валерии брат? — обрадовалась Соня.

— В каком-то смысле — да.

Литовки смотрели исключительно в пол, но если от пола и отрывали глаза, то друг на друга. Шурик вдруг почувствовал, что эти трое существуют как один организм, понимают друг друга, как одна нога понимает другую при беге или при прыжке...

— Валерия была наша сестра, скажем так, и мы приехали с ней попрощаться, служить здесь мессу. Вас это не пугает? Вы можете не быть тут, а можете быть. Как вы хотите. Но я прошу вас только не говорить другим людям.

— Можно я побуду? Если вам не помешает... только я не католичка, я русская... — Соня даже вспотела от волнения.

— Не вижу препятствия, — кивнул патер и снова полез в саквояж.

— Давайте я чай сначала сделаю. Еда есть всякая... У Валерии всегда полный холодильник... — предложил Шурик.

— Потом будем есть. Сначала сделаем мессу. — И он вынул из пакета белый халат с капюшоном, подпоясался тонкой веревочкой и надел на шею узкую золотистую тряпочку. Это было облачение доминиканца — хабит и стола. Женщины надели на головы какие-то чепчики с белыми отворотами. И в одно мгновение из простых, крестьянского вида людей превратились в особенных, значительных, и акцент их обозначал уже не то, что они приехали из провинциальной Литвы, а, напротив, из какого-то небесного мира, и по-русски они говорят как будто сверху вниз, снисходя к здешней бедности...

— Вот эта тумбочка нам годится. Снимите с нее все. — Шурик заторопился снять все Валериины игрушки, переложил на подоконник. Патер бросил быстрый взгляд, из-за кучки флаконов извлек костяное распятие, взял в руку, поднес к окну: оно имело странный розовый оттенок, и особенно розовели ноги Спасителя. Он не догадался, что от губной помады...

Задернули шторы, заперли дверь и зажгли свечи. На тумбочке лежало распятие, стояла чаша и стеклянное блюдечко.

— Salvator mundi, salva nos! — произнес брат Доменик, и это был не литовский язык, служить на котором уже лет десять как было разрешено. Это была латынь — Шурик сразу узнал ее мощные корни, но пока он радовался легкому узнаванию со странным чувством, что надо только чуть-чуть напрячься, и все слова до последнего откроют свой смысл, раздалось тихое пение — не женское и не мужское, а определенно ангельское. Розовощекие, в чепчиках и длинных юбках, из-под подолов которых выглядывали толстые ноги в грубых башмаках, пожилые некрасивые женщины запели:

— Libere me Domini de morte efernae...

Смысл слов действительно открылся — Господь освобождал от смерти. Непонятно было, как именно он освобождал, но Шурик яснейшим образом понял, что смерть существует только для живых, а для мертвых, перешагнувших этот порог, ее уже нет. И нет страдания, нет болезни, нет увечья. И где бы ни пребывала сейчас та сердцевинная часть Валерии — радостная и легкая, — она движется без костылей, скорее всего, танцует на тонких ногах — ни швов, ни отеков, а может, летает или плавает, и хорошо бы, чтоб так оно и было. И в это можно было бы и не верить — да Шурик никогда вообще и не думал о том, что происходит потом, после смерти, — но тихое пение двух пожилых литовок и небольшой баритон румяного старика с плохо сделанной вставной челюстью убеждали Шурика, что если есть это пение и полные нечитаемого смысла латинские слова, то и Валерия освободилась от костылей, железных гвоздей в костях, грубых швов и всего отяжелевшего дряблого тела, которого она стеснялась последние годы...

Забившись в угол, между диваном и шкафом, тихо лила слезы подруга Соня.

На следующий день были похороны. Прощание состоялось в морге Яузской больницы. Пришло не меньше сотни человек, но женщин гораздо больше было в этой толпе, чем мужчин. Было также множество цветов — ранних весенних цветов, белых и лиловых первоцветов, кто-то принес целую корзину гиацинтов. Когда Шурик подошел к гробу, то за кудрявой цветочной горкой он увидел покойницу. Кто-то из подруг позаботился о красоте ее мертвого лица, она была старательно накрашена: длинные синие стрелы ресниц и голубые тени на веках, как она любила при жизни, губы лоснились от слоя неутепленной дыханием помады... То маленькое «О», которое лежало на ее губах печатью последней минуты, когда Шурик входил в ее палату четыре дня тому назад, куда-то исчезло, и то, что было в гробу, если не считать живой блестящей челки, покрывавшей лоб, было художественной куклой, обладавшей большим сходством с Валерией, и ничего больше. Он постоял немного, потом коснулся челки, и через живость волос ощутил холод того временно-небытийного материала, в который обратилась Валерия в этом кратком промежутке между только что живым и уже мертвым.

Хорошо, что приехал брат Доменик, потому что именно поминальная месса оказалась действительной точкой расставания, а не эти прочувствованные заплаканные слова, произносимые женщинами над кучей цветов, покрывающих гроб.

Шурик не руководил процессом похорон: в больнице все организовал сокрушенный Геннадий Иванович — вскрытие было произведено гуманным образом, трепанации черепа не делали, только удостоверились, что произошла эмболия легочной артерии... Никто в этом не был виноват, кроме разве что Господа Бога, знавшего про ее жизнь, как видно, больше, чем она сама.

По распоряжению Геннадия Ивановича в морг впустили подруг, которые надели на нее белую блузку, сшитые на заказ ненадеванные бежевые туфли, предварительно разрезав их на подъеме, накрасили, как считали нужным, и уложили вокруг головы шелковую белую шаль. Руки же ее, большие и желтоватые, лежали поверх белого шелка, и сверкали безукоризненным лаком ногти...

Подруги также заказали автобусы и машины и договорились на Ваганьковском кладбище, чтобы захоронить гроб в отцовскую могилу, и даже заказали в мастерских временный крест, и все закупили для поминок, всего наготовили...

Шурик, хотя и знал некоторых подруг Валерии, держался брата Доменика и сестер, которые при свете солнца выглядели еще более деревенскими и еще более, чем прежде, поражали Шурика: теперь-то он знал, что были они посланниками и свидетелями из иного мира, и смешно было думать, что этот иной мир как-то пересекается с заброшенным хутором в заброшенном же литовском лесу.

Эти лесные жители не все смотрели в землю, пару раз взглянули на Шурика, и Доменик шепнул ему:

— Иоанна говорит, что ты можешь приехать, если хочешь.

Шурик понял, что ему оказывают честь и что на самом деле не Иоанна, а сам Доменик его приглашает, но об отъезде из Москвы и речи быть не могло:

— Спасибо. Только я теперь никуда не езжу. Раньше Валерию не мог оставить, а теперь маму надо стеречь...

— Это хорошо, хорошо, — улыбнулся старик, хотя ничего хорошего, собственно, в том не было, что Шурик уже много лет был как на привязи...

От ворот кладбища гроб несли на руках — шестерых мужчин еле набрали среди провожающих: Шурик, сосед-милиционер, два непутевых мужа подруг и два давних Валерииных любовника. Брату Доменику и одному пожилому человеку, бывшему сослуживцу, отказали ввиду их преклонного возраста. Отказали и предлагавшим услуги местным алкоголикам, которые с готовностью хватались за гроб.

Могила была уже вырыта, все подготовлено, даже дорожка песком посыпана. Мелкий дождь, который моросил со вчерашнего дня, вдруг осветился пробившим пелену солнцем и словно высох в одно мгновение. Угасшие цветы засияли дождевыми каплями. Опустили гроб, бросили по горсти земли. Кладбищенские мужики быстро замахали заступами, закидали могилу желтой землей, сделали жидкую земляную горку. Вкопали временный крест, на котором уже было написано «Валерия Конецкая». И тут же подруги облепили могилу, выкладывая цветы наподобие ковра, и сделали быстро и красиво, так что и сама Валерия лучше бы не сделала, — бело-лиловые первоцветы и завитые гиацинты с редкими красными глазками гвоздик. И могила превратилась в округлую клумбу, и все, что видел глаз, было округло: женские фигуры, согнувшиеся спины, мягко отвисающие груди, промытые слезами лица и головы в платках, беретах, в спадающих шарфах. И даже куст неизвестной породы с мелкими, еще не определившимися листьями на плавно изогнутых ветвях был женственным...

И Шурик увидел как наяву то маленькое «О», которое печатью последнего вдоха-выдоха лежало на губах Валерии, и подумал, что в смерти есть женственность, и само слово «смерть» и по-русски, и по-французски женского рода... надо посмотреть, как в латинском... а по-немецки “der Tod” — мужского, и это странно... Нет, нисколько не странно, у них там смерть воинственная, в бою — копья, стрелы, грубые раны, рваное мясо... Валгалла... Но правильно вот так — мягко и плавно... Валерия... Бедная Валерия...

Как только закончили с устройством могильной красоты, снова пошел дождь, и все раскрыли зонты, и раздался водяной шорох — звук капель, падающих о шелк зонтов, о головы, волосы, плечи и листья... и картина сделалась совсем уж нереальной. И брат Доменик, к которому жался Шурик, сказал ему прямо в ухо, привстав немного на цыпочки:

— Ничего нельзя поделать, но оно так: место женщины около смерти... женское место...

«Точно... немного двусмысленно... нет, многосмысленно», — согласился про себя Шурик.

Литовцы уже торопились к поезду, и Шурик поехал провожать их на Белорусский вокзал. Усадил их в поезд, забежал домой посидеть немного с Верусей — она с утра хотела пойти на похороны: знакома с Валерией лично она не была, но изредка разговаривала с ней по телефону...

Но Шурик твердо отказал:

— Нет, Веруся, не надо... Ты расстроишься...

Она как будто немного обиделась... Или нет?

Шурик выпил с ней чаю, потом спустился в булочную, купил печенье «курабье», которого как раз Вере захотелось, отнес домой и приехал на поминки, когда скорбная часть уже заканчивалась, и женщины, выпившие первые три рюмки, перебивая друг друга, рассказывали свои истории о Валерии — о ее доброте и веселости, о надежности и легкомыслии. Мест на всех не хватало: все стулья, кресла, кушетки и пуфики были заняты, с десяток женщин стояли у двери, в проходе между большим раздвинутым столом и шкафом. На тумбочке, откуда отец Доменик велел убрать разноцветные флакончики, где накануне он освящал вино и прозрачный католический хлеб, поставили закусочную тарелку в незабудках и рюмку водки, накрытую хлебом...

Совсем недавно многие из них праздновали здесь пятидесятилетие Валерии, и огромный букет из сухих роз, искусно высушенных головками вниз, в темноте, чтоб цветы не выгорали, стоял, как новенький, в треснутой вазе, годной как раз только для сухих цветов... Шурик тоже топтался в проходе, а у двери стоял сосед-милиционер и делал малопонятные Шурику знаки: то ли выпить ему, то ли закурить... Поднесли тарелку с закусочной едой, и это была чужой рукой приготовленная еда, некрасиво порезанная, слишком жирная и соленая. Шурик выпил, и еще... А потом к нему стали подходить одна за другой женщины, некоторые слегка знакомые, но по большей части первый раз увиденные, со слезой в глазу, уже размягченные алкоголем и всеобщей нежностью, чтобы выпить с ним лично в память Валерии, и каждая из них давала понять, что знает о его тайном месте в жизни Валерии, и некоторые даже переходили грань приличия в своих соболезнованиях. В особенности Соня-Чингисхан. Она была пьяна сильно и вызывающе и, выпив с Шуриком очередную поминальную рюмку, шепнула:

— А все равно ты во всем виноват. Если бы не ты, до сих пор бы порхала Валерочка...

Шурик внимательно посмотрел на Соньку: сросшиеся над переносицей восточные брови, маленький курносый нос... Что она знает о Валерии и о нем?

Она наклонилась к Шурику, провела рукой по его щеке, скользнула размазанным поцелуем по лбу, пожалела:

— Бедный, бедный...

Все эти разномастные женщины, несмотря на совершенно теневое присутствие Шурика в доме, его знали, и он мог только догадываться, что именно они знали о нем... Он ловил на себе их взгляды, а если они переговаривались, ему казалось: о нем. Он чувствовал себя более чем неуютно и решил тихонько продвигаться к выходу. С полдороги сосед потянул его за рукав:

— Я тебя зову, зову... Слышь, завтра утром опечатывать придут.

— Чего опечатывать? — не понял Шурик.

— Чего, чего? Да все! Комната государству отходит, понял? Наследников нет, все опечатают, понял? Я тебе по дружбе говорю: если чего надо из барахла там взять, сегодня возьми.

Он засмеялся — губы у него немного выворачивались наизнанку, показывалась розовая слизистая и редкие зубы...

«Словари, — сообразил Шурик. — Здесь и моих словарей целая куча, и все славянские... И библиотека...»

И тут он вспомнил, что, когда искали справку на кладбищенский участок, нашли и завещание, где Валерия расписала на пяти страницах, кому из подруг что — от серебряных чайничков до вязаных носочков...

— Она завещание оставила... на все... Там подругам все расписано...

— Ты дурной, ей-богу, совсем дурной! Комнату эту я лично получу, мне уже обещали через милицию. Мать к нам пропишу, и мне ее дадут, а барахло ее вообще никого не интересует. Ты че, не понимаешь? Спишут. Или через суд... А завтра придут опечатывать...

Шурик бросил взгляд на книжные полки. Иностранная библиотека была прекрасная: в двух минутах отсюда, на улице Качалова, был чуть ли не единственный в Москве букинистический магазин иностранных книг, и Валерия многие годы, проходя мимо, покупала за гроши чудесные книги по естествознанию, географии, медицине, с бесценными гравюрами.

Шурик остался, чтобы после ухода гостей собрать словари.

К десяти вечера все разошлись — остались только домработница Надя и спящая на кушетке пьяная Соня. Пока Надя мыла и перетирала фарфор и хрусталь, Шурик снял с полки свои словари. Решил, что и славянские заберет — кому они нужны? Тем более что большей частью были польско-немецкие, сильно устаревшие, принадлежавшие отцу Валерии. Еще взял естественную историю с раскрашенными гравюрами восемнадцатого века. Причудливые кашалоты и лемуры, муравьеды и питоны, нарисованные художником, который едва ли видел этих диковинных зверей. Как если бы это были единороги или херувимы... Жаль было оставлять здесь драгоценные книги...

Теперь, когда Валерии больше не было в этой комнате, Шурик вдруг ощутил, как много здесь вещей с оттенком специальной бюргерской безвкусицы: розы, амуры, кошки, фальшивая танагрская миниатюра. Это был стиль покойной Беаты, и он каким-то образом шел и Валерии, но теперь, в ее отсутствие, Шурику эта перегруженная мебелью и множеством ненужных и лишенных смысла вещей комната показалась очень неприятной, захотелось поскорее уйти на воздух из этой пошлятины и пыли... Только было жаль, что книги пропадут.

«Но все-таки хорошо, что мне никогда не надо будет сюда возвращаться, — подумал Шурик и осекся... — Бедная Валерия... Милая Валерия... Мужественная Валерия...»

«Виноват, виноват, — сокрушался Шурик. — И тогда, накануне отъезда в больницу, она ведь хотела, чтобы я остался, а я не мог... мама принимала своих подруг и просила купить чего-то к столу и прийти пораньше. И не лег под отогнутый угол одеяла, и она была огорчена, хотя ничего не сказала... Но понимал же, что она огорчилась... Времени не было...» И тень вины висела над ним. Виноват, виноват...

Ушла с нагруженной вазочками и кошками сумкой домработница Надя. Доброе отношение к ней Валерии материализовалось в фарфоре.

— Ведь сколько лет за ней ходила. — Еле оторвав сумку от пола, волокла она к двери копенгагенские фигурки и их русские имитации, дулевские вазочки и вазочки Галле, настенные тарелочки в технике «бисквит» и юного пионера с немецкой овчаркой... Через двадцать лет остатки этого добра спустит ее пропадающий от героина внук и умрет с последней продажи.

Теперь Шурику оставалось растолкать спящую Соню, вывести ее из комнаты и запереть дверь — у кого еще были ключи, он не знал.

Соня лежала на боку, закрыв руками лицо, и во сне постанывала. Шурик окликнул ее, она не реагировала. Минут пятнадцать он ее теребил, пытался приподнять, поставить на ноги, но стоять она не могла, висла на Шурике, ругалась, не прерывая сна, и даже слегка отбивалась. Шурик устал и давно хотел домой. Позвонил Вере, сказал, что попал в затруднительное положение, спит пьяная женщина, и он не может ее оставить... Он ходил по комнате, замечал, что все немного не так и не там стоит, не как заведено, переставлял стул, тумбочку, потом бросал это глупейшее дело: уже не было того человека, для которого было «не так»... К тому же завтра комнату опечатают, и она будет стоять месяц или сколько-то времени, и это завещание, о котором все подруги знают, что написано, какая чашка кому... Как они смогут получить все это? Надо было бы сегодня, но невозможно было сразу после похорон разорять хозяйство...

И напрасно он разрешил Наде взять все, что ей хочется. Наверняка какие-нибудь вазочки, унесенные Надей, предназначались кому-то другому...

Потом Соня, которой он все не мог добудиться, вдруг сама вскочила и закричала:

— Помогите! Помогите! Они хотят нас покрасить!

Что-то ей привиделось в ее алкогольном сне, но Шурик обрадовался, что она встала на ноги, принес ей плащ и сказал:

— Быстро уходим! А то действительно покрасят!

Он напялил на нее плащ, подвел ее к лифту и вернулся за двумя сумками, полными книг. Теперь надо было взять такси и отвезти Соню домой.

— Где ты живешь? — спросил Шурик.

— А зачем тебе знать? — подозрительно прищурилась Соня. Своим лицом она не владела, и выражение лица ее плыло, меняясь неуправляемо и несуразно, как у новорожденного младенца: одновременно рот ее растягивался и ехал набок, глаза круглились, лоб морщился.

— Я тебя домой отвезу, — объяснил Шурик.

— Ну хорошо, — согласилась она. — Только им не говори.

Она засмеялась, прикрыв ладонью рот, и, поднявшись на цыпочки, шепнула:

— Улица Зацепа, дом одиннадцать, корпус три...

Две сумки и пьяная, едва стоящая на ногах женщина были сложным грузом, тем более что Соня все норовила куда-то уйти, но и двух шагов пройти не могла, падала на сумки, он ее поднимал. Шурик решил, что будет стоять здесь, у Никитских Ворот, пока такси само не подойдет. Минут через десять машина остановилась, и еще через двадцать они плутали по зацепским дворам в поисках третьего корпуса одиннадцатого дома. К этому времени Соня опять спала, и разбудить ее было невозможно. Минут через пятнадцать, совершив несколько кривых кругов между стройками и пустырями, шофер высадил Шурика и Соню возле дома одиннадцать и уехал. Время шло к полуночи. Шурик подвел Соню к дворовой лавочке, она немедленно завалилась на бочок и даже подтянула на лавку одну ногу. Шурик оставил возле нее сумки и пошел искать проклятый третий корпус. Навстречу ему вышел ангел-спаситель, старик с большой потертой собакой.

— Да-да, здесь был третий корпус, барак стоял с довоенных времен, его снесли лет восемь тому назад. Вот как раз тут он был, где этот скверик...

Картина прояснялась, но легче от этого не становилось.

— Соня, Соня, — тормошил Шурик спящую, — а с Зацепы куда вы переехали? Забыла? Куда вы с Зацепы переехали?

Она, не просыпаясь, ответила ровным тонким голосом:

— В Беляево, ты же знаешь.

Шурик уложил Соню ровненько, чтобы обе ноги лежали рядком, сел на скамейку, поправил съехавшую туфлю. Руку она держала под щекой, как младенец, и была миловидна, как дитя...

Вариантов было два: либо отвезти Соню обратно к Валерии, либо к себе домой. Но оставить ее одну в Валериииной квартире все равно он не сможет, да еще утром могут прийти опечатывать комнату, как обещал «добрый» милиционер. Так что пришлось везти домой.

Он проклял все на свете, пока тащил из двора на улицу неудобнейшую поклажу — две сумки, причем у одной лопнула ручка, и Соню, которая от сумок мало чем отличалась.

Когда такси в третьем часу ночи остановилось возле Шурикова дома, он чувствовал себя почти счастливым. Последним усилием он втолкнул Соню в прихожую и временно прислонил ее к стене.

Тут вышла Веруся и сказала:

— О Боже!

Соня сползла вниз и мягко сложилась возле двери.

— Да она же совсем пьяная! — воскликнула Вера.

— Прости, Веруся! Ну не мог же я ее на улице бросить.

Потом Соня блевала, отмокала в ванне, плакала, засыпала и вскакивала, ее отпаивали чаем, кофе и валерьянкой. Наконец она сама попросила дать ей немного водки, и Шурик дал ей рюмку. Она выпила и заснула. Вера жалела Шурика, который попал в дикое положение, предлагала вызвать врача, но Шурик не решался: а вдруг просто отвезут в вытрезвитель?

Потом Соня проснулась, снова плакала о Валерии, снова просила дать немножко выпить... Потом обнимала Шурика за шею, целовала ему руки, просила полежать с ней рядом... Длилась вся эта свистопляска почти двое суток, и только на третьи сутки Шурику удалось отвезти не вполне протрезвевшую, но уставшую от питья женщину в Беляево, в семью...

Пожилая красивая женщина в шелковом платье приняла ее очень сдержанно. Из глубины большой квартиры вышел мрачный молодой мужчина с фамильными сросшимися бровями, судя по всему брат, и грубо уволок Соню. Она что-то попискивала. Женщина кивнула Шурику сухо и поблагодарила очень своеобразно:

— Ну, что вы стоите? Вы уже получили свое и не стойте здесь.

Шурик вышел, вызвал лифт и, пока ждал, услышал из-за двери визг, звук падающих предметов и громкий голос женщины:

— Не смей бить! Не смей ее бить!

«Ужас какой! Неужели он ее избивает?» — мелькнуло у Шурика, и он нажал на звонок. Дверь быстро отворилась: бровастый мужик пошел на Шурика с кулаками:

— Чего нарываешься? Напоили, вы...ли, ну, чего еще надо? Вали отсюда!

И Шурик припустил вниз по лестнице — не потому, что испугался, а потому, что почувствовал свою вину...

Он выскочил из подъезда и побежал к остановке автобуса — он как раз выехал из-за поворота. Вскочив в пустой автобус уже на ходу, он плюхнулся на сиденье — ему было тошно...

«Хорошо, что все это не будет иметь никакого продолжения», — успокоил он сам себя.

Но тут он как раз ошибся. Через два месяца, выйдя из лечебницы, куда поместил ее брат, Соня позвонила. Она благодарила его за все, что он для нее сделал, плакала, вспоминая Валерию, просила встретиться с ней. Он твердо знал, что не надо этого делать, но Соня настаивала... Встретились.

Соня была почему-то уверена, что Валерия оставила Шурика ей в наследство. Кроме сросшихся бровей и алкоголизма, с которым она боролась с переменным успехом, у нее были маленькие цепкие ручки, страстная натура и маленький сын от первого брака. И Шурик ей был очень нужен. Для выживания, как она считала.

58

Незадолго до тридцатилетия Шурик совершил неприятнейшее открытие: как-то утром он брился в ванной комнате, поглядывая в зеркало, чтобы удостовериться, что бритва снимает ровно и не остается никаких пропущенных волосков. И вдруг заметил, что за ним следит из зеркала незнакомый ему мужчина, немолодой, довольно мордастый, с намечающимся вторым подбородком и мятыми подглазьями. Было мгновение какого-то ужасного неузнавания себя, отчуждения от привычного существования и нелепое чувство, что тот, в зеркале, самостоятельное существо, а он, бреющийся Шурик, его отражение. Он стряхнул с себя наваждение, но не мог больше вернуться к себе, прежнему.

Это открытие своего нового облика он переживал почти по-женски. Тридцать лет — и что? Рутинная работа, все одно и то же, научно-технический перевод, заботы о маме и еще целая куча обязательств, которые не то что он брал на себя, а они были на него возложены: Матильда... Светлана... Валерия... Мария... Сонька... Впрочем, Мария уехала, Валерия умерла... Их, пожалуй, не хватает, если говорить честно. Но была скучная уверенность, что возникнут еще какие-то люди, которые будут от него зависеть, и никогда у него не заведется своя собственная жизнь, как у Женьки, как у Гии.

Да и что такое «собственная жизнь»? Чего-то хотеть, достигать... Сам же он ровным счетом ничего не достиг. А хотел чего-нибудь? Нет, и не хотел! — ответил сам себе Шурик на строгий вопрос. Женька Розенцвейг хотел — и защитил диссертацию, женился, развелся, еще раз женился. Двое детей... Впрочем, тоже ничего хорошего: несчастная Аллочка, в шесть утра молочная кухня, каждодневная работа — что-то лакокрасочное, акриловое — с восьми до пяти, всю неделю по команде Инны Васильевны, а в воскресенье на свидание к Катеньке, под огненно-страдальческие взгляды брошенной Аллы. Нет, ничего хорошего.

Вот Гия — молодец! Стал тренером почти на весь мир знаменитым, ездит по всему Союзу на молодежные соревнования, даже в Венгрию ездил. Девочки-красавицы ходят вокруг него стаями. Весело живет Гия. Но тоже растолстел и пьет много, хотя и тренер... Но очень уж суетливая у него жизнь...

Потом Шурик вдруг сообразил, что давно не видел Гию, а Женю не встречал чуть ли не год, — а новых друзей, кроме этих двух, у него не завелось. Зато было множество приятельниц — по всем редакциям.

Вот день рождения, тридцатилетие, мама спрашивает, как будем отмечать... Позвать домой Женю с Гией, Светлана притащится — страшно подумать. А то еще

Сонька приедет — Светлана Соньке глаз выбьет и в окошко выбросится, а Сонька напьется и снова уйдет в запой... Как было тогда на похоронах Валерии...

А хорошо было бы позвать на день рождения только мужчин. И не домой, а куда-нибудь в ресторан. Типа «Арагви»... Сонька про день рождения и не вспомнит. А вот как от Светочки вывернуться?

Светочка была чума жизни. Скрыть от нее ничего нельзя. Она проникала во все поры, все выясняла, следила за каждым шагом... и постоянно грозила самоубийством. За годы их знакомства у нее было три суицидных попытки, если не считать мелких, скорее декоративных, движений в сторону подоконника, — чтобы Шурик держался в форме и не расслаблялся.

«Скажу, что буду в мужской компании», — решил Шурик и тут же представил себе, как, выходя из ресторана, увидит проходящую сбоку по тротуару стройную Светочку. Она не подойдет, а только внимательно посмотрит на него и на его друзей и, отвернув голову, пройдет мимо...

Между тем Вера долго сочиняла Шурику такой подарок, чтобы был памятным и элегантным. В антикварном магазине она нашла замечательный кожаный альбом с металлическим замком. Он был темно-синей кожи, этот альбомчик... Но чего-то недоставало. Подумав, Вера Александровна заказала портнихе из театральной мастерской темно-синее платье. Очень простое платье, совсем ничего особенного, но все — и обшлага рукавов, и воротник — отделано тонким кантом из темно-синей кожи! Точно в цвет альбомчику. Весь замысел — именно в безукоризненности исполнения. Про альбомчик Вера Шурику, конечно, ничего не говорила — отбирала и вклеивала Шуриковы фотографии от рождения до текущего момента исключительно в его отсутствие, а вот с платьем ему досталось: возил трижды Веру в мастерские и два раза в Театр на Таганке, где завпост обещал кусочек синей кожи...

После таких приготовлений стало очевидно, что сначала день рождения придется отметить дома — для мамы: попросить Ирину Владимировну все приготовить, пригласить двух маминых подруг, обычно приезжавших на ее дни рождения, пожилую армянскую пару, купившую квартиру покойного Мармелада и заместившую старую дружбу новой, и, конечно, притащится пара бывших девочек, которые все еще пасутся возле Веры. И Светочку можно было бы сюда присоединить для полноты картины... А Сонька не придет, забудет. А уж назавтра с ребятами в ресторан...

По установившемуся в последние годы укладу Ирина Владимировна проводила в Москве сентябрь, налаживала московскую жизнь и уезжала домой к холодам, — у нее в доме было водяное отопление, и она, перенесшая множество разнообразных лишений и испытаний, более Страшного суда боялась за свои ржавые трубы...

Неделю перед Шуриковым юбилеем Ирина провела в счастливом угаре: ее природная щедрость, задавленная изнурительной пожизненной бедностью, расцвела пышным цветом. Шурик заведовал в доме деньгами и выдавал их Ирине на покупки по мере надобности, без ограничений. И тут надобности человека, едва сводившего всю жизнь копейку с копейкой, возросли тысячекратно: она уходила рано утром и приходила с закрытием магазинов, приволакивая набитые сумки. Годы были не изобильные, продукты «выбрасывали» в продажу, выстраивались очереди, но при известных навыках можно было хорошо отовариться. После смерти Валерии продовольственные заказы закончились. Но, похоже, Ирина тоже имела «охотничьи» дарования... Вера, глядя на эту продовольственную вакханалию, робко спрашивала, зачем так много.

— Тридцать лет — это дата! — гордо вздергивала головой Ирина, и никто с ней не спорил. Шурик переглядывался с матерью — оба понимали, что у Ирины Владимировны сейчас свой собственный праздник и значительная роль.

Формальное домашнее торжество, скромное и тихое, обещало превратиться в грандиозный пир... Ирина готовилась к своему звездному часу. Вера чувствовала себя неважно, у нее поднялось давление, и она накануне торжества легла в своей комнате и прикрыла дверь. В большой комнате Шурик составил столы, Ирина вытащила посуду, которую не доставали со смерти Елизаветы Ивановны: стопки тарелок трех размеров, салатницы, вазочки, хренницы и огромное блюдо, рассчитанное, кажется, на кабана...

«Надо было отправить ее в Малоярославец», — запоздало раскаивался Шурик в своей бесхарактерности и неспособности управлять домашними событиями. Но теперь деваться было некуда. Шурик готовил себя к испытанию.

Гостей собралось даже больше, чем предполагалось. В виде сюрприза явились Алла с Катей. Кажется, у Аллочки была тайная мысль случайно встретиться с Женей: она не теряла надежды на его возвращение. Впрочем, это не мешало ей время от времени пользоваться Шуриковой разнообразной поддержкой...

Толстенькая неуклюжая Катя с выпавшими верхними зубами остро напомнила Вере о Марии. Вера усадила девочку рядом с собой. Девочка была милая, но сравнения с Марией не выдерживала: ни лучезарной Марининой радости, ни яркой прелести в ней не было — одно только пухленькое мясо. По другую руку от Веры сидел Шурик. Возле Шурика — Светлана в белой блузке со смиренно-хищным видом.

Вера давно уже, с самого отъезда Лены и Марии, лелеяла мысль о женитьбе Шурика. Она бы не возражала против Светланы: девушка, конечно, своеобразная, но сдержанная, воспитанная, рукодельница. И Шурика любит.

Родили бы девочку... Марию, разумеется, никто не заменит, но было бы рядом милое существо... Странно, что всякий раз, когда Вера заговаривала об этом с Шуриком, он обнимал ее, целовал в макушку и шептал на ухо:

— Веруся! И не думай! Я бы женился только на тебе. Но второй такой нет!

Стол гипнотизировал. Еда блестела, как покрытая лаком, и имела слегка бутафорский вид. На длинной вазе, угрожающе приподняв голову, лежал небольшой осетр. Металлическим оружейным блеском отливали перепелки из магазина «Дары природы». Пучились круглые клумбы салатов, четыре немигающих глазка икорниц — два красных и два черных — уставились на гостей. И прочая, и прочая... Расселись в молчании и замерли в неподвижности. Одна только Ирина Владимировна эпилептически билась над столом, что-то подправляя и завершая. Наконец замерла и она. Тогда, чутьем кавказца отметив затянувшуюся паузу, встал сосед Арик с рюмкой в руке и провозгласил:

— Так нальем же бокалы!

Мужчин в застолье было двое — Арик и сам именинник.

— Шампанское! Шампанское! — заголосила Ирина Владимировна, потому что ей показалось, что кто-то взялся не за ту бутылку. Шампанское разлили по высоким рюмкам. Робко ткнули ложки в круглые бока салатов — разорять совершенство...

Арик стоял мягкий, как плюшевый медведь, и квадратный, как КамАЗ, с хлипкой рюмочкой в руке, поросшей густым волосом до самых пальцев.

— Дорогие товарищи! — возгласил он дьяконским голосом. — Поднимем наши рюмки за нашего дорогого Шурика, который достиг сегодня своего тридцатилетия...

Шурик переглянулся с матерью, это был целый бессловесный разговор: надо потерпеть... кто же виноват... вечная история, всегда у нас так получается... а как хорошо было бы провести вечер вдвоем... прости, мамочка, что я такой идиот и поддался на провокацию Ирины Владимировны... да что ты, дорогой, это я виновата, я сама должна была все это остановить... делать нечего, надо перетерпеть... и кто позвал этого Арика... это получилось случайно, совершенно случайно... Прости, пожалуйста...

Арик говорил долго и невпопад, начав от Шурика и окончив построением светлого будущего... Это была какая-то богом проклятая квартира: сначала в ней жил еврейский большевик, храбрый Мармелад, теперь поселился армянский...

Наконец чокнулись, сели и принялись жевать.

Все старались: Катя — вести себя хорошо, не ронять кусочков и не греметь вилкой, Шурик — чтобы всем было удобно и тарелки не пустели, Светлана — занимать свое место возле Шурика так выразительно, чтобы близость их отношений видна была всем. И белая блузка тоже была неслучайно надета: белое освежает, конечно, но и освещает, и намекает... Вера положила салфетку на колени и старалась не испачкать едой новое платье. Впрочем, она и не ела...

— Тебе чего-нибудь положить? — тихо спросил Шурик, склонившись к матери.

— Упаси Господи. Меня тошнит от одного вида еды, — нежно улыбнулась Веруся.

— Ну, это ты уж слишком. Вообще-то все очень вкусно. Может, немного салата? — Шурик потянулся к вазе.

— Ни за что, — шепнула Вера и улыбнулась самой артистической из своих улыбок — подбородок вниз, глаза вверх...

Ирина Владимировна чувствовала себя вполне счастливой: впервые в жизни ей удалось полностью себя реализовать. Она сделала все, что умела, и все, о чем мечтала в голодные и полуголодные годы: фаршированного капустой гуся, как делала ее бабушка, и пирог на четыре угла, и тельное. И все получилось на славу... К тому же сегодня она собиралась съесть бутерброд с черной икрой, которую в детстве попробовать не успела по малолетству, а в более поздние годы волшебного этого продукта в глаза не видела...

Гости счастливыми себя не чувствовали, а, напротив, по разным причинам испытывали недовольство — в особенности две пожизненные подруги Веры Александровны, Кира и Нила. Они были в свежей ссоре, и каждая из них была уверена, что не встретит на торжестве другую. Но мало того что Вера, прекрасно зная о ссоре, пригласила обеих, она еще имела бестактность посадить их рядом за столом, и теперь они сидели, глядя в разные стороны, лишившись и дара речи, и аппетита.

Арик и Зира, армянские соседи, тоже были в свежей ссоре, случившейся прямо перед выходом: Зира надела свой лучший наряд, Арик, критически оглядев жену, сказал, что ей место в таком платье на ереванском базаре. Зира заплакала, сняла платье и отказалась идти. Арику пришлось долго ее уговаривать и утешать, и он знал, что ему долго еще придется рассчитываться за неосторожное замечание. Аллочка была разочарована отсутствием Жени. Из трех пришедших «студийных» девочек одна была влюблена в Шурика с пятого класса, а теперь уже училась в институте. Сидя напротив Шурика, она свежо переживала безответную любовь. Вторая, пятнадцатилетняя, нисколько в Шурика влюблена не была. Напротив, влюблена она была в Веру Александровну и ревновала ее ко всему белому свету. Третья из ранних учениц Веры Александровны озабочена была отсутствием положенного женского недомогания и ужасными возможными последствиями... Ее тошнило, и было ей не до еды.

Ирина Владимировна, пока находилась в предварительном возбуждении, чувствовала себя окрыленной, но, когда заметила явную диспропорцию между количеством наготовленного и возможностями едоков, ушла на кухню рыдать. С этого момента Шурик и Вера попеременно навещали ее на кухне, пытаясь остановить приступ безудержного плача.

Арик тем временем все более входил в раж, возносил к небу рюмки и провозглашал тосты: выпили за маму, за покойного папу, за бабушку и всех предков, за небо и за землю, за дружбу народов и еще раз за светлое будущее. Подруги Веры давились от смеха и на этой почве помирились.

Далее закуску сменили горячие блюда. Здесь пришлось вступить в действие Светлане, поскольку Ирина

Владимировна вышла из строя и собралась с силами только к десерту, когда осовелые гости могли только слабо шевелить руками и языками, точно как в немом кино, показываемом в замедленном режиме. Гости съели пирожные, выпили чаю и стали тихо расползаться, придерживая животы. И тут Светлана обнаружила недостачу: исчез Шурик. Он вышел проводить Аллу с Катей, но шепнул об этом только матери. Светочку же он в известность не поставил — отчасти из-за того, что собирался посадить их в такси и сразу же вернуться, отчасти от полного расслабления и потери бдительности: за годы общения со Светочкой он прекрасно узнал, как опасно давать ей повод для переживаний...

Катя засыпала, и Шурик нес ее на руках. Когда удалось остановить такси, девочка крепко спала, но, когда Шурик попытался переложить ее на руки матери, она обхватила его за шею и заплакала:

— Ты нас не бросишь? Мам, он нас тоже бросит... Не уходи, Шурик...

Шурик сел в такси. Катя, уткнувшись ему в плечо, мгновенно заснула.

— Ты понимаешь, какая это травма для ребенка? — шепнула Аллочка и положила руку на другое Шуриково плечо.

Шурик это понимал. Он понимал также, что травма не одна, а две. Он посмотрел на часы — всего четверть одиннадцатого, так что он вполне успеет вернуться к гостям. Главное — сразу же позвонить маме.

Как только он вошел в бывшее супружеское гнездышко Жени Розенцвейга и передал Катю на руки Аллочке, сразу же взялся за трубку:

— Мамочка, мне пришлось Аллу с Катей домой отвезти. Я скоро буду.

Веруся выразила недовольство. Сказала шепотом, чтоб приезжал поскорее, потому что Ирина в истерике: осталось такое количество еды, что не влезает в холодильник, и теперь она составляет счет, сколько было потрачено и сколько всего осталось, и собирается выплачивать разницу в рассрочку...

— Умоляю, приезжай скорей, я этого не выдержу! — шепот звучал драматически.

Вошла Аллочка с распущенными волосами и в чем-то розовом и прозрачном. Катя была раздета и спала. Алла демонстрировала готовность быть утешенной. Подошла к Шурику, положила руки ему на плечи и посмотрела вопрошающе:

— Как ты думаешь, он меня совсем не любит?

Шурик погладил кудрявые волосы. Это не имело особого для него значения, но все-таки вызывало легкое раздражение: ей было необходимо излить душу. Он спешил домой. Встал. Аллочка заплакала. Он обернулся к ней:

— У меня гости дома.

— Почему я такая несчастная... — шмыгнула она носом.

Он ковырнул петельку, расстегнул пуговку. Свое дело он делал молча, Аллочка продолжала лепетать:

— Ну почему? Почему так? Ты как мужчина в сто раз его лучше, и Катька тебя любит... Почему мне нужен только Женька? Почему?

Этот вопрос ответа не требовал.

Бедная дурочка, всем вам нужно одного...

Гости разошлись, не съевши и половины приготовленной еды. Светлана, надев фартук, со смиренным достоинством мыла посуду. Ирина Владимировна рыдала в комнате Веры, и та вяло ее утешала, ожидая, когда же придет Шурик и примет на себя страдания.

— Ириша, я не понимаю, что ты так расстраиваешься. Стол был прекрасный...

— А траты? Ты знаешь, сколько это стоило? Ужас! Вот я посчитала. — Ирина шарила трясущимися руками в карманах фартука. — Вот!

Она совала Вере листок, на котором выстроился частокол кривых цифр.

— Это четыре моих пенсии! А сколько всего осталось! Я совершенно не рассчитала! Я никогда не умела считать! И осталось больше половины...

— Так это прекрасно! Мы целую неделю будем есть!

— Я компенсирую затраты! — причитала Ирина. — Я буду выплачивать...

— Ириша, успокойся, я прошу тебя... Ну какое это имеет значение? У Шурика тридцатилетие, и ни в одном ресторане так не накормили бы, как это сделала ты.

Звонок в дверь прервал бурную сцену, Ирина Владимировна, утирая краем фартука лицо, пошла открывать. В дверях стояла молодая женщина с большим букетом цветов. Это была Соня, раздобывшая таки адрес Шурика.

— Здравствуйте, я к Шурику.

— Верочка! К Шурику! — крикнула Ирина Владимировна, приободрившаяся с приходом новой гостьи, способной съесть часть оставшегося угощения. — Проходите, проходите! Он скоро появится!

И пошла на кухню, чтобы заново собрать угощение.

— Светочка! Вот еще гостья запоздалая, дайте тарелочку! Пожалуйста, пирог, паштет, салатику... Столько всего осталось!

Светлана посмотрела на вошедшую, и вся картина жизни ужасным образом прояснилось: была, была у Шурика женщина, которую она упустила, и именно такая, какой она всегда боялась, — румяная, с черными бровями, грудастая, вульгарная до тошноты...

Ирина Владимировна побежала за Верой, сообщить о приходе новой гостьи. Светлана смотрела на нее прозрачными глазами, впитывая все эти грубые краски лица, — белое, розовое, черное. И отвратительно-лиловое платье...

«Ишь, как будто фотографирует. Вошь платяная», — подумала Соня и улыбнулась нагло и насмешливо.

Светлана медленно сняла с себя фартук, вытерла тонкие руки кухонным полотенцем и вышла из квартиры не попрощавшись. Конец. Это был всему конец. Надо было в этом окончательно убедиться. Чтобы не оставалось никаких сомнений...

Шурик приехал в половине первого. Соня к этому времени тоже ушла. Она провела в Шуриковой квартире пятнадцать минут. Немного поковыряла салат, отказалась от вина. Мало того что она не застала Шурика дома, оказалось, что мать Шурика ее знала. И тогда Соня догадалась, когда и при каких обстоятельствах та ее видела: после похорон Валерии, когда у нее начался запой. Конечно же, Соня не запомнила тогда ни квартиры, ни самой Веры Александровны. Но сухая седенькая старушка в темно-синем платье сразу же назвала ее Соней... Да, напрасно она приехала. Экспромт совершенно не удался.

Шурик, вернувшись, еще немного поутешал Ирину Владимировну, после чего дали ей валокордину и уложили спать.

А потом мать с сыном еще немного посидели на кухне: они были довольны друг другом, им было хорошо от полноты взаимопонимания. Сначала Вера немного попеняла ему, что он бросил гостей, рассказала о приезде Сони, а потом, запустив легкие пальцы в Шуриковы редеющие кудри, вздохнула:

— Родной мой мальчик! Подумать только, тридцать лет. А ведь я уже почти не помню того времени, когда тебя на свете не было. Я давно уже думаю, что пора бы тебе жениться. Я могла бы быть хорошей бабушкой, не правда ли? — Она слегка кокетничала с Шуриком. — Конечно, мне уже скоро восьмой десяток, но... Хотелось бы посмотреть на внучку. Или на внука... Светлана человек надежный, достойный... Да мало ли девушек вокруг?

Шурик встрепенулся: конечно, Веруся ничего не понимала в жизни. Бабушка Елизавета Ивановна давно бы догадалась, с каким безумным существом он вынужден столько лет возиться. А Веруся — святая, ничего вокруг себя не видит, кроме искусства, театра, музыки... Он исполнился привычного чувства умиления к маме, поцеловал ей руку, погладил по виску.

— Ну, иди ложись. И я лягу... — Она поцеловала его вечерним поцелуем.

Шурик пошел к себе в комнату и сел за машинку. К завтрашнему дню ему надо было закончить еще три реферата.

Телефонный звонок оторвал его от статьи.

«Светлана, конечно. Проверяет», — подумал привычно, без всякого раздражения. Но другой голос — звонкий, яркий — прокричал через помехи и чужие приглушенные голоса:

— Шурик! Привет!

Он сразу узнал этот голос. Уши узнали еще до головы, и сердце узнало, и он вспыхнул от радости:

— Лилька! Ты? Ты помнишь? Ты меня помнишь?

Она засмеялась — и смех был такой же: единственный, судорожный, как плач, с промежуточным всхлипом, замирающий в конце от нехватки воздуха.

— Помню? Шурик, да я все забыла, до последней нитки, кроме тебя. Вот слово даю, ничего и никого не вспоминаю, а ты как живой!

— Да я и правда живой! — И он услышал новый взрыв смеха.

— Да я слышу, что живой, просто я глупость сказала. Ты знаешь, чего я тебе звоню?

— С днем рождения поздравить?

— Да что ты, я и не знала! Поздравляю! Тридцать? Да что я спрашиваю, конечно, тридцать! Я завтра буду в Москве! Представляешь?

— Ты шутишь! Завтра?

— Ага! Сутки. Я из Парижа в Токио лечу — через Москву! Я тебе раньше не звонила, думала, визу не дадут и придется в транзитной гостинице сидеть, а визу дали! Так что встречай завтра.

— Завтра или сегодня? — ошалело переспросил Шурик.

— Завтра, завтра...

Она продиктовала номер рейса, время, велела встречать в аэропорту и повесила трубку.

59

Оскорбленная Светлана вышла из Шурикова подъезда с намерением немедленно ехать домой, принять ванну и выпить сорок заготовленных таблеток. Но передумала: сначала надо было выяснить, что это за бровастая баба. Светлана заняла удобную позицию в подъезде напротив. Ждала недолго. Соня вышла очень скоро, пошла к автоматной будке, кому-то позвонила, говорила минуту и, выйдя из будки, пошла пешком к Белорусскому. В метро не села, а углубилась в какие-то переулки, куда невидимая Светлана ее и проводила: переулок назывался Электрический, дом одиннадцать. Хлопнула дверь на втором этаже, и Светлана поехала домой, зная, что перед ответственными действиями надо немного отдохнуть.

Светлана вошла в комнату. Села за стол и зажгла на ощупь маленькую лампу. Под столешницей был тайник, маленький ящик с петлей. Когда-то бабушка хранила в нем продуктовые карточки и старые квитанции за всю жизнь. Теперь она достала оттуда литовскую книжечку в пестром кожаном переплете, но вовсе не «дневничок» — никаких лирических заметок, а сугубо деловой журнал наблюдений: только даты, точное время, событие, мелким почерком заполненные страницы со своим наивным секретным шифром, в котором красными кружками обозначались их любовные встречи (за последний год их было четыре), синими кружками — Шуриковы деловые свидания, а двойными черными — подозрительные. Визиты к покойной Валерии — по наитию — она отмечала двойной черно-синей обводкой.

Почти восемь лет Светлана вела этот журнал, но ей никогда не приходило в голову полистать его, вдуматься в записи.

Книжечка эта могла бы представлять большой интерес для лечащего врача: периоды активной слежки, когда она посвящала этому виртуозному занятию по многу часов каждый день, сменялись относительным бездействием: в дневничке случались пробелы, как будто Светлана забывала о Шурике на целые недели. Обычно такие пробелы следовали непосредственно за красным кружком. Последний красный кружок поставлен был больше двух месяцев назад.

Теперь Светлана всматривалась в старые записи. Что-то вычисляла, сопоставляла: оказалось, что за эти годы было четыре всплеска их отношений, когда Шурик регулярно приходил к ней в неделю раз, и это длилось то три месяца, то четыре. И вдруг ее как ожгло: в книжечке были отмечены только события, касающиеся Шурика, а четыре суицидные попытки, которые у нее были за эти годы, она не отмечала. Но если их вставить — она поставила четыре жирных карандашных креста, — то видно, что регулярно он ходил к ней именно после этих неудавшихся самоубийств.

Боже! Как не догадалась она раньше! Он хуже, в сто раз хуже, чем подлец Гнездовский или предатель Асламазян, потому что он-то прекрасно знает, что ее здоровье и сама жизнь зависят от него! Так почему же он ходил к ней только после того, как она пыталась уйти из жизни? Какая жестокость! А может, он просто сумасшедший, и ему, чтобы любить ее, надо ощущать, что ее жизнь в опасности?

Нет, теперь она прозрела, и эти черные карандашные кресты все объяснили ей: она не даст больше ему распоряжаться ее жизнью. Она отбросила книжечку, встала, подошла к окну, отодвинула плотную портьеру, и комната озарилась белым ртутным светом. Полная луна стояла прямо против окна, как будто ожидая, пока отодвинется портьера.

Металлические предметы, лежащие на столе, вовсе не видные в слабом свете лампы, сверкнули: серебряная ложка для закрутки лепестков, болванка, изогнутый ножик и другой, любимый, с треугольным остро заточенным лезвием, для резки накрахмаленной ткани.

«Ну конечно, вот он, знак», — сказала себе Светлана и положила нож в сумочку. Он точно лег на дно, сантиметр в сантиметр, как в ножны. А книжечка осталась лежать на столе.

Шурик не знал о существовании книжечки, однако у него был внутри какой-то механизм, реагирующий на оттенки ее голоса, особенности речи, которая вдруг замедлялась и повисала в воздухе... и пахло очередной суицидной попыткой. Этот механизм сообщал ему, что пора навестить Светлану. Он тянул, откладывал, а потом она звала его для какой-то хозяйственной помощи, и в голосе ее звучали мольба, угроза и предупреждение, и тут уж он мчался и безотказно выполнял несложный мужской долг. Но в этот день он был очень занят.

Утром следующего дня Светлана стояла на своем наблюдательном пункте.

Шурик вышел из подъезда в половине первого, пошел как будто к автобусной остановке, но, автобуса не дождавшись, проголосовал проходящей машине и сел в нее.

«Без портфеля, — отметила Светлана. — Наверное, поехал работу брать. Когда сдавать, он с портфелем. Значит, скоро вернется».

Никакого детально разработанного плана у нее не было. Было голое и мощное намерение. А Шурик ехал в «Шереметьево». Полтора часа он ходил по огромному холлу, смотрел на большое табло, где возникали и исчезали названия городов, и трудно было поверить, что они действительно существуют — Каир, Лондон, Женева. Наконец появился Париж. Он был такой же мираж, как все остальные, но про него было известно, что там жила когда-то бабушка. Так что он действительно существовал. И вот теперь оттуда должна была появиться Лиля. Именно из Парижа. Почему из Парижа? Какая-то неявная ниточка пролегла, но дергать за нее Шурик не стал: слишком был взволнован и переполнен неопределенными ожиданиями. Потом объявили, что самолет из Парижа приземлился, а немного погодя объявили, с какой стороны следует встречать пассажиров, и он пошел туда, где из стеклянного проема выходили французские туристы. Их встречали интуристовские гиды, и в проеме была какая-то клубящаяся суматоха, и громкие французские восклицания, и он боялся, что не найдет среди всего этого Лили. Или не узнает ее. И, пока он таращился, крутя голову, кто-то дернул его за рукав. Он обернулся. Перед ним стояла маленькая чужая женщина, очень загорелая, с длинными и пышными, почти африканскими волосами. Она улыбнулась мартышечьей улыбкой, и из нее, как бабочка из куколки, выпорхнула Лилька, и чужая женщина в то же мгновенье перестала существовать.

Лилька немного подпрыгнула и повисла у него на шее, и это был самый легкий женский вес, те же тонкие косточки, маленькие руки. Прикосновение вернуло его молниеносно в то самое время, чуть ли не в тот же день, когда они здесь же, в «Шереметьево», прощались навеки-навеки, смертельно навсегда.

— Господи Боже мой! В жизни не узнала бы!

— А я бы из миллиона узнал, — пробормотал Шурик.

И они принялись произносить слова, которые не имели никакого отношения к происходящему, но наполняли воздух вокруг них, изменяли его состав и создавали голосовое облако живого воспоминания.

К ним приставали таксисты, спрашивали, не надо ли отвезти, но они не слышали, продолжая произнесение связующих слов и радуясь друг другу.

Потом Шурик подхватил чемодан и неудобную коробку с ненадежно подклеенными пленкой ручками, а Лиля пыталась подцепить ее сбоку, что-то щебеча о своей сумасшедшей соседке Туське, которая заставила ее тащить эту дурацкую коробку из Иерусалима в Париж, из Парижа в Москву, и, слава Богу, хоть в Токио не надо ее тащить, какая это глупость, что согласилась, но у соседки сын погиб в армии, единственный сын, и она немного помешалась, сидит, вяжет и распускает, как Пенелопа, и смотреть на нее горестно, а ручки оторвались еще в Лоте, в аэропорту Бен-Гурион, и она с этой коробкой еще там горя хлебнула.

Они уселись в машину, но как-то нескладно — Лиля с коробкой на заднее сиденье, а Шурик — рядом с водителем, и всю дорогу, обернувшись к Лиле, он смотрел на нее, и что-то в ее внешности ему мешало, но он не мог определить. Было одно какое-то неправильное изменение.

По дороге решено было, что, прежде чем ехать в гостиницу «Центральная», где забронирован был для Лили номер, заедут к Шурику: Вера Александровна выразила желание повидать Лилю Ласкину.

Лиля кивнула:

— Да-да, только недолго. Мне хочется в наш дом, во двор зайти, погулять по центру, и коробку эту проклятую я обещала отвезти Туськиной матери.

Подъехали к Шурикову дому — машину решили не отпускать, с вещами вверх-вниз не таскаться. Выскочили из такси, понеслись, схватившись за руки, в подъезд. Странное у Шурика возникло чувство: надо торопиться, чтобы успеть за эти отведенные им сутки наверстать все, за двенадцать лет упущенное.

Светлана с четвертого этажа напротив стоящего дома наблюдала, как пробежали к подъезду Шурик и девочка в длинной юбке с негритянской головой. Девочка бежала, по-балетному подпрыгивая, и Светлана сначала подумала, что вернулась Мария, но тут же сообразила, что Мария выше этой пигалицы. Значит, опять у него новая женщина. Еще одна женщина.

Обвал, облом, полная катастрофа. И дело, конечно, не во вчерашней вульгарной тетке с намалеванными черным бровями. У него просто-напросто двойная жизнь, и все усилия, многолетние усилия, потраченные на него, оказывались совершенно напрасными, как вся ее жизнь напрасна, и как глупо было цепляться за этот призрак мужчины.

Но Светлана ничего не бросала на половине. Она спустилась пешком с четвертого этажа, не спеша подошла к таксисту, все еще стоявшему возле Шурикова подъезда:

— Не отвезете ли меня...

Таксист, не отрываясь от газеты, буркнул:

— Нет, я занят. Мне отсюда еще в гостиницу «Центральная» ехать...

Светлана даже не удивилась, что шофер ответил на вопрос, который она не задавала. Она постояла немного, подумала и поехала к гостинице «Центральная».

60

По улице Горького Шурик и Лиля спустились к Манежу, прошли мимо университета, но внутрь не зашли, только потолкались в университетском дворе, в тени тополей и Ломоносова, в гуще студентов. Лиля подняла голову, посмотрела в небо и сказала:

— Господи, какая чудесная погода! Я иногда скучала по зиме, но совсем забыла, как хорошо здесь осенью. Такое хорошее тепло — это как температура тела, да, парного молока, незаметно и в самый раз. У нас то жарко, то холодно, а вот такой изумительной температуры как будто вовсе не бывает...

Прошли мимо дома Пашкова, и Лиля остановилась, изумленная:

— Аптека! Аптеку снесли! Да здесь все снесли! Учительница моя жила в двухэтажном домике, на этом самом месте...

Часть квартала, ниже приемной Калинина, была обращена в скверик. Расширена дорога с Каменного моста в сторону Манежа. Лиле хотелось плакать — жалко было не столько снесенных домов, сколько собственной памяти, переживающей болезненное чувство изъятия. То, что утвержденной памятью картинкой лежало где-то в законченном и совершенном виде, теперь должно быть исправлено в соответствии с новой действительностью и закрепиться в виде обновленной картинки.

От Пушкинского музея до станции метро «Кропоткинская» все сохранилось прежним, а вот мелкие незначительные домики, уютно расположившиеся между Кропоткинской и Метростроевской, вырвали, и на их месте стоял ни к селу ни к городу какой-то железный герой.

— А это кто еще? — спросила Лиля.

— Энгельс, — ответил Шурик.

— Странно. Ну, уж пусть бы Кропоткин...

Взявшись за руки, они прошли по Кропоткинской мимо Дома ученых, куда Лиля девочкой бегала во все подряд детские кружки, включая театральный, мимо пожарной части. Мимо дома Дениса Давыдова... Она улыбалась слабой и растерянной улыбкой — чем ближе к дому, тем все было сохраннее... Подошли к угловому дома, где Чистый переулок впадал в Кропоткинскую. Остановились напротив Лилиного подъезда, и она уставилась в окна, которые когда-то были ее окнами.

— А в нашей квартире жила одна чудесная старушка, Нина Николаевна. В крохотной комнате при кухне. Она была прежняя хозяйка квартиры, очень богатая семья была до революции. Какие-то промышленники или бизнесмены, кажется, на Урале у них что-то огромное было, завод, что ли... И я один раз видела, как патриарх остановился, он на двух «Волгах» ездил, зеленая и черная, в одной охрана, видимо. Черная машина остановилась, он вышел, она идет ему навстречу, она ему руку поцеловала, а он ее благословил, огромную такую ручищу ей на шляпку положил. И уехал. Резиденция его тут рядом. А я с портфельчиком шла из школы, наглая довольно-таки девчонка, подскочила к ней и спрашиваю: «А откуда вы его знаете, Нина Николаевна?» А она говорит: «Когда патриарх был молодым священником, он у нас в домовой церкви служил...» А ведь она не врала... А занавески, посмотри, занавески у нее в комнате все те же висят. Неужели жива еще?

Вошли в подъезд: и запах был все тот же. Она прислонилась к стене возле батареи. На этом месте они всегда целовались, прежде чем она убегала на второй этаж. Шурик обхватил ее голову руками, приподнял густые, немного войлочные на ощупь волосы и потрогал оттопыренные уши. Эти волосы были лишними.

— Ушки, — пробормотал он. — Зачем ты спрятала ушки? Зачем ты отпустила волосы?

Раковины были нежные, почти совсем незакрученные, и позади уха была такая длинная вмятинка, узкий желобок. Он провел по нему пальцем, потрясенный полной неизменностью осязательного ощущения. Лиля захихикала и передернула плечом:

— Шурик, щекотно!

Она подняла руку, потрепала его по волосам — ласково и по-матерински.

— Я когда ходила беременная сыном, почему-то была уверена, что он будет на тебя похож, что у него будут волосы, как у тебя, и глаза. А он рыжий.

— А у тебя сын? — удивился Шурик.

— Четыре года. Давид. Он с мамой теперь живет. У меня ведь стажировка в Японии... Я там работаю с утра до ночи. И я его с ней оставила... Ну, пошли, пошли...

— В квартиру? — спросил Шурик.

— Нет. Это будет слишком. Соседи у нас были вреднющие, только Нина Николаевна была милая. И вообще — слишком душещипательно получается. Пошли просто гулять. Мне страшно нравится. И времени не так много, мне же еще эту чертову коробку везти. Давай в Замоскворечье!

Они вышли из подъезда — на противоположной стороне стояла Светлана с лицом сосредоточенным и бледным. Она сопровождала их издали от самой гостиницы, куда поспела раньше их.

Шурик встретился с ней глазами. Она отвернулась к стене и стояла, как наказанный ребенок, — носом в угол. Дикое, жуткое унижение... Попалась!

Шурик замер. Он давно уже знал об этой слежке, но делал вид, что не замечает, чтобы ее не уличать. Но теперь он неожиданно разозлился: вот мерзость, шпионство отвратительное... Но тут же отвернулся, сделав вид, что ничего не произошло, и потянул Лилю за руку.

— Такси! Такси! В Замоскворечье!

Когда Светлана обернулась, Шурика с пигалицей уже не было.

61

Стемнело. Они несколько часов шатались с Лилей по дворам и дворикам, проскальзывали в проходы между заколоченными домами со следами пожаров — недавних или времен двенадцатого года, — в одном из глухих коробчатых дворов даже потанцевали: из распахнутого окна хлестала музыка, и Лиля вскочила, дернула Шурика за руку и завертела среди лопухов и битого стекла.

Ночь до отказа была набита густой и яркой жизнью: в глухом дворе, под церковной стеной трое лохматых подростков хотели их немного пограбить, но Лилька их весело и ехидно высмеяла, и тогда они захотели дружить и вытащили бутылку водки, которую вместе и распили в том же самом дворе. Потом они подглядели любовную сцену в беседке. Собственно, не любовную сцену, а половой акт, сопровождающийся монотонными женскими выкриками: «Поддай, Серега, поддай!»

Не успела Лилька отойти от смеха — запыхивающегося, запинающегося, с тонкими взвизгами, как увидели жестокое избиение пьяного парня тремя милиционерами и ушли, притихшие, в сторону, противоположную той, куда милиционеры уволокли парня. Они вышли в Голиковский переулок, нашли в нем чудесный двухэтажный особнячок тридцатых годов девятнадцатого века, с треугольным фронтоном и крохотным палисадником. Густая тень от двух больших деревьев, посаженных, вероятно, во времена, когда построили дом, укрывала крышу, и тем праздничнее сияла барочная люстра в окнах второго этажа. Пока они любовались особнячком, из него вышел круглый бородатый человек на кривых ногах с огромной овчаркой, и овчарка начала лаять и кидаться на Лилю с Шуриком, а человек очень вежливо попросил их отойти подальше, потому что собака молодая и плохо слушается команд, а он так пьян, что вряд ли ее удержит, если ей захочется порвать их на куски.

Он говорил с пьяной неторопливостью, собака рвалась в бой, и он мотался у нее на поводке, как воздушный шар.

Шурик с Лилей попятились, в это время из двери вышла светловолосая красавица, сказала негромко: «Памир, ко мне!» И свирепая собака, мгновенно забыв о своих охранных обязанностях, поползла к ней чуть ли не на брюхе, сладко повизгивая, а бородатый человек выговаривал с явной обидой:

— Зойка, это же я с тобой живу, а не Памир, почему от тебя все мужики тащатся? Памир, ну что ты в ней такого нашел, два глаза, два уха, п...а да ж...а! Баба как баба!

— Гоша, поводок-то отпусти! Ну, иди сюда!

И она хозяйственно увела двух своих кобелей, а Лиля снова умирала от смеха:

— Шурик! Да здесь такое кино показывают, что Феллини делать нечего... Слушай, это так всегда было или только теперь началось?

— Что началось? — не понял Шурик.

— Театр абсурда, вот что.

«Это уже было. Что-то похожее было», — подумал Шурик, но про француженку Жоэль не вспомнил.

И они снова шли по дворам, пока не пришли в какое-то странное место, где недавно снесли дом, и в образовавшуюся дыру виден был берег Москвы-реки, и соборы Кремля, и колокольня Ивана Великого. Они опять сидели на садовой лавочке, перед дощатым столом, излюбленной площадкой доминошников, он держал ее на руках, преисполненный великой, но гибридной нежностью, которая составлялась из той, которую он испытывал к Верусе, и той, которую вызывала в нем Мария, когда та болела и прижималась к нему и просила того, о чем еще не могла знать. Она сбросила с ног золоченые тапочки, в которых приехала, и в его левой руке грелись ее маленькие ступни, а правая гладила поверх черной майки маленькую грудь, не охваченную дурацким предметом с крючками и пуговицами, а живую и дышащую.

— Ты ходила всегда в мини-юбке, и мне так нравилось, как ты ходишь, твоя походка какая-то особенная...

— Какие мини-юбки? Я их с тех пор и не ношу! При моих-то ногах! Правда, в Японии об этом я забыла, японки самые кривоногие женщины в мире. Зато самые красивые... Тебе нравятся японки?

— Лиль, да я ни одной живой японки в жизни не видал.

— Ну да, конечно, — сонно согласилась Лиля.

И тут стало что-то происходить в воздухе, ветерок подул и сдул темноту, и чуть-чуть посветлело, черные деревья вокруг стали темно-зелеными и не монолитными, а зернистыми, и Кремль, видный в просвете между домами, стал оживать, меняться, наполняться красками. Свет шел слева, и вместе со светом возникали тени, из плоского все делалось объемным, и Шурик, наблюдая за этой картиной, вдруг понял, что это не рассвет, а присутствие Лили делает все объемным.

— Господи, как красиво, — сказала Лиля.

Она задремала в его руках. Свет прибывал. Раздалось шуршание листьев, и несколько желтых, маленьких, упало рядом на скамью. И они тоже были объемными, как в стереокино. И все черно-белое, серое вдруг превратилось в цветное, как будто поменяли пленку. Шурик сидел на лавке, а Лиля устроилась у него на руках.

«Это галлюцинация», — подумал он.

Никогда ничего подобного он не переживал. Все укрупнилось, и каждая минута была, как большое яблоко, — тяжелая и зрелая.

Нет, это не галлюцинация. Все прочее было ущербным, ложным, суетным. Глупая беготня жизни: из аптеки на рынок, из прачечной в редакции, глупые переводы, глупая служба одиноким женщинам. Надо было не отпускать ее, Лильку, всегда держать вот так, на руках, и нет на свете ничего лучше и умнее, нет ничего правильнее...

— Ой! — подскочила Лиля. — Коробку-то мы отвезти забыли! Шурик! Который час?

— Никоторый. Я отвезу твою коробку, только адрес оставь.

— Да я же обещала Туське ее маму навестить. Черт! Мне в двенадцать надо быть в аэропорту.

Торопиться никуда Шурику не хотелось. Он так давно торопился, годами, не переставая торопился, и теперь оставалось всего несколько часов, особых полновесных минут с Лилей, и он, сбросив лист с ее плеча, сказал:

— Мы сейчас пойдем на рынок, в татарскую забегаловку, мне ее Гия показал. Они начинают работать чуть свет. Там есть замечательная чебуречная. И хороший кофе нам сварят. Или чай.

— Татарский рынок? Отлично! Я и не знала, что в Москве есть такой рынок. Наверное, похож на наш арабский? — Лиля вскочила и натянула золоченые тапочки на босые ноги. Она готова была к новому приключению.

62

Было одно из редких сентябрьских утр, сияющих дымкой и небесной славой. С Ордынки они вышли на Пятницкую, обогнули метро и оказались возле рынка.

Там, на рынке, действительно продавали конину, конскую колбасу и всякие татарские сладости из липкого теста. Забегаловка была уже открыта. Двое татар в тюбетейках пили чай за чистым столиком и говорили на своем языке. Пахло горячим жиром и пряностями. За стойкой стоял пожилой бритый наголо человек с выражением королевского достоинства:

— Садитесь, чай принесут, а чебуреков придется подождать. Скоро будут.

Лиля сидела за столиком, вертела головой, говорила Шурику о том, как она привыкла, ну, почти привыкла к тому, что мир меняется каждые полчаса, ну, не каждые полчаса, а каждые полгода! И меняется радикально, по всем параметрам, так что не остается ничего прежнего, и все становится новым. Она стригла пальчиками в воздухе, и как будто обрезки летели в разные стороны, а то, что оставалось, — в это можно было верить беспрекословно:

— Вот, понимаешь, Япония! Ничего не понимаешь — ни в их отношениях, ни в еде, ни в способе мышления.

Все время боишься совершить ужасную ошибку. Ну, это как у нас моют руки перед едой, а у них — после. У нас неудобно выйти в уборную, стараемся незаметно так выскользнуть, а у них неприлично не улыбаться, когда к тебе обращаются. А когда я учила арабский язык, у нас был замечательный профессор, палестинец, очень образованный, Сорбонну закончил. Так на него нельзя было посмотреть, не то что ему улыбнуться. И он на нас не смотрел. А в группе было восемь человек, из них шесть женщин. Когда он слышал наш смех, он просто бледнел: такие правила...

Потом им принесли чебуреки. Они были золотые, в коричневых пузырьках, дымились, и запах жареной баранины от тарелки расходился такой густой, что был почти виден. Лиля уцепилась за чебурек, Шурик ее остановил:

— Горячие очень, осторожнее.

Она засмеялась и подула на чебурек. Из задней двери вышла девочка лет трех в сережках, подошла к Лиле и уставилась на ее тапочки, как на чудо. Лиля покачала ногой. Девочка схватилась за тапочку. Бритый хозяин крикнул что-то по-татарски, и прибежала девочка лет шести, схватила маленькую за руку, та заплакала. Лиля открыла сумочку, болтающуюся на ремешке, вынула из нее две заколки с розовыми бабочками и дала девочкам.

Старшая взмахнула ресницами, как бабочка крыльями, тихо сказала «спасибо», и они исчезли, сжимая драгоценные подарки. Лиля вцепилась зубами в чебурек, и он брызнул масляной струей Шурику в лицо. Он отер жир с лица, засмеялся. И Лилька захлебнулась своим девчачьим смехом. Чебуреки были вкуснейшими, а Шурик с Лилей — страшно голодными. Они съели по два чебурека и выпили по два стакана чаю. А потом хозяин принес им блюдечко с двумя маленькими кубиками пахлавы.

— О, complements! — засмеялась Лиля, положила в рот сладкий кубик и, уходя, помахала рукой хозяину, и сказала что-то на совершенно незнакомом языке. Он встрепенулся и ответил без улыбки, и вообще без всякого выражения.

— Что ты ему сказала? — спросил Шурик.

— Я сказала ему по-арабски очень красивую фразу типа «пусть ваше добро к вам возвращается».

Они двинулись в сторону гостиницы, снова пешком и не торопясь. Шурик не спал вторую ночь. Состояние было странное, все вокруг немного зыбкое и уменьшенной плотности. Как будто бутафорское. И тело легче обычного, как в воду погруженное.

— Ты чувствуешь легкость необыкновенную? — спросил он у Лили.

— Еще как чувствую! Ты только коробку не забудь передать, — вспомнила Лиля.

Они дошли, кругами и зигзагами, до гостиницы. Паспорта у Шурика с собой не было, и его не пустили в номер. Лиля поднялась, он довольно долго ждал ее в холле. Потом появилась в другой одежде: теперь майка была красная, а не черная, и губы она намазала красной помадой. И выглядела как девочка, стащившая у мамы косметику. Носильщик принес чемодан и коробку. Подошло такси. Она сунула носильщику чаевые. Шурик не успел схватиться за ее чемодан, как она сделала ловкое движение пальцами, и шофер поставил в багажник чемодан и коробку.

— Коробку по дороге завезем к тебе, вот что. Адрес я прямо на коробке написала.

Они сели рядом на заднее сиденье. От ее волос пахло не то мылом, не то шампунем, и в этом запахе был какой-то оттенок духов, которыми когда-то душилась его бабушка. Французских, конечно, духов. Он вдыхал этот запах, стараясь наполнить им легкие и больше не выпустить, думал — и одновременно запрещал себе думать, — что сейчас все кончится.

Остановились возле дома. Лиля спросила, не подняться ли ей вместе с ним попрощаться с Верой Александровной. Шурик покачал головой и унес коробку.

В «Шереметьево» они прощались во второй раз в жизни. Перед тем как нырнуть за границу, она встала на цыпочки, он пригнулся, и они поцеловались. Это был долгий настоящий поцелуй, тот, перед совершением которого долго ходят вместе по улицам, не решаясь прикоснуться к краю одежды и к кончикам пальцев. Он сначала был благоговейным, а потом превратился в воронку, из которой один переливался в другого, и поцелуй был не обещанием чего-то дальнейшего и большего, а самим совершением, и разрешением, и завершением... Шурик провел языком по Лилиным зубам и прямо языком почувствовал их яркую белизну и гладкость, и понял, что передние зубки, слегка выпирающие вперед и придающие ей обезьянью прелесть, она выправила. «Мартышечкой он ее назвал», — вспомнил он Полинковского.

Они смотрели друг на друга, опять, как и в прошлый раз, прощаясь навеки.

— Ты напрасно зубки выпрямила, — сказал Шурик напоследок.

— Раз ты заметил, значит, не напрасно, — засмеялась Лиля.

63

Ощущение новизны жизни не проходило. Он приехал домой. Веруся сидела за пианино и разучивала этюд Шопена. Когда-то его исполнял Левандовский, и ей вдруг захотелось его играть. Пальцы слушались ее довольно плохо, но она терпеливо повторяла одну и ту же музыкальную фразу. Поглощенная своим занятием, она не услышала, как он щелкнул замком. Шурик зашел к ней в комнату, поцеловал старческую головку и вспомнил запах Лилькиных волос.

— Так трудно идет, — пожаловалась Вера.

— Получится. У тебя все получается, — ответил Шурик, выходя из комнаты, и Вере Александровне почудился неприятный оттенок снисходительности — как будто с ребенком разговаривает.

Шурик пошел в ванную, встал под душ. Его достал оттуда телефонный звонок. Звонила Светлана.

— Шурик! Мне надо, чтобы ты срочно ко мне приехал.

Шурик стоял в коридоре, завернувшись в банное полотенце, и не испытывал ни малейшего желания ехать к Светлане. Ему нужно было отвезти коробку.

— Светочка, я не могу. Я сегодня занят.

— Неужели ты не понимаешь, Шурик, если я тебя о чем-то прошу, это действительно важно, — твердо сказала Светлана.

Шурик хотел было спросить, что случилось, почему такая срочность, но вдруг почувствовал, что ему это совершенно неинтересно.

— Я, когда освобожусь, тебе позвоню. Хорошо?

У Светланы земля ушла из-под ног: такого еще не было.

— Может быть, ты меня не понял, Шурик? Это очень важно. Если ты не приедешь, ты об этом пожалеешь, — совсем уже тихо, со смиренной угрозой произнесла Светлана.

— Может быть, ты меня не поняла, Светочка? Я занят и позвоню тебе, как только освобожусь. — Шурик повесил трубку.

Как это ответственно — быть смыслом и центром чужой жизни. Он считал, что она зависит от него. Сегодня он понял, что он сам зависит от нее. В той же самой степени.

Светлана открыла сумочку, вытащила из нее нож и швырнула его на стол. Потом открыла книжечку и сделала короткую запись. Вынула из тумбочки флакончик с таблетками и отсчитала шестьдесят штук. Потом отделила от них двадцать и отодвинула в сторону. У нее были свои соображения: шестьдесят она приняла в семьдесят девятом, и ничего не получилось, потому что доза была слишком велика — началась интоксикация, вырвало. Сорок было правильнее. Впрочем, сорок она принимала в восемьдесят первом... Но тогда быстро приехали.

Она аккуратно сложила таблетки обратно во флакон. Нет. Другое.

Размашистым движением она смела с тяжелого дубового стола, стоявшего у окна, ворох готовых и полуготовых похоронных цветов, звякнул ненужный металл. Она передвинула стол на середину комнаты, поставила на него стул, влезла. Там, в потолке, был укреплен крюк для люстры. Висела же не люстра, а маленькая лампа в волнистом стеклянном абажуре. Она потянула за крюк. Он был пыльный, но в потолке сидел очень прочно.

«Я никому не нужна. Но и мне никто не нужен, — улыбнулась она, и женская ее гордость, замученная компромиссами, расправила шелковые крылья. — Жаль только, что я не увижу выражения твоего лица, когда ты сюда приедешь после всех своих дел...»

Доктор Жучилин, сопоставляя красно-синие кружочки Светланиного дневничка с датами записей, черными карандашными крестами и своими назначениями, размышлял о могущественной биохимии, которая, сбившись на какой-то ступеньке, выбрасывала в мозг этой бедной девочки таинственные вещества, заставлявшие ее искать смерти.

«Столько лет вел ее и не удержал», — горевал Жучилин.

64

Адрес был написан на коробке черным фломастером — проезд Шокальского, дом, корпус, квартира и имя получательницы — Циля Соломоновна Шмук. Деньги за эти дни оказались потраченными чуть ли не до последней копейки, на такси точно не было, но у Веруси Шурик просить не считал возможным. Ни в какую сумку коробка не помещалась, Шурик обвязал ее веревкой и повез на общественном транспорте, с пересадкой в метро и на двух автобусах. От автобуса идти тоже было неблизко. Коробка была легкая, но веревка оказалась такой слабой, что при посадке в автобус лопнула, и последние сто метров он нес коробку на спине, к восторгу всех встречных мальчишек.

Поднялся на пятый этаж, позвонил в дверь. Спросили, кто. Сказал, что посылка из Иерусалима. После долгого копошения и звона цепей дверь открылась, высунулась маленькая горбатая старушка:

— Проходите, пожалуйста, мне Туся писала, что приедет ее подруга Лиля, а пришли вы. Неужели она не могла сама меня навестить?

— Она уже улетела в Токио, — объяснил Шурик, прижимая коробку к груди.

— Так я и говорю: неужели нельзя было меня навестить до того Токио? Что вы стоите, проходите и откройте коробку.

Вид у старушки был приветливый, но тон сварливый. Шурик поставил коробку на табурет. Циля Соломоновна протянула ему нож:

— Что вы стоите? Открывайте!

Шурик разрезал заклеенные створки, и старушка ринулась внутрь коробки. Она стала вытаскивать — Шурик глазам своим не поверил — разноцветные мотки шерсти, смотанные в пасмы, как это делала в незапамятные времена его бабушка, перевязывая две старые кофты в одну новую. Это было радужное богатство бедных, и старушка перебирала мотки с видимым удовольствием.

— А, — крякала она, — какие там красители! Посмотрите, один красный чего стоит! А желтенький!

Наконец она вытащила из коробки все до последней нитки — на дне еще были какие-то маленькие клубочки и просто обрывки ниток.

— А где это? — строго спросила у Шурика.

— Что? — удивился Шурик.

— Ну это, опись. В посылке всегда опись, да?

Шурик не понимал, смотрел своими круглыми глазами.

— И что вы так смотрите? Есть почтовый реестр, опись, где все перечислено. Наименование товара, количество, цена. Я вижу, вы никогда не получали посылок из-за границы.

— Не получал, — согласился Шурик. — Но ведь это не по почте пришло. Лиля Ласкина привезла с собой. Она летела из Иерусалима в Париж, потом в Москву, а из Москвы в Токио.

— А что она за человек, эта Лиля Ласкина? Почему я должна ей доверять без описи? Вас я вижу, вы человек приличный — еврей? А эту Ласкину я в глаза не видала, может, она половину себе взяла? Туся вообще ничего в людях не понимает, ее все обманывают. Ну, ладно, оставим это, я вижу, вы тоже ничего не понимаете.

Старушка полезла в рукодельный ящик, нарыла в нем связку ключей, отомкнула боковую створку большого старинного шкафа, нырнула туда и вынула завязанный в марлю предмет, похожий на три вместе связанных торта.

— Вот, — торжественно произнесла она и стала развязывать марлевый узелок сверху...

Достала из свертка три шерстяные кофты, все новенькие, все полосатые.

— Так когда эта Лиля поедет обратно?

— Она туда на работу поехала. Я не знаю, когда обратно. И я не думаю, что она снова остановится в Москве.

Старушка изумилась:

— То есть как это? Шерсть она привезла, а кофточки обратно не повезет?

Шурик покачал головой.

— Молодой человек! Я правильно вас поняла? Выходит, шерсть она привезла, хорошо, пусть без описи, но привезла, а кофточки обратно не повезет? Так на что мне тогда шерсть? Тогда мне ничего не надо! Можете забирать обратно вашу шерсть!

— Нет, Циля Соломоновна, я не могу забрать вашу шерсть, — решительно сказал Шурик.

— Заберете! — закричала старушка покраснев.

Но Шурик неожиданно засмеялся:

— Хорошо, заберу! И отнесу на ближайшую помойку. Мне не нужна ваша шерсть!

И тогда старушка заплакала. Села на диванчик и заплакала горькими слезами. Он принес ей воды, но она пить не стала и только, всхлипывая, приговаривала:

— Вы не можете войти в наше положение. Никто не может войти в наше положение. Никто не может войти ни в чье положение!

Потом она перестала плакать, остановилась резко, без всякого перехода, и сразу же задала деловой вопрос:

— Скажите, а вы на Арбате не бываете?

— Бываю.

— Знаете, там есть магазин «Все для рукоделия»?

— Честно говоря, не знаю, — признался Шурик.

— Он там стоит. Зайдете в него и купите мне крючок. Я вам покажу какой. Видите, мой крючок сломался. Номер двадцать четыре. И двадцать два мне не годится. Вы меня поняли? Двадцать четвертый номер, ни грамма меньше! И привезете сюда. Из дома я не выхожу, так что в любое время.

Шурик шел к автобусной остановке по дорожке, обсаженной тонкими желтеющими деревьями, и улыбался. Лилька уехала и, скорее всего, больше никогда не приедет. Но ему было хорошо как в детстве. Он чувствовал себя счастливым и свободным.

65

Самолет взлетел плавно и мощно. Лилька закрыла глаза и сразу же задремала. Потом стюардесса принесла напитки. Лиля вынула из сумки записную книжку. Раскрыла. Все записи были на иврите. Она вытянула из кожаной петли тонкую ручку и записала по-русски.

«Мысль заехать в Москву была гениальная! Город — чудо! Совсем родной. Шурик — трогательный, сил нет, и любит меня до сих пор, что уж совсем удивительно. Наверное, меня так никто не любил, может, и не полюбит. Ужасно нежный и совершенно асексуальный. Какой-то старомодный. И выглядит ужасно — постарел, растолстел, трудно себе представить, что ему всего тридцать. Живет с мамой, какая-то ветхость и пыль. Она для своих лет очень ничего, даже элегантная. Кормили потрясающей едой, тоже старомодной. Удивительное дело — в магазинах полное убожество, а на столе — пир горой. Интересно, есть ли у Шурика какая-то личная жизнь. Не похоже. С трудом могу себе представить. Но вообще-то в нем есть что-то особенное — он как будто немного святой. Но полный мудак. Господи, как же я была в него влюблена! Чуть не осталась из-за него. Какое счастье, что я тогда уехала. А ведь могла выйти за него замуж! Бедный Шурик.

Соскучилась по работе. Наверное, мне продлят стажировку еще на год. Надеются, что я им каждый год буду приносить по золотому яйцу. Но мне кажется, что этот скандал в Англии по поводу промышленного шпионажа коснется в конце концов и нас. Ведь не совсем же они идиоты».

Лиля закрыла книжку, вставила ручку в петельку, убрала в сумку. Потом опустила спинку кресла, положила под голову подушку, укрылась пледом и уснула. Перелет был долгий, завтра надо было выходить на работу, можно было выспаться.

Литературно-художественное издание

ЭКСКЛЮЗИВНАЯ НОВАЯ КЛАССИКА

Улицкая Людмила Евгеньевна

ИСКРЕННЕ ВАШ ШУРИК

Заведующая редакцией *Е. Шубина*
Ответственный редактор *П. Потехина*
Технический редактор *Т. Тимошина*
Корректоры *М. Музыка, М. Москаленко*
Компьютерная верстка *Е. Илюшина*

ООО «Издательство АСТ»
129085, г. Москва, Звездный бульвар, д. 21, строение 3, комната 5
Наш электронный адрес: **www.ast.ru**
E-mail: **astpub@aha.ru**

«Баспа Аста» деген ООО
129085, г. Мәскеу, жұлдызды гүлзар, д. 21, 3 құрылым, 5 бөлме
Біздің электрондық мекенжайымыз: www.ast.ru
E-mail: astpub@aha.ru

Қазақстан Республикасында дистрибьютор
және өнім бойынша арыз-талаптарды қабылдаушының
өкілі «РДЦ-Алматы» ЖШС, Алматы қ., Домбровский көш., 3«а», литер Б, офис 1.
Тел.: 8(727) 2 51 59 89,90,91,92
Факс: 8 (727) 251 58 12, вн. 107; E-mail: RDC-Almaty@eksmo.kz
Өнімнің жарамдылық мерзімі шектелмеген.

Өндірген мемлекет: Ресей
Сертификация қарастырылмаған

Подписано в печать 22.09.2015. Формат 76x100 $^{1}/_{32}$.
Печать офсетная. Усл. печ. л. 19,7.
Тираж 5000 экз. Заказ 7344

Отпечатано с готовых файлов заказчика
в АО «Первая Образцовая типография»,
филиал **«УЛЬЯНОВСКИЙ ДОМ ПЕЧАТИ»**
432980, г. Ульяновск, ул. Гончарова, 14

ISBN 978-5-17-093932-9
9 785170 939329 >

Людмила Улицкая

КАЗУС КУКОЦКОГО

Время действия романа Людмилы Улицкой «Казус Кукоцкого» — сороковые-шестидесятые: излет сталинской эпохи, разгром генетики, смерть тирана, оттепель, первые джазмены. На фоне всех этих событий — жизнь Павла Алексеевича Кукоцкого, гениального врача, наделенного даром «внутривидения». Телесность и, казалось бы, самая грубая физиология (здесь автор не боится подойти к самому краю) тесно сплетаются с темой судьбы — в высоком, почти древнегреческом ее понимании.